IPMSH

Une approche multidisciplinaire de la recherche en sciences humaines

Valérie Blanc

Marc-André Lacelle

Geneviève Perreault

Étienne Roy

**Direction pédagogique
de Christian Corno**

Consultation :
René Dolce
Collège Édouard-Montpetit

Jean-Didier Dufour
Collège François-Xavier-Garneau

Guy Falardeau
Collège de Bois-de-Boulogne

Sylvie Richard-Bessette
Cégep André-Laurendeau

Achetez en ligne*
www.cheneliere.ca

*Résidants du Canada
seulement.

CHENELIÈRE
ÉDUCATION

IPMSH
Une approche multidisciplinaire de la recherche en sciences humaines

Valérie Blanc, Marc-André Lacelle, Geneviève Perreault et Étienne Roy
Direction pédagogique de Christian Corno

© 2010 Chenelière Éducation inc.

Conception éditoriale et édition : Luc Tousignant
Édition : Sophie Jaillot
Édition des activités interactives Odilon : Frédérique Grambin
Coordination : Jean-Philippe Michaud et Majorie Perreault
Coordination des activités complémentaires Web : Audrey Boursaud et Manon Leroux
Révision linguistique : Jean-Pierre Leroux
Correction d'épreuves : Michèle Levert (Zérofôte)
Recherche iconographique : Alain Pratte et Anne Sol
Conception graphique : Interscript
Illustrations : Bruno Laporte et Gilles Laporte
Conception de la couverture : Andrée Lauzon et Josée Brunelle
Impression : Imprimeries Transcontinental

**Catalogage avant publication
de Bibliothèque et Archives nationales du Québec
et Bibliothèque et Archives Canada**

Vedette principale au titre :

  IPMSH : une approche multidisciplinaire de la recherche en sciences humaines

  Comprend des réf. bibliogr. et un index.
  Pour les étudiants du niveau collégial.

  ISBN 978-2-7650-2537-5

  1. Sciences sociales – Recherche – Méthodologie.   2. Sciences humaines – Recherche – Méthodologie.   3. Recherche – Méthodologie.   I. Blanc, Valérie, 1983-   .

  H62.I65 2010   300.72   C2010-940304-5

7001, boul. Saint-Laurent
Montréal (Québec) Canada H2S 3E3
Téléphone : 514 273-1066
Télécopieur : 450 461-3834 / 1 888 460-3834
info@cheneliere.ca

ISBN 978-2-7650-2537-5

Dépôt légal : 2e trimestre 2010
Bibliothèque et Archives nationales du Québec
Bibliothèque et Archives Canada

Imprimé au Canada

1   2   3   4   5   ITIB   14   13   12   11   10

Nous reconnaissons l'aide financière du gouvernement du Canada par
l'entremise du Programme d'aide au développement de l'industrie de
l'édition (PADIÉ) pour nos activités d'édition.

Gouvernement du Québec – Programme de crédit d'impôt pour l'édition de
livres – Gestion SODEC.

Sources iconographiques

Couverture : Stockbyte/Fotosearch.com.

Chapitre 1
p. 2-3 : © Marcelo Silva/iStockphoto ; **p. 6 :** UCL Library/Special Collections/Galton Papers ; **p. 9 :** Yahya Arhab/epa/Corbis ; **p. 12 :** © Tim McCaig/iStockphoto ; **p. 13 :** © moodboard/Corbis ; **p. 14 :** Élections Canada ; **p. 19 :** Marc-André Lacelle.

Chapitre 2
p. 20, p. viii et rabat : Andresr/Shutterstock ; **p. 22-23 :** © Chris Schmidt/iStockphoto ; **p. 26 :** Wikimedia Commons ; **p. 27 :** © David H. Lewis/iStockphoto ; **p. 28 :** Roman Sigaev/Shutterstock ; **p. 32 :** © Hans F. Meier/iStockphoto ; **p. 38 :** Jean-Claude Kaufmann ; **p. 41 :** Marc-André Lacelle.

Chapitre 3
p. 42-43 : © René Mansi/iStockphoto ; **p. 48 :** © Niko Guido/iStockphoto ; **p. 58 :** © FAN travelstock/Alamy ; **p. 61 :** Alain Pratte ; **p. 67 :** Alexandre Lamontagne.

Chapitre 4
p. 68 et rabat : © Chris Schmidt/iStockphoto ; **p. 70-71 :** © René Mansi/iStockphoto ; **p. 73 :** © Tyler Stalman/iStockphoto ; **p. 74 :** Photos 12/Alamy ; **p. 75 :** Marcelo Mug ; **p. 76 :** dundanim/Shutterstock ; **p. 77 :** Golden Pixels LLC/Shutterstock ; **p. 79 :** © Marcus Clackson/iStockphoto ; **p. 81 :** © Tony Tremblay/iStockphoto ; **p. 83 :** Anne-Louis Girodet-Trioson, *Pygmalion et Galatée*, 1819, Paris, Musée du Louvre/Wikimedia Commons ; **p. 86 :** akg-images ; **p. 97 et p. xi :** Marc-André Lacelle.

Chapitre 5
p. 98-99 et p. viii : © wdstock/iStockphoto ; **p. 100 :** Megapress ; **p. 107 :** © Yvonne Chamberlain/iStockphoto ; **p. 108 et p. x :** © Scott Griessel/iStockphoto ; **p. 134 :** Apic/Getty Images ; **p. 136 :** © Kateryna/iStockphoto ; **p. 139 :** Andrée Dufour.

Chapitre 6
p. 140 et rabat : © mbbirdy/iStockphoto ; **p. 142-143 :** © Andrew Rich/iStockphoto ; **p. 150 :** © Xavi Arnau/iStockphoto ; **p. 155 :** © René Mansi/iStockphoto ; **p. 159 :** © Heidi Kristensen/iStockphoto ; **p. 163 :** www.plakat.ru ; **p. 170 :** Wikimedia Commons ; **p. 172 :** © Chris Schmidt/iStockphoto ; **p. 175 :** Étienne Roy.

Chapitre 7
p. 176-177 : © Chris Schmidt/iStockphoto ; **p. 178 :** affiche : carte réalisée par Elsa Vieillard-Baron dans le cadre du séminaire de l'École doctorale de géographie de Paris Centre (2008) / photo : © Suprijono Suharjoto/iStockphoto ; **p. 190 :** © zhang bo/iStockphoto ; **p. 192 :** © Marc Couture/lg2 pour le Ministère de la Santé et des Services sociaux / 2009 www.marcphotos.com ; **p. 193 :** Pierre Bourdieu, *La distinction : critique sociale du jugement*, Éditions de Minuit, 1979, couverture ; **p. 197 :** Valérie Blanc.

Membre du CERC

Membre de
l'Association nationale
des éditeurs de livres

ASSOCIATION
NATIONALE
DES ÉDITEURS
DE LIVRES

Avant-propos

*Les plus importantes découvertes scientifiques
sont le résultat de la patiente observation de
petits faits subsidiaires, si particuliers, si menus,
inclinant si imperceptiblement les balances – que
l'on ne consentait pas jusqu'alors à en tenir compte.*

André Gide, *Pages de Journal 1929–1932* (1934)

Faire une recherche en sciences humaines, c'est accepter de prendre part à une aventure scientifique où la question a autant de valeur que la réponse, où le comment est aussi important que le pourquoi, et où il n'existe pour ainsi dire pas d'explication unique d'un même phénomène. Ainsi, en tant que chercheur novice, votre aventure sera sans doute marquée de questionnements ou d'hésitations. Sachez cependant que même les chercheurs aguerris font face à leur lot d'incertitudes, que seule l'expérience et une démarche rigoureuse permettent d'aborder avec une certaine sérénité.

Le corpus des connaissances propre à chacune des disciplines des sciences humaines découle de ce travail assidu et acharné mené au fil des ans par des chercheurs de tous horizons. Depuis plus d'un siècle, ces chercheurs en sciences humaines ont en effet adopté une démarche rigoureuse, objective et méthodique qui a permis d'accroître la connaissance des phénomènes humains. Il est vrai que la recherche en sciences humaines peut prendre différentes formes et que chaque discipline possède ses particularités. Cependant, toutes se rejoignent à travers le même esprit scientifique qui les anime.

La démarche scientifique que vous vous apprêtez à entreprendre fait appel à des notions de méthodologie qui sont partie intégrante des compétences à acquérir dans le programme de sciences humaines auquel vous êtes inscrit. Le cours consacré à l'initiation pratique à la méthodologie des sciences humaines (ou IPMSH) appartient en effet à une séquence de trois cours multidisciplinaires obligatoires. Le cours consacré aux méthodes quantitatives (qui généralement le précède) explore des outils mathématiques et statistiques qui sont essentiels au chercheur voulant analyser et interpréter des données quantitatives. Le cours visant la démarche d'intégration (qui clôt la séquence) vous donne l'occasion d'approfondir une thématique donnée en utilisant vos acquis disciplinaires. Quant au cours d'IPMSH proprement dit, il vise à développer votre esprit critique et votre capacité d'appliquer cette démarche scientifique à une recherche en sciences humaines. À cette fin, vous devez donc vous familiariser avec les différentes étapes d'une recherche, depuis le choix du sujet jusqu'à la diffusion des résultats.

Le présent ouvrage a pour objectif de vous accompagner tout au long de votre démarche, de vous soutenir dans votre travail et de faciliter la tâche qui vous incombe. Il est là pour vous rappeler les fondements théoriques de la recherche, mais aussi et surtout pour faire état de considérations pratiques se rapportant à sa réalisation. Ainsi, le chapitre 1 présente ce que constitue la recherche en sciences humaines et donne un aperçu de ce qui caractérise les approches des différentes disciplines qui la composent. Les six autres chapitres sont organisés autour des trois grandes étapes qui marquent tout travail de recherche. La première étape, qui consiste à choisir un sujet de recherche et à élaborer une problématique, se veut le reflet d'une démarche réflexive. Il vous faut en effet délimiter le sujet de recherche en sciences humaines qui sera le point de départ de l'ensemble de votre travail en équipe (chapitre 2), puis définir la problématique qui guidera la suite de votre démarche (chapitre 3). La deuxième étape, elle, est davantage centrée sur l'action puisqu'elle exige de choisir à la fois une méthode de recherche et une façon de recueillir des données. Ce choix doit être pertinent au regard de la visée de la recherche, c'est-à-dire au regard de ce que vous tentez de décrire, d'expliquer ou de comprendre (chapitre 4). Pour procéder à la collecte des données, il est ensuite nécessaire de mettre au point un instrument adapté aussi bien à votre problème de recherche qu'aux personnes, aux lieux et aux circonstances caractéristiques de votre travail de terrain (chapitre 5). Enfin, la troisième étape vient lier les deux premières étapes en faisant le pont entre la théorie et la pratique. Les données recueillies doivent en effet être analysées et interprétées à la lumière de la problématique définie au départ (chapitre 6). Après quoi, le résultat de vos réflexions et de vos efforts pourra être diffusé par écrit et oralement (chapitre 7).

Fruit de la collaboration de plusieurs enseignants, ce manuel a été conçu selon une approche multidisciplinaire. Il présente à la fois les points qui sont communs à toutes les disciplines des sciences humaines en matière de recherche et les nuances qu'on peut parfois apporter. Il a également été pensé comme un guide pratique destiné à accompagner l'étudiant que vous êtes tout au long de sa démarche. L'idée est d'aller autant que possible à l'essentiel, puisque vous ne disposez dans les faits que de 15 semaines (et parfois moins) pour réaliser l'ensemble de votre travail. En ouverture de chapitre, vous pourrez ainsi cibler rapidement les objectifs d'apprentissage à atteindre au terme de votre lecture, puis faire le point en fin de chapitre sur ce que vous aurez réussi à accomplir en pratique. Chaque chapitre est également illustré par de nombreux exemples de travaux de recherche, tous réalisables par des étudiants dans le cadre d'un cours d'IPMSH. Vous y trouverez aussi de nombreux conseils et suggestions, ainsi que plusieurs rubriques visant à favoriser votre apprentissage et à soutenir vos actions. Enfin, un grand nombre de documents de même que des exercices interactifs sont à votre disposition sur Internet, à l'adresse www.cheneliere.ca/ipmsh.

Apprendre les rudiments de la démarche scientifique tout en menant en parallèle une recherche sur le terrain peut vous sembler un gros défi. Rassurez-vous cependant : vous ne serez pas seul dans cette aventure scientifique, puisque votre enseignant et vos coéquipiers seront là pour vous épauler. Travailler en équipe peut être une expérience enrichissante si vous optez pour la coopération et la collaboration, qui sont des facteurs-clés dans la réussite de tout projet collectif. Le travail en équipe est d'ailleurs incontournable, que ce soit sur le marché du travail ou si vous décidez de poursuivre une carrière de chercheur. En outre, un cours comme celui d'IPMSH diffère passablement de la plupart des autres cours du programme. Ici, vous allez être constamment au cœur de l'action et relativement maître de votre sort. Par exemple, vous pourrez sans doute choisir un sujet de recherche qui vous intéresse et qui pique votre curiosité. Vous aurez aussi maintes décisions à prendre tout au long de votre recherche, que ce soit en ce qui concerne les aspects à étudier, la meilleure manière de vous y prendre, les personnes de votre entourage à mettre à contribution, etc.

Comme dans vos autres cours, vous voudrez sans doute obtenir la meilleure note possible. Si vous vous prêtez à l'exercice, sachez toutefois que ce ne sera sans doute pas le seul acquis. En effet, vous en découvrirez certainement autant sur vous-même que sur votre sujet de recherche. En équipe, êtes-vous plutôt un leader ou un collaborateur ? Avez-vous l'étoffe d'un chercheur ? Telle ou telle discipline des sciences humaines vous apparaît-elle sous un jour nouveau maintenant que vous avez effectué un travail de terrain qui vous a fait passer de la théorie à la pratique ? Cet ouvrage et votre expérience des semaines à venir devraient vous aider à trouver des réponses à ces questions. Bon succès !

Christian Corno

Remerciements

Le présent ouvrage s'est enrichi des expériences de chacun des auteurs qui ont enseigné dans plus de 10 établissements du réseau collégial, petits et grands, privés et publics. Nous adressons ainsi nos premiers remerciements à nos collègues passionnés avec qui nous avons eu des discussions et des échanges stimulants, de même qu'à nos étudiants qui sont pour nous une source renouvelée de motivation, et qui font de l'enseignement un plaisir et un privilège.

Notre gratitude va ensuite aux consultantes et aux consultants qui ont accepté de nous faire part de leurs précieux commentaires tout au long de notre travail d'écriture et qui ont permis d'améliorer grandement les premières versions de chacun des chapitres, soit Amélie Carré, professeure de psychologie au Cégep de Sainte-Foy, René Dolce, professeur de sociologie au Collège Édouard-Montpetit, Jean-Didier Dufour, professeur de sociologie au Collège François-Xavier-Garneau, Guy Falardeau, professeur de science politique au Collège de Bois-de-Boulogne, et, enfin, Sylvie Richard-Bessette, professeure de psychologie au Cégep André-Laurendeau. Un merci particulier également à Boris Déry, professeur d'histoire au Cégep de Victoriaville, pour la réalisation très professionnelle des présentations PowerPoint, de même qu'à Charles Létourneau, professeur de science politique au Collège Édouard-Montpetit, qui a gentiment accepté de revoir les activités interactives Odilon.

L'équipe de Chenelière Éducation a investi des ressources considérables pour s'assurer que ce manuel réponde aux attentes du marché et nous lui en savons gré. En particulier, Luc Tousignant (éditeur concepteur) et Sophie Jaillot (éditrice) ont consacré d'incalculables heures à soutenir l'équipe d'auteurs pendant tout le processus d'écriture. Majorie Perreault et Jean-Philippe Michaud (chargés de projet), Jean-Pierre Leroux (réviseur) ainsi que Michèle Levert (correctrice) ont aussi été de précieux collaborateurs, toujours soucieux de fignoler les différents aspects de l'ouvrage.

Des remerciements s'imposent également aux enseignants-chercheurs qui ont accepté de partager leur démarche, leurs succès et parfois aussi leurs difficultés au sein de la rubrique « Prof et chercheur » que l'on trouve à la fin de chaque chapitre : Denyse Bilodeau (Collège Édouard-Montpetit), Andrée Dufour (Cégep Saint-Jean-sur-Richelieu), Mathieu Gattuso (Collège Jean-de-Brébeuf), Yanick Labrie (Cégep Saint-Jean-sur-Richelieu), Shirley Lacasse (Collège de Bois-de-Boulogne), Karine Prémont (Collège André-Grasset) et Sébastien St-Onge (Collège Lionel-Groulx).

Enfin, nous levons notre chapeau à Marie-Ève Allaire, à Christine Lutfy et à Marie-Christine Trottier, les étudiantes lauréates d'un prix de l'Association pour la recherche au collégial (ARC) qui ont été généreuses de leur temps et dont l'expérience marquante se reflète dans les trois ouvertures d'étapes du manuel.

Produire la première édition d'un matériel original a exigé quantité de soirées et de week-ends, un sacrifice consenti parfois au détriment de nos proches. À nos conjoints et conjointes, à nos enfants, merci de votre infinie patience et de votre soutien indéfectible.

Valérie Blanc
Christian Corno
Marc-André Lacelle
Geneviève Perreault
Étienne Roy

Présentation des auteurs

Valérie Blanc est détentrice d'une maîtrise en histoire de l'Université de Montréal. Elle enseigne au Collège Édouard-Montpetit depuis l'automne 2007 et participe à des projets concernant la mobilité étudiante. Ses champs d'intérêt portent principalement sur l'histoire des relations internationales, tant politiques qu'économiques, sur l'histoire de la construction européenne, de même que sur l'histoire du gaullisme et des gaullistes.

Économiste de formation, **Christian Corno** a enseigné pendant près de 15 ans en science économique et en méthodologie dans divers cégeps montréalais. Auteur d'*Économie globale* (mention au Prix de la Ministre en 1998), il s'intéresse particulièrement à la problématique de la réussite étudiante et à l'économie de l'éducation. Depuis 2007, il est directeur adjoint aux ressources pédagogiques au Collège Champlain, à Saint-Lambert. En plus d'avoir participé à la rédaction des chapitres, Christian Corno a assuré la direction pédagogique de cet ouvrage.

Marc-André Lacelle enseigne la sociologie au Cégep Marie-Victorin depuis 2006 et est aussi chargé de cours à l'Université du Québec à Montréal. Après une contribution à l'étude comparative de Montréal, Toronto, Berlin et Dublin réalisée par le groupe de recherche multidisciplinaire The Culture of Cities Project et une collaboration au projet multidisciplinaire *Du cinéma et des restes urbains,* il s'intéresse actuellement à l'épistémologie de la microsociologie urbaine en lien avec le développement du cinéma.

Geneviève Perreault est sociologue de formation et enseigne au Cégep Marie-Victorin depuis 2006. Ses expériences de recherche incluent notamment une contribution à l'étude comparative de Montréal, Toronto, Berlin et Dublin réalisée par The Culture of Cities Project, ainsi que la participation à une recherche-action menée en collaboration avec le département de sexologie de l'Université du Québec à Montréal ct visant la promotion de relations amoureuses harmonieuses et égalitaires chez les cégépiens.

Détenteur d'une maîtrise en criminologie, **Étienne Roy** est professeur de psychologie au Collège Jean-de-Brébeuf depuis 2005. Son expérience en recherche l'a amené à travailler autant en psychologie qu'en criminologie. Il a collaboré à de nombreux travaux de recherche portant entre autres sur l'agression sexuelle, l'aptitude à subir son procès, les styles d'apprentissage et les fonctions exécutives liées à la réussite scolaire. En tant que responsable du programme de sciences humaines, il est également en charge du concours annuel de méthodologie. Enfin, il a aussi participé en 2005 à l'adaptation de la 3e édition de l'ouvrage *Communications et interactions* de Ronald B. Adler et Neil Towne.

Caractéristiques de l'ouvrage

Cet ouvrage comporte plusieurs caractéristiques favorisant un apprentissage structuré et stimulant.

En ouverture des étapes

Chaque étape s'ouvre sur un récit qui vient placer le contenu des chapitres à venir dans une perspective globale et éveiller l'intérêt de l'étudiant pour les notions qui y seront présentées. Le récit rend compte d'une recherche concrète menée par des étudiantes dans le cadre de leur cours d'IPMSH et qui a reçu en 2007 un des Prix étudiants de l'Association pour la recherche au collégial (ARC).

En ouverture des chapitres

Chaque chapitre s'ouvre sur des **objectifs d'apprentissage** clairement définis qui permettent à l'étudiant de se situer par rapport aux connaissances à acquérir ou aux habiletés que l'étude de ce chapitre permet de développer.

Chaque ouverture comprend également un **plan du chapitre** qui présente en un coup d'œil une vue d'ensemble des notions qui seront abordées.

Enfin, les ouvertures présentent une **introduction** qui permet à l'étudiant de saisir les enjeux des notions qui seront développées dans le corps du chapitre.

À l'intérieur des chapitres

Chaque chapitre propose un certain nombre de **rubriques** présentées sous forme d'encadrés. On trouve trois types de rubriques tout au long des chapitres :

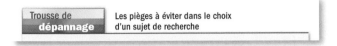

Trousse de dépannage :
Cet encadré présente un bref topo des difficultés les plus courantes éprouvées par les apprentis chercheurs, en vue de proposer des solutions concrètes à ces problèmes.

Astuces TIC :
Cet encadré propose des trucs et des conseils pour utiliser adéquatement les nouvelles technologies dans le cadre d'une recherche en sciences humaines.

Pour aller plus loin :
Cet encadré est destiné à ceux et celles qui voudraient approfondir leurs connaissances sur un sujet particulier.

Certains termes-clés, qui apparaissent en caractères gras et en couleur dans le texte, sont immédiatement définis en marge. Ces définitions faciles à repérer se retrouvent également dans un glossaire général à la fin du volume. Ces **définitions en marge** aident l'étudiant à mieux comprendre le vocabulaire d'usage en méthodologie de la recherche en sciences humaines.

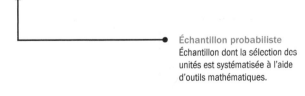

Échantillon probabiliste
Échantillon dont la sélection des unités est systématisée à l'aide d'outils mathématiques.

Les échantillons probabilistes

Un échantillon probabiliste s'appuie par des mathématiciens. Ce type d'é unités se fait selon la loi des probab objectif le choix des unités sélection auprès de vos camarades de classe, un de créer un sous-ensemble d'étudiant de ne choisir que vos amis ou les pers qui nuirait à la représentativité de vo

Plusieurs **tableaux**, **figures** et **photos**, en plus d'agrémenter et de dynamiser le texte, viennent préciser, illustrer et soutenir une explication donnée. Ils permettent aussi parfois de synthétiser ou de simplifier des notions plus complexes, en vue d'en favoriser la compréhension.

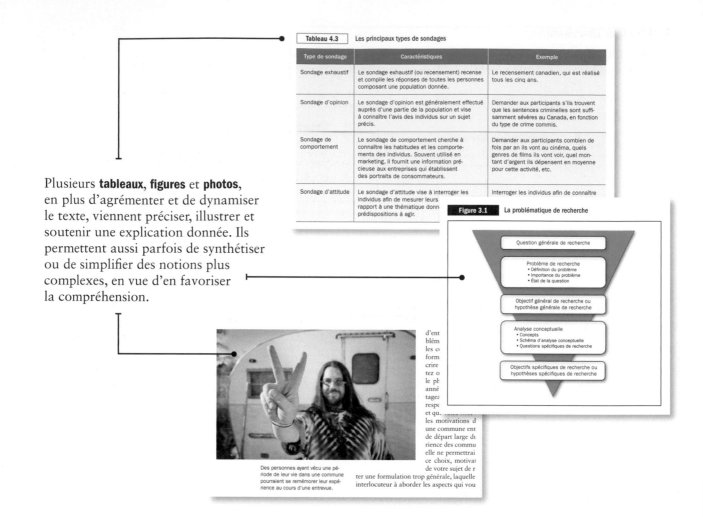

Tableau 4.3	Les principaux types de sondages	
Type de sondage	Caractéristiques	Exemple
Sondage exhaustif	Le sondage exhaustif (ou recensement) recense et compile les réponses de toutes les personnes composant une population donnée.	Le recensement canadien, qui est réalisé tous les cinq ans.
Sondage d'opinion	Le sondage d'opinion est généralement effectué auprès d'une partie de la population et vise à connaître l'avis des individus sur un sujet précis.	Demander aux participants s'ils trouvent que les sentences criminelles sont suffisamment sévères au Canada, en fonction du type de crime commis.
Sondage de comportement	Le sondage de comportement cherche à connaître les habitudes et les comportements des individus. Souvent utilisé en marketing, il fournit une information précieuse aux entreprises qui établissent des portraits de consommateurs.	Demander aux participants combien de fois par an ils vont au cinéma, quels genres de films ils vont voir, quel montant d'argent ils dépensent en moyenne pour cette activité, etc.
Sondage d'attitude	Le sondage d'attitude vise à interroger les individus afin de mesurer leurs rapport à une thématique donn prédispositions à agir.	Interroger les individus afin de connaître

Figure 3.1 La problématique de recherche

- Question générale de recherche
- Problème de recherche
  - Définition du problème
  - Importance du problème
  - État de la question
- Objectif général de recherche ou hypothèse générale de recherche
- Analyse conceptuelle
  - Concepts
  - Schéma d'analyse conceptuelle
  - Questions spécifiques de recherche
- Objectifs spécifiques de recherche ou hypothèses spécifiques de recherche

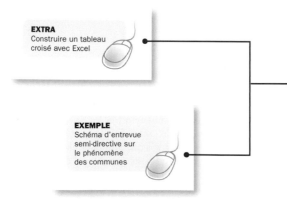

Des personnes ayant vécu une période de leur vie dans une commune pourraient se remémorer leur expérience au cours d'une entrevue.

Enfin, des **pictogrammes Web**, placés en marge du texte, énumèrent les diverses ressources complémentaires destinées à l'étudiant et à l'enseignant. Ces ressources sont disponibles en ligne au www.cheneliere.ca/ipmsh à titre d'**extras** ou d'**exemples** (hyperliens, textes complémentaires, outils à télécharger, etc.).

À la fin des chapitres

La rubrique **Faites le point** propose
une liste à cocher qui permet à l'étudiant
de s'assurer du bon déroulement de
sa démarche scientifique à chaque
étape de la recherche.

Faites LE POINT

1. Ai-je vérifié, codifié et classé mes données de manière à pouvoir en faire l'analyse ? ☐

2. Mon analyse des données a-t-elle fait ressortir des éléments communs et des éléments de contradiction entre elles ? ☐

3. Ai-je produit une discussion de mes résultats, à la suite de l'analyse, pour faire le point sur ma problématique de recherche ? ☐

4. Mon interprétation des résultats est-elle en lien direct avec mon objectif spécifique ou mon hypothèse spécifique de recherche ? ☐

5. Mon interprétation inclut-elle un regard critique sur ma méthodologie de recherche et des pistes de réflexion pour de futures recherches ? ☐

Prof ET Chercheur

Shirley Lacasse,
chercheuse en sociologie

Collège de Bois-de-Boulogne

Alors qu'elle était étudiante au doctorat en sociologie (après avoir suivi des études en sexologie et en criminologie), Shirley Lacasse s'est intéressée à un sujet de recherche pour le moins inusité : les danseuses nues. Son objectif était de comprendre la stigmatisation à laquelle ces danseuses font face et de répondre à quelques appréhensions

quotidien des danseuses nues, en montrant qu'elles sont des travailleuses autonomes effectuant un travail émotif, somme toute assez semblable à celui des agents de bord.

Manifestant détermination et imagination, la chercheuse a observé pendant un peu plus de six mois, et à une fréquence de quatre fois par semaine, deux établissements de la région montréalaise (un permettant la danse-contact et l'autre pas). Loin d'être sur un terrain facile d'accès, elle a eu besoin de plusieurs mois pour se faire accepter par ses sujets d'observation.

Enfin, la rubrique **Prof et chercheur**
retrace le parcours de recherche
d'un enseignant en sciences humaines
du réseau collégial. En lien avec le
contenu du chapitre, cette rubrique
permet de rendre compte de la
démarche de ce chercheur, tout en
suscitant l'émulation chez l'étudiant.

Au début et à la fin de l'ouvrage

La **couverture à rabat** du volume présente trois éléments essentiels :

- la présence des **ateliers Odilon** et d'une grande variété de **matériel complémentaire** à l'ouvrage, disponibles **en ligne** au www.cheneliere.ca/ipmsh ;

- un schéma représentant les **étapes de la démarche scientifique** et qui permet de se situer à l'intérieur de chacune des étapes ;

- une **grille de planification et de réalisation** d'un travail de recherche.

Tout au long des chapitres, un **système d'onglets** de couleur facilite
le repérage des différentes étapes de la démarche scientifique.

Enfin, sont aussi disponibles, en fin de volume, un **glossaire** qui
reprend en ordre alphabétique tous les mots-clés des chapitres,
une **bibliographie** ainsi qu'un **index** général des sujets traités.

Table des matières

Étape 2 — Choisir et mettre en application sa méthode de recherche 68

Chapitre 4 — Choisir sa méthode de recherche 70

Chapitre 5   Mettre en application sa méthode de recherche ...   98

Étape 3 — Analyser ses données, interpréter et diffuser ses résultats de recherche 140

Chapitre 6 — Analyser ses données et interpréter ses résultats de recherche 142

Chapitre 7 Diffuser ses résultats de recherche 176

HISTOIRE
PSYCHOLOGIE
GÉOGRAPHIE
ANTHROPOLOGIE
ADMINISTRATION
SCIENCE POLITIQUE
SOCIOLOGIE
ÉCONOMIE

Chapitre 1

La recherche et les sciences humaines

Objectifs d'apprentissage

Après avoir lu ce chapitre, vous devriez pouvoir :

- Situer les origines de la recherche scientifique ;

- Connaître les faits marquants de l'émergence des disciplines des sciences humaines ;

- Distinguer les visées de la recherche en sciences humaines ;

- Définir la recherche fondamentale, la recherche appliquée, la recherche quantitative et la recherche qualitative ;

- Préciser les caractéristiques de l'esprit scientifique en sciences humaines ;

- Connaître les règles d'éthique de la recherche en sciences humaines.

Plan du chapitre

Introduction

Tous les jours, nous pouvons observer ce qui est diffusé par les institutions, les médias et l'opinion publique en général. Qu'il s'agisse d'arguments sur le bien-fondé de certaines politiques gouvernementales, de l'interprétation de nouvelles données touchant le divorce au Québec ou encore de découvertes dans le Nord québécois se rapportant aux plus anciennes formations géologiques, les événements ne manquent pas d'interpeller les citoyens informés que nous sommes.

Bien que l'on assiste, en ce début de IIIe millénaire, à l'édification accélérée d'une société du savoir et de l'information, l'être humain a toujours manifesté une soif de connaissances en cherchant à mieux saisir son environnement et à maîtriser son développement.

D'abord par la religion et la mythologie, ensuite à travers la philosophie rationnelle et ses modèles logiques, mathématiques et géométriques, puis par une pluralité de sciences et de techniques, l'homme s'est doté de moyens pour mieux décrire, expliquer et comprendre le monde qui l'entoure.

La recherche en sciences humaines a connu son véritable essor dans la foulée des progrès scientifiques réalisés aux XIXe et XXe siècles, et grâce à l'impulsion de chercheurs animés par le désir de recourir aux méthodes et aux outils des sciences de la nature. Toutefois, les phénomènes humains ne se mesurent pas toujours avec précision. On ne prédit pas avec autant d'exactitude le résultat d'une élection que la vitesse d'accélération d'un corps dans l'espace. De même, on explique plus facilement le phénomène de la combustion que celui de l'agressivité ou de la violence. Les sciences humaines ont ainsi mis au point divers outils et méthodes pour pallier cette difficulté. Ce sont ces outils et ces méthodes que vous aurez à utiliser dans le cadre de votre recherche.

Ce premier chapitre a pour objectif de vous aider à situer la démarche scientifique en sciences humaines. Nous aborderons ainsi les bases scientifiques et méthodologiques qui encadrent les visées de la recherche. Nous verrons ensuite que, quelle que soit la discipline dans laquelle il œuvre, le chercheur peut s'intéresser à la recherche fondamentale ou appliquée, et ce, à partir de données quantitatives ou qualitatives. Enfin, nous constaterons que, peu importe le type de recherche qu'il entreprend, le chercheur devrait toujours être animé d'un esprit scientifique et d'une attitude éthique.

Les origines de la recherche scientifique

La religion a longtemps déterminé ce qui pouvait être dit et pensé sur l'être humain, son comportement, son organisation en société, sa culture et ses coutumes. Il n'a pas du tout été facile de mettre fin à cette emprise ; cela a pris beaucoup de temps, d'énergie et d'inventivité avant d'en arriver à façonner un point de vue scientifique sur le monde. De nombreux érudits et philosophes ont pris leurs distances par rapport à la religion, qu'ils jugeaient dogmatique. Pour eux, il était impératif, en utilisant la démarche scientifique, de construire la science (du latin *scientia*, « connaissance ») comme un ensemble rationnel et organisé de connaissances, dans lequel l'intuition et la croyance populaire n'occuperaient pas une place centrale. La démarche scientifique insiste particulièrement sur une approche rationnelle, sur une capacité d'abstraction et sur un regard critique quant aux avancées de la science, amenant de ce fait à reconsidérer constamment les jalons, les hypothèses et les énoncés ou les théories issus du corpus scientifique.

Au-delà de la fondation de la philosophie comme discours systématique et rationnel, c'est à partir de la Renaissance anglaise, avec sir Francis Bacon (1561-1626), qu'on s'est intéressé à la réalité du monde dans une perspective expérimentale. Bacon a établi une approche qui allait guider le développement de la pensée scientifique : l'empirisme. Plus particulièrement, il ne s'agissait plus simplement de déduire (déduction) le monde de quelques énoncés postulés, mais de tester ces énoncés en tirant profit de l'expérience et des observations faites afin d'en tirer, par induction, des principes de connaissance.

À partir de ces principes, la science a proposé une nouvelle forme d'argumentation qu'on a nommée « démarche scientifique », par laquelle on teste une hypothèse afin de démontrer si elle est valide ou non.

En plus de cette dimension expérimentale, plusieurs autres philosophes du XVIIe siècle se sont imprégnés des sciences de la nature, et plus particulièrement des mathématiques et de la géométrie, en vue de fonder un discours plus rigoureux et plus rationnel. C'est avec René Descartes (1596-1650) que l'idée du rationalisme a germé dans les esprits et aidé la science à prendre une distance nécessaire par rapport aux idées associées à la religion, aux mythes et à la morale. Les bases sur lesquelles se sont élaborées les sciences humaines d'un point de vue méthodologique étaient ainsi jetées.

Au XIXe siècle, deux penseurs ont grandement contribué à la consolidation des sciences humaines, en opposition avec le discours mythico-religieux, en proposant les doctrines du positivisme et du darwinisme.

Le premier penseur, Auguste Comte (1798-1857), affirmait que la nature humaine ne doit plus être abordée de façon philosophique, mais de façon scientifique, en se basant sur des faits objectifs, reconnus de tous. Des disciplines telles que la sociologie, l'histoire, la psychologie et la philosophie ont bénéficié des retombées de cette doctrine, le positivisme, en prônant l'utilisation d'arguments factuels, vérifiables empiriquement et donc fiables.

Le deuxième penseur, Charles Darwin (1809-1882), a participé, avec la publication, en 1859, de son ouvrage *De l'origine des espèces*, à une remise en question de la conception religieuse de l'existence humaine. Ainsi, le monde n'aurait pas été créé par Dieu en six jours, mais il résulterait de l'évolution de minuscules cellules vivantes provenant du fond de l'océan. Non seulement cette théorie évolutionniste, le darwinisme, s'opposait à certaines croyances religieuses, mais elle ouvrait la porte à la possibilité de présenter le monde à partir d'une perspective essentiellement scientifique. Puisque l'être humain était dorénavant considéré comme un animal au même titre que les autres animaux, les comportements humains n'étaient plus adoptés en fonction des commandements bibliques et des diktats religieux, mais ils étaient déterminés par la survie de l'espèce.

Darwinisme
Théorie proposant que l'évolution des espèces résulte de la sélection naturelle.

Pour aller plus loin — L'épistémologie

L'évolution historique des sciences relève de ce que l'on nomme l'épistémologie. L'épistémologie est une discipline philosophique traitant de la manière de faire de la science, telle une sorte de science des sciences. Elle constitue un discours réflexif sur les pratiques scientifiques qui envisage de manière critique les théories, les objets et les méthodes des sciences. Le philosophe et épistémologue français Gaston Bachelard (1884-1962) a donné dans son ouvrage *La formation de l'esprit scientifique* une description reconnue du fait scientifique : « le fait scientifique est conquis, construit, constaté ». Il définissait ainsi les trois principales caractéristiques du fait scientifique. La première caractéristique porte sur le caractère conflictuel du progrès scientifique, celui-ci créant une rupture avec l'ordre traditionnel et « naturel » qui le précède. La deuxième caractéristique spécifie que tout énoncé scientifique représente une construction humaine et dépend donc d'un contexte socioculturel particulier. Enfin, la troisième caractéristique indique qu'un énoncé scientifique doit affronter l'épreuve des faits, être vérifié empiriquement et, ainsi, être validé.

Épistémologie
Discipline philosophique qui traite de la manière dont la science aborde un phénomène.

EXTRA
Sciences de la nature et sciences de la culture

Dans cette perspective, il devenait impératif de mettre au point des méthodes et des outils pour favoriser l'étude de l'être humain de manière crédible, sérieuse et scientifique. De fait, la philosophie et la religion se sont vu supplanter au cours du XIXᵉ siècle par les sciences humaines dans la description, l'explication et la compréhension des phénomènes humains. La science s'imposait graduellement par rapport aux autres discours sur la réalité en adoptant une démarche rigoureuse et critique, et en exprimant un besoin d'exactitude et d'autonomie. Il ne faudrait toutefois pas penser que cette évolution s'est faite sans heurts ou sans reculs importants, comme en témoignent les deux exemples qui suivent.

Phénomène
En science, ce qui apparaît à la conscience, ce qui est perçu par un observateur et sur quoi il fonde ses connaissances.

À la fin du XIXᵉ siècle, un célèbre médecin italien, Cesare Lombroso (1835-1909), que certains considèrent aujourd'hui comme un des fondateurs de la criminologie moderne, a élaboré des hypothèses de recherche et des méthodes d'analyse qui paraissent aujourd'hui assez simplistes, voire farfelues. Il a avancé l'idée du criminel-né selon laquelle le criminel naissait avec certains traits physiologiques, résultat de tares génétiques, qui l'entraînaient invariablement vers la criminalité. Pour confirmer ses dires, il basait ses travaux sur une simple observation de criminels et de non-criminels qu'il recevait à la morgue. Comme il savait, avant de faire ses observations, que tel individu était criminel ou non, son regard n'était pas impartial. Ses conclusions ont été vivement critiquées par plusieurs chercheurs, qui ont souligné le manque de rigueur de ses méthodes et les préjugés contenus dans ses hypothèses.

| Figure 1.1 | Le visage des criminels de Galton |

Il en va de même pour sir Francis Galton (1822-1911). Ce célèbre psychologue, cousin de Charles Darwin, est à l'origine de la biométrie, qu'on utilise maintenant entre autres dans les aéroports américains pour détecter rapidement des criminels et des terroristes potentiels, à partir d'images provenant de caméras de surveillance. Au-delà des empreintes digitales comme élément d'identification assuré d'un individu, Galton a tenté, à l'aide d'une série de photographies de détenus de la prison de Londres, de dégager une typologie des faciès de criminels en fonction du type d'infractions commises. Ainsi, au moyen d'une surimpression de négatifs photographiques, il a voulu identifier le visage type du criminel afin d'aider Scotland Yard dans ses investigations quotidiennes, à travers une sorte de profilage physiologique.

La figure 1.1 montre un exemple du résultat de ses recherches, où l'on voit les visages types de criminels. Les résultats de cette recherche sont peu valables, car l'hypothèse de départ, qui avançait qu'une physionomie donnée est un signe de comportements criminels, manquait de solidité, même si la démarche méthodologique semblait rigoureuse et en apparence valide.

Ces deux exemples illustrent bien la nécessité de distinguer les types de savoirs qui s'opposent à la science en raison de l'absence d'une méthodologie rigoureuse ou de l'utilisation de simples opinions et non de faits incontestés. Au cours de votre démarche de recherche, prenez garde par conséquent de ne pas vous appuyer sur ce genre de connaissances, comme l'ont fait Lombroso et Galton. Le tableau 1.1 présente succinctement les savoirs non scientifiques qui n'ont pas leur place dans une démarche scientifique rigoureuse.

Tableau 1.1	Les savoirs non scientifiques
Savoir	**Définition**
Dogme	Élément fondamental d'une religion ou d'une philosophie qui est considéré comme incontestable.
Croyance populaire	Conviction que plusieurs personnes partagent, mais qui n'a aucun fondement scientifique. Elle naît le plus souvent d'événements singuliers qui frappent l'imagination ou constitue une généralisation hâtive de quelques cas particuliers.
Intuition	Idée qui fait davantage appel aux émotions qu'au raisonnement. Il peut aussi s'agir d'un raisonnement sommaire au sujet de la réalité dans le but de prédire l'avenir.
Autorité morale	Personne qui cautionne un savoir à cause de l'influence intellectuelle qu'elle exerce sur un groupe.
Expérience personnelle	Généralisation d'un fait vécu par quelqu'un. Elle relève de l'anecdote et tient compte de l'expérience d'une seule personne ou d'un groupe restreint et non représentatif.
Actualité journalistique	Événement de la vie quotidienne rapporté par un média. Dans la même veine, un éditorial dans un journal n'est ni plus ni moins que l'opinion du journaliste qui l'a écrit, aussi compétent soit-il, et ressortit davantage à l'autorité morale.

EXEMPLE
Savoirs non scientifiques

L'émergence des sciences humaines

Les sciences humaines sont encore très jeunes dans l'histoire de l'humanité. En effet, c'est seulement à partir de la modernité (XVIᵉ siècle) que se sont élaborées de manière accélérée les différentes perspectives fondatrices des disciplines que nous connaissons aujourd'hui. Tout d'abord, la science politique, avec en tête Nicolas Machiavel (1469-1527), a pris forme autour de la notion de pouvoir à l'extérieur de toute logique religieuse et morale. Son intérêt pour la légitimité et les modes de gouvernance lui a permis d'évaluer les institutions politiques d'un point de vue critique et stratégique.

Le XVIIIᵉ siècle a été témoin de l'éclosion de deux autres disciplines : l'économie et l'anthropologie. Adam Smith (1723-1790), qui est considéré comme le père de la science économique, a fait émerger l'économie politique ou l'étude de la production, de la distribution et de la consommation de la richesse. L'anthropologie est également apparue au Siècle des Lumières. Elle a été marquée par la pensée de Jean-Jacques Rousseau (1712-1778), qui a interrogé profondément la nature humaine et sa culture, en reprenant les témoignages d'explorateurs et de missionnaires sur le Nouveau Monde, ce qui l'a amené à en tirer la figure du « bon sauvage ».

La première moitié du XIXe siècle, période d'effervescence et de démocratisation, a permis l'élaboration d'autres perspectives fondatrices des sciences humaines : la géographie et l'histoire.

La géographie tentait de baliser le territoire, son objet de recherche de prédilection, en relation avec l'épanouissement des États-nations nouvellement créés. En Allemagne, vers 1807, Alexander von Humboldt (1769-1859) a fait de la géographie une discipline autonome, complémentaire et différenciée. Quant à l'histoire, elle est devenue avec Fustel de Coulanges (1830-1889) une discipline ayant un objet particulier rattaché à la chronologie factuelle d'une collectivité donnée.

La deuxième moitié du XIXe siècle a vu naître des sociétés de plus en plus complexes et interdépendantes. C'est dans ce contexte que sont apparues de nouvelles approches fondatrices pour les sciences humaines, à savoir la sociologie, la psychologie et ce qu'on appelle aujourd'hui les sciences administratives.

La sociologie, avec comme figures de proue Émile Durkheim (1858-1917) ainsi que Max Weber (1864-1920), cherchait à rendre compte des éléments permanents et récurrents d'une société donnée (son organisation, sa structure, etc.) ainsi que de sa dynamique (les conflits, les changements sociaux et leur évolution historique).

La psychologie, pour sa part, a tenté, à partir de 1850, de traquer les modes de fonctionnement de la pensée humaine en s'intéressant spécialement à la manifestation des états mentaux et à leurs effets sur les comportements humains. Gustav Fechner (1801-1887), Wilhelm Wundt (1832-1920) et William James (1842-1910) ont contribué collectivement à l'élaboration de cette perspective nouvelle, celle des méthodes proprement expérimentales.

Vers 1895 est apparue enfin une dernière discipline des sciences humaines, plus appliquée celle-là, soit les sciences administratives. Avec un pionnier comme Frederick Winslow Taylor (1856-1915), cette discipline a pu penser scientifiquement l'organisation du travail et analyser les organisations bureaucratiques qui se sont développées à un rythme effréné tout au long du siècle suivant. Le XXe siècle a semblé clore le déploiement fondateur des sciences humaines, mais la recherche n'en continue pas moins de faire avancer l'état des connaissances.

EXTRA
Historique des
sciences humaines

Les visées de la recherche en sciences humaines

Recherche
Activité de la science visant à décrire, à expliquer et à comprendre des phénomènes de la réalité et dont les résultats sont diffusés sous la forme de rapports ou d'études.

Visée de la recherche
Intention théorique du chercheur concernant l'objectif global poursuivi quant à un sujet de recherche donné.

Lorsqu'un chercheur s'engage dans un processus de recherche en sciences humaines, il désire de toute évidence en apprendre davantage à propos d'un phénomène qui touche à tout le moins un individu. L'histoire des sciences humaines, qui a été esquissée dans la section précédente, est jalonnée de chercheurs qui veulent constituer un ensemble de connaissances afin de pouvoir mieux décrire, expliquer et comprendre les phénomènes de la réalité qui nous entoure. Décrire, expliquer et comprendre sont des visées de la recherche différentes, mais complémentaires. Vous pourrez donc opter pour l'une ou l'autre de ces visées lorsque vous réaliserez votre propre travail de recherche.

La torture a longtemps été utilisée pour forcer des détenus à passer aux aveux, pour exorciser des marginaux accusés de sorcellerie ou pour châtier des coupables.

Aujourd'hui, bien que la torture soit interdite, notamment par la convention de Genève, il n'en demeure pas moins que de nombreux cas sont recensés partout à travers le monde.

La torture s'est énormément développée au cours des derniers siècles, de sorte que les méthodes sophistiquées qui sont employées de nos jours n'ont rien de la «torture spectacle» qui avait cours à l'époque médiévale. Les études sur le comportement humain ont largement contribué à la mise au point des techniques de torture. Et vice versa.

Que l'on pense aux SS durant la Seconde Guerre mondiale ou au KGB (la police politique) de l'URSS, de nombreux tortionnaires ont «étudié» le comportement humain à travers l'application de leurs atrocités. Ainsi, plusieurs cobayes humains ont été utilisés pour servir la science, que ce soit pour l'étude d'une privation extrême de sommeil, de la résistance au chaud, au froid ou à la douleur, ou encore pour l'expérimentation d'un psychotrope. Ces méthodes, souvent monstrueuses, toujours cruelles, ont fait un grand nombre de victimes «au nom de la science». Cela montre bien que les visées de la science ne sont pas toujours nobles...

Décrire

La description constitue la base de la recherche en sciences humaines, car c'est à partir de ce matériau brut que toutes les autres démarches de recherche peuvent être mises en œuvre. Lorsqu'on demande à une personne de nous décrire ce qu'elle observe et entend, on obtient généralement la description d'une expérience personnelle. Ainsi, cette personne explique ce qu'elle juge important en fonction de ses goûts, de sa sensibilité, de son vécu, etc. Mais pour que la description ait une quelconque valeur pour les sciences humaines, elle doit faire preuve d'objectivité, de façon que les renseignements recueillis soient les mêmes, peu importe le chercheur. Autant que possible, ce dernier doit faire abstraction de ses connaissances antérieures et tenter d'aborder le sujet de recherche avec un regard neuf, comme s'il l'appréhendait pour la première fois.

Objectivité
Caractéristique de la science assurant une certaine neutralité au regard d'un sujet de recherche donné.

En somme, décrire est une activité scientifique qui consiste à circonscrire, à partir d'observations, les caractéristiques empiriques d'un objet d'étude afin d'en proposer une définition. La tâche peut sembler facile, mais dans la réalité, il s'avère très ardu de décrire des relations entre individus, qu'il s'agisse de rendre compte d'une notion aussi complexe que l'estime de soi dans une relation de couple ou encore de la criminalité dans le monde carcéral.

La classification constitue une variante importante de la description comme visée de base en sciences humaines. Classer des phénomènes représente une activité cruciale en sciences, surtout dans les domaines qui se trouvent dans une phase d'exploration. Issue des sciences naturelles, la classification (ou taxinomie) est une activité que l'on rencontre fréquemment en botanique, notamment. Une telle visée pourrait se révéler intéressante pour un chercheur en psychologie qui doit inventorier des types de troubles anxieux. De même, la classification des régimes de gouvernance demeure un classique du genre en science politique. L'élaboration d'une nomenclature dans un domaine particulier correspond ainsi à une visée tout à fait pertinente de la recherche scientifique en sciences humaines et complète bien la visée descriptive.

Expliquer

L'explication émerge des relations qui existent entre deux réalités ou deux concepts. Le chercheur a pour tâche de représenter clairement la nature de ces liens de manière à les mettre en évidence. Grâce à l'explication, il est ainsi possible d'affirmer qu'un phénomène peut se produire si l'on est en présence de facteurs X et Y, et ce, peu importe le nombre de fois où l'on vérifie ce phénomène au moyen de l'expérimentation.

Expliquer un phénomène comme la chute d'un empire, c'est faire ressortir les facteurs extérieurs à cette situation afin de démontrer des liens de causalité. Par exemple, on pourrait imaginer un modèle théorique expliquant la chute des empires à partir de deux facteurs particuliers, à savoir l'indice de fécondité et l'accessibilité aux ressources alimentaires. Bref, en s'appuyant sur ce type de relation entre deux termes, facteurs ou indicateurs, les sciences humaines peuvent en arriver à élaborer des lois ou des théories.

Comprendre

La compréhension des phénomènes humains comme visée de la recherche est apparue lorsqu'il a fallu résoudre le problème posé par l'étude des événements passés. En effet, puisque l'historien ne peut retourner dans le passé pour décrire et expliquer les événements de manière empirique, il se doit d'étudier des points de vue subjectifs pour en dégager toute la signification. D'autres disciplines, telles que la sociologie et la science politique, ont alors emboîté le pas aux historiens afin de saisir la signification des actions ou des faits sociaux.

Modèle
Représentation abstraite, formelle et simplifiée de relations entre des concepts ou des variables.

Loi
Rapport constant et démontré logiquement ou empiriquement entre deux faits scientifiques.

Théorie
Représentation abstraite et synthétique d'observations et d'énoncés généraux, logiquement cohérents entre eux, à propos d'un phénomène particulier.

Gary S. Becker

Lauréat du prix Nobel de science économique en 1992, Gary S. Becker, un économiste américain, a cherché à expliquer des phénomènes qu'on aborde rarement en science économique, comme l'éducation, la santé ou la criminalité. Il a aussi posé un regard d'économiste sur la décision d'avoir ou non des enfants, faisant ainsi avancer la recherche sur l'aspect coûts-bénéfices d'une telle décision. Ses explications économiques au sujet de la fécondité ont exercé une grande influence sur l'élaboration de politiques familiales, notamment en Occident où la baisse marquée des taux de natalité était préoccupante. Becker a donc ouvert la voie à d'autres champs d'application de la science économique, en complémentarité avec la contribution des autres sciences humaines.

Grâce à la compréhension, le chercheur va au-delà des simples liens factuels pour tenter d'appréhender le contexte global de ces liens à l'intérieur d'une démarche subjective. Par exemple, un chercheur pourrait essayer de comprendre ce qui a pu pousser le révérend Jim Jones à provoquer le « suicide collectif » de Jonestown le 18 novembre 1978 ; il pourrait utiliser pour cela des entrevues réalisées avec les survivants de ce massacre. De même, une telle démarche pourrait lui permettre de saisir, à travers le récit de vie, les aléas dans le parcours d'un tueur en série et de mieux percevoir la signification de certains événements du point de vue de celui qui les a vécus.

Les axes de la recherche en sciences humaines

Les différentes disciplines des sciences humaines ont élaboré de nombreuses méthodes de recherche, dont il sera question dans le chapitre 4. Ces méthodes permettent essentiellement de réaliser deux types de recherche, soit la recherche fondamentale et la recherche appliquée, dans le cadre desquels on peut faire une analyse à partir de données quantitatives ou de données qualitatives. Comme en fait foi la figure 1.2, un même sujet de recherche peut être abordé de plusieurs manières. Le chercheur arrêtera son choix selon sa discipline, les données disponibles, sa visée de la recherche, etc. Peu importe la recherche qui sera choisie, elle se situera quelque part sur l'un de ces axes.

Figure 1.2   Les axes de la recherche

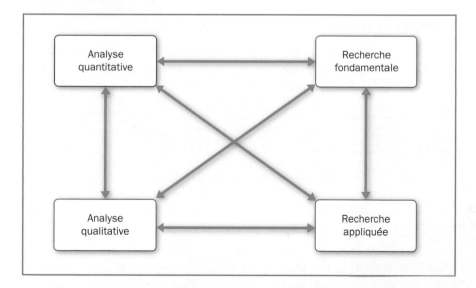

La recherche fondamentale

La recherche fondamentale vise avant tout à élaborer ou à critiquer les représentations abstraites de la réalité à l'aide de modèles et de théories. Elle s'inscrit dans une démarche de connaissance pure, qui ne défend aucun intérêt particulier, qu'il s'agisse d'intérêts financiers ou autres. Il arrive souvent que la recherche fondamentale fasse avancer à grands pas le savoir scientifique en trouvant des solutions novatrices à des problèmes conceptuels difficiles, ou qui paraissent même insolubles. Par exemple, un chercheur en science politique pourrait concevoir un modèle portant sur les allégeances des jeunes en matière de politique fédérale en fonction du milieu socioéconomique et du niveau de scolarité. Pour sa part, un chercheur en science économique pourrait mettre au point un modèle macroéconomique permettant d'expliquer les liens existant entre les taux d'intérêt aux États-Unis et l'activité économique au Canada. Finalement, un anthropologue pourrait élaborer un modèle concernant les rites d'initiation à la maturité sexuelle chez les jeunes garçons dans les sociétés matriarcales à partir d'une accumulation d'observations et de descriptions anthropologiques qui ont été effectuées au XXe siècle.

La recherche appliquée

La recherche appliquée s'emploie à résoudre des problèmes concrets en utilisant les fruits de la recherche fondamentale. Ainsi, un chercheur auquel fait appel un parti politique pourrait réaliser une recherche appliquée à partir du modèle portant sur les allégeances politiques des jeunes pour mieux cibler les messages publicitaires d'une campagne électorale afin d'attirer leur vote. De son côté, un économiste travaillant à la Banque du Canada pourrait tester un modèle macroéconomique issu de la recherche fondamentale en vue de conseiller aux dirigeants économiques de hausser ou de baisser les taux d'intérêt canadiens en fonction des taux d'intérêt américains qui sont anticipés pour les mois à venir.

L'analyse quantitative

La recherche effectuée à partir de données quantitatives vise à mesurer, à calculer et à quantifier des réalités sociales ou des phénomènes complexes. Les résultats numériques obtenus le plus souvent au moyen d'expérimentations ou de sondages (*voir le chapitre 4*) pourront être utilisés à l'état brut, comme le nombre de naissances ou la quantité de dollars dépensés, ou être classifiés, comme c'est le cas pour le revenu familial (élevé, moyen ou faible) ou pour le statut socioprofessionnel (employé de soutien, professionnel ou dirigeant) ou encore être croisés entre eux, et ce, en vue d'expliquer la nature de leurs relations. Ainsi, l'analyse statistique permet de décrire un phénomène ou d'expliquer des relations existant entre des variables ou des concepts. Par exemple, un chercheur pourrait vouloir quantifier le niveau de stress vécu par les individus et le mettre en relation avec le temps que chacun d'eux passe quotidiennement au volant de sa voiture pris dans des embouteillages.

Un chercheur en psychologie pourrait réaliser une étude pour quantifier le niveau de stress vécu par des automobilistes en situation d'embouteillage pour ainsi développer une échelle de stress ressenti en pareille situation.

L'analyse qualitative

L'analyse qualitative, qu'on oppose souvent à l'analyse quantitative mais qui la complète très bien, cherche à saisir des phénomènes humains ou sociaux qu'il est difficile, sinon impossible, de chiffrer et de mesurer. L'observation, l'entrevue et l'analyse de contenu sont les méthodes qualitatives utilisées le plus couramment dans cet axe de la recherche; elles sont présentées dans le chapitre 4. Ainsi, en allant interviewer des automobilistes qui subissent les embouteillages, un chercheur pourrait colliger de l'information sur ce qu'ils font pour passer le temps dans leur voiture ou sur les émotions qu'ils ressentent par rapport à l'attente. Cette démarche lui permettrait de recueillir des données susceptibles de l'aider à mieux décrire les différentes façons de gérer le stress. S'il désire mieux situer son analyse, ce chercheur pourrait étoffer ses résultats en comparant cette situation, par exemple, avec celle d'une salle d'attente dans un hôpital.

L'esprit scientifique en sciences humaines

L'esprit scientifique s'acquiert comme n'importe quelle autre compétence et fait partie des apprentissages importants que doit effectuer le nouveau chercheur. Ce n'est ni un don ni un pouvoir, mais une habileté qu'il est possible d'améliorer avec l'expérience.

Un étudiant qui acquiert un esprit scientifique ressemble à un apprenti détective qui approfondit ses techniques d'enquête. Au début, certains indices peuvent échapper à ce dernier, il peut être tenté de tirer des conclusions hâtives pour résoudre un crime ou encore vouloir à tout prix procéder à une arrestation parce que le crime le répugne et que le suspect lui semble coupable. Puis, peu à peu, l'enquêteur se rend compte de l'importance d'adopter certaines attitudes dans l'exercice de ses fonctions. Par exemple, il peut décider de faire abstraction de ses émotions pour éviter d'accuser à tort un suspect. Il peut aussi raffiner sa capacité d'analyse d'une scène de crime de manière à être davantage sensible à la présence de certains indices. Peut-être ne résoudra-t-il pas tous les crimes sur lesquels il enquête, mais il sera certainement dans une meilleure position pour effectuer des arrestations qui mèneront à des condamnations.

L'esprit scientifique fonctionne de la même manière. Pour adopter un esprit scientifique tout au long de votre travail de recherche, retenez bien les quatre dimensions essentielles qu'il comporte, à savoir l'esprit critique, la créativité, la rigueur et la tolérance à l'ambiguïté.

Le chercheur, comme l'enquêteur, doit faire preuve d'un esprit scientifique pour réaliser un travail de qualité.

L'esprit critique

Critiquer un travail, une œuvre ou une performance n'est pas synonyme de mettre en pièces ce résultat afin de le ridiculiser. Avoir l'esprit critique signifie plutôt être en mesure de relever les forces et les faiblesses d'une production, d'en reconnaître la valeur malgré ses imperfections.

Dans la recherche scientifique, il est tout aussi important de savoir pourquoi un élément est meilleur qu'un autre que de savoir pourquoi il ne convient pas ou n'est pas pertinent. Savoir reconnaître ses erreurs puis les corriger s'avère une qualité essentielle du chercheur qui manifeste un esprit scientifique. Par exemple, un chercheur en science politique qui voudrait décrire les relations politiques entre le Québec et l'Ontario ne ferait pas preuve d'esprit critique si ses ressources documentaires provenaient uniquement du Québec. Il devrait plutôt recourir à des documents issus des deux provinces, afin que ceux-ci reflètent bien l'ensemble de la situation. L'analyse qui en ressortirait deviendrait alors plus scientifique.

La créativité

L'esprit scientifique suppose aussi de la créativité. Être créatif implique d'imaginer des solutions nouvelles à un problème et d'être capable de reprendre les connaissances existantes pour en faire quelque chose d'original. Pour y arriver, il faut évidemment démontrer une ouverture d'esprit, ne pas se limiter aux réalités habituelles, ordinaires et déjà connues. L'ouverture d'esprit nécessaire à la créativité permet de prendre en compte plusieurs éventualités, même les plus insolites ou étonnantes. La personne qui s'adonne à la recherche scientifique, comme le détective, ne doit pas se contenter des évidences qui se présentent à elle. En d'autres termes, elle doit être capable d'envisager la surprise, laquelle représente une possibilité qui s'inscrit parfaitement dans la démarche scientifique.

Imaginons un chercheur en science politique qui s'intéresse aux facteurs explicatifs du faible taux de participation des jeunes de 18 à 24 ans aux élections provinciales. Il pourrait démontrer de la créativité s'il choisissait d'analyser le profil et le discours des jeunes qui participent aux discussions en ligne sur des sujets politiques. Ce politologue se démarquerait ainsi des chercheurs plus traditionnels qui auraient négligé d'approcher la politique par le biais du monde virtuel. La créativité dont ferait preuve ce chercheur permettrait peut-être d'apporter un éclairage nouveau sur cette question.

La rigueur

On ne saurait trop insister sur l'importance de la rigueur dans la démarche scientifique. Cette qualité est en fait à la base de l'image qu'on se fait d'un scientifique, à savoir une personne qui possède la capacité d'analyser de façon systématique et minutieuse un problème donné. Sans la rigueur, la démarche scientifique ne saurait assurer son objectivité, laquelle est essentielle à la légitimité dont elle jouit dans le public.

En effet, lorsque des scientifiques sont perçus comme étant peu rigoureux, l'ensemble de leur discipline et de leurs collègues risquent d'être entachés par ces manquements. Chaque fois que la science est considérée comme biaisée en raison d'un financement particulier ou trop orientée sur le plan idéologique, elle en sort perdante, car le public met en doute la crédibilité du chercheur en question et, par conséquent, celle de ses recherches. Malheureusement, ce doute s'étend parfois à la globalité des travaux produits par la communauté scientifique.

La tolérance à l'ambiguïté

Une dernière qualité indispensable de l'esprit scientifique réside dans la tolérance à l'ambiguïté, autrement dit dans l'ouverture d'esprit. Faire de la science exige de savoir apporter des nuances. Il n'existe pas d'explication unique

Le taux de participation des jeunes aux élections tenues récemment au Québec est plutôt faible et en inquiète plusieurs. Une recherche en science politique pourrait permettre de mieux comprendre le phénomène.

d'un phénomène, particulièrement en sciences humaines. Des termes comme « toujours », « parfaitement » ou « inévitablement » font rarement partie des conclusions d'un chercheur. Le fait de cultiver le doute, d'envisager le possible mais aussi l'incertain, a donc partie liée avec l'esprit scientifique.

Par exemple, un chercheur en science économique qui tente d'expliquer les variables permettant de prédire la conjoncture économique des prochaines années devra faire montre de prudence dans ses conclusions, car de nombreux facteurs entrent en jeu et interagissent les uns avec les autres. Les décideurs économiques et politiques qui voudront utiliser les résultats de cette recherche appliquée pour éclairer leurs décisions trouveront sans doute frustrant de rencontrer des « cependant » et des « peut-être » dans ces travaux. Pourtant, cette incertitude est incontournable dans la recherche scientifique. Il faut donc aborder celle-ci avec une certaine humilité, vu la complexité des phénomènes humains qui interviennent.

EXTRA
Association canadienne-française pour l'avancement des sciences

L'éthique de la recherche en sciences humaines

Pour éviter les abus et les dérapages, les chercheurs des différentes disciplines des sciences humaines se sont dotés de règles qui visent à garantir leur crédibilité et celle de leurs travaux. Ces règles d'**éthique** sont souvent informelles, c'est-à-dire qu'elles s'appliquent de manière discrétionnaire, quelle que soit la discipline sur laquelle elles portent. Même si aucune sanction précise n'est prévue pour le cas où un chercheur fait un manquement à l'éthique, il y va de sa crédibilité, de sa réputation et peut-être même de sa carrière. Il revient ainsi à la communauté scientifique de dénoncer les fautes et les écarts commis. On peut regrouper les préoccupations éthiques sous quelques thèmes, soit le consentement libre et éclairé, le respect de la vie privée et la notion d'intégrité.

Éthique
Principes et règles souvent informels encadrant l'action du chercheur.

Le consentement libre et éclairé

Un chercheur manifestant un sens de l'éthique cherche à favoriser le consentement libre et éclairé des participants à sa recherche. Par exemple, lorsqu'il invite un sujet à se soumettre à une expérience en psychologie, il doit lui donner la possibilité de connaître les objectifs de la recherche et de choisir en toute liberté d'y participer ou non.

Évidemment, le fait de connaître les buts de la recherche peut parfois entraîner une modification du comportement du sujet, lequel voudra peut-être agir de la façon dont il croit que le chercheur aimerait qu'il agisse, désirant alors être un « bon » sujet et se conformer aux attentes du chercheur. Prenons une étude réalisée par des psychologues sur les effets de la séduction dans la réalisation d'une tâche. Les chercheurs veulent en particulier évaluer l'influence qu'exercent certains comportements non verbaux de séduction. Dans ce cas, l'expérimentateur ne pourra pas révéler au sujet les objectifs de la recherche. S'il informe le sujet qu'il sera placé dans une situation où une tierce personne adoptera des comportements de séduction, le sujet s'attendra forcément à être séduit. De plus, il y a le risque de voir certains sujets mal interpréter cette séduction et nourrir des attentes après le déroulement de l'expérience.

Malgré tout, de façon générale, pour obtenir un consentement libre et éclairé, le chercheur doit préciser au sujet l'ensemble des objectifs et le déroulement de la recherche avant que celui-ci ne s'y engage. Lorsqu'il démontre de l'honnêteté et de la transparence à l'endroit des personnes qui contribuent à la conduite de ses travaux, le chercheur adopte un comportement éthique.

Le respect de la vie privée

Le chercheur doit aussi s'assurer de respecter la vie privée des individus qui font l'objet d'une recherche. Il doit recueillir uniquement les données personnelles qui sont nécessaires à sa recherche et que les personnes interrogées fournissent volontairement. Le chercheur doit préserver l'anonymat aux participants ainsi que la confidentialité de toute l'information accumulée.

Selon les méthodes de recherche retenues, il sera plus ou moins ardu de protéger l'anonymat des personnes concernées. S'il devient possible de retracer une personne à partir des renseignements contenus dans une recherche, le chercheur doit alors veiller à obtenir le consentement explicite de cette personne.

Il est essentiel que tout chercheur prenne au sérieux le respect de la vie privée de ses sujets. D'ailleurs, Statistique Canada, qui emploie des chercheurs issus de toutes les disciplines des sciences humaines, récolte une impressionnante quantité de données, notamment au cours des recensements que cet organisme réalise. C'est pourquoi il s'est doté d'une politique de confidentialité. Son avis de confidentialité, qu'on trouve sur son site Web, affirme ceci :

> Statistique Canada s'engage à respecter les renseignements personnels de tous – que vous soyez un répondant à une de nos enquêtes, un client qui achète un produit ou un service, ou un utilisateur de notre site Web.

Tout renseignement personnel créé, détenu ou recueilli par Statistique Canada est protégé en vertu de la Loi sur la protection des renseignements personnels et de la Loi sur la statistique dans le cas des répondants à nos enquêtes. Cela signifie qu'on vous demandera la permission de recueillir vos renseignements ou qu'on vous informera des pouvoirs liés à une telle collecte de renseignements[1].

Pour aller plus loin   **L'expérience de Milgram**

En 1963, à l'université Yale, au Connecticut, le psychologue Stanley Milgram a réalisé la première d'une série d'études célèbres à propos de la soumission à l'autorité.

Un sujet qui avait accepté de participer à une recherche devait faire apprendre une liste de mots à un autre sujet volontaire. Il ne savait cependant pas que le sujet qui devait apprendre la liste de mots était en fait un complice de Milgram. Ce dernier déterminait « au hasard » le sujet qui devait apprendre la liste de mots et celui qui devait la faire apprendre. Évidemment, c'était toujours le complice du chercheur qui devait apprendre la liste de mots.

Le complice était alors placé sur une chaise où il était sanglé par des fils électriques. De là, il répétait une première fois la liste de mots que le volontaire lui présentait. Lorsqu'il commettait une erreur, le volontaire lui faisait subir une décharge électrique. Plus le nombre d'erreurs augmentait, plus la décharge électrique était puissante. En fait, le complice ne recevait aucune décharge électrique, mais le volontaire était convaincu qu'une erreur en provoquait une. Le complice se devait d'être médiocre, d'oublier les mots et, surtout, de gémir, de crier, de hurler de plus en plus fort à chacune des décharges électriques.

Milgram avait sondé plusieurs personnes avant de procéder à son expérience, et toutes affirmaient qu'elles ne dépasseraient pas 300 volts si elles devaient infliger de telles décharges électriques. Toutefois, 65 % des sujets ont accepté d'infliger des décharges électriques d'une intensité maximale risquant de tuer le sujet simplement parce qu'une figure d'autorité (Milgram ou un assistant de recherche, en l'occurrence) leur demandait de poursuivre l'expérience jusqu'à la fin lorsque les volontaires avaient des doutes ou semblaient vouloir s'arrêter.

Un grand nombre de sujets ont été affligés et tourmentés lorsqu'ils ont appris qu'ils auraient pu tuer un inconnu simplement pour se plier aux exigences d'une figure d'autorité. D'autres ont éprouvé des réactions émotives très négatives, comme une baisse de l'estime de soi, un sentiment de culpabilité ou un sentiment de honte.

Ce genre de recherche n'obtiendrait plus de nos jours l'appui de la communauté scientifique. Du point de vue éthique, le fait de duper des volontaires de manière à leur causer des angoisses ou un stress indu apparaît comme inacceptable.

L'intégrité

Le chercheur qui adopte un comportement éthique doit pouvoir démontrer qu'il a agi honnêtement et de bonne foi dans la réalisation de sa recherche. On s'attend donc à ce qu'il fasse preuve d'intégrité. Le chercheur ne doit pas cacher sciemment certains résultats de ses travaux, les failles qui s'y trouvent ou les erreurs qu'il aurait commises. Comme il doit rendre des comptes à la communauté scientifique et travaille dans l'intérêt de la science, il ne peut de toute évidence mentir, falsifier les résultats de ses travaux ou manipuler ceux-ci. Il ne peut non plus s'approprier les idées d'autres chercheurs sans les citer explicitement, sinon il s'agirait d'un manque flagrant d'intégrité. Par conséquent, le chercheur doit citer ses sources et toujours accompagner ses travaux de références bibliographiques détaillées.

EXTRA
Éthique et recherche scientifique

---

1. STATISTIQUE CANADA, « Avis de confidentialité », [En ligne], www.statcan.ca/francais/reference/privacy_f.htm (Page consultée le 24 août 2008)

EXTRA
Comités éthiques
de la recherche

Conclusion

La naissance des sciences humaines est en quelque sorte survenue en réaction aux dogmes religieux qui ont longtemps expliqué à eux seuls le monde qui nous entoure. Ainsi, les différentes disciplines des sciences humaines se sont développées au fil du temps pour décrire, expliquer et comprendre les phénomènes en s'appuyant sur des recherches, parfois fondamentales, parfois appliquées, constituées de données quantitatives ou de données qualitatives. Peu importe le champ disciplinaire en cause ou le type de recherche entrepris, le chercheur devrait être animé d'un esprit scientifique et d'une attitude éthique propres à assurer la qualité et la crédibilité de ses travaux.

Les prochains chapitres de ce manuel permettront de montrer comment les efforts déployés par les chercheurs s'inscrivent dans une démarche scientifique. En voici un aperçu. De façon générale, le chercheur en sciences humaines repère d'abord les failles ou les zones grises dans les connaissances liées à un domaine donné afin de cerner un problème qui peut apparaître sous forme de question. Une fois le problème posé, il doit répertorier les connaissances disponibles en vue de découvrir le travail qui a été accompli dans ce domaine, tant du point de vue théorique que du point de vue méthodologique. Ensuite, le chercheur met au point des hypothèses ou des objectifs qu'il soumettra à l'épreuve des faits avant de procéder à une analyse rigoureuse. Enfin, il produit un rapport de recherche afin de présenter le fruit de ses efforts.

En somme, la démarche scientifique est au cœur du travail de tout chercheur en sciences humaines. Le cours que vous suivez vise justement à vous initier à cette démarche en vous permettant de l'expérimenter vous-même. Ce manuel décrit l'application des différentes étapes de cette démarche et vous guidera tout au long du processus.

1. Puis-je expliquer d'où vient la recherche en sciences humaines ? ☐

2. La différence entre décrire, expliquer et comprendre m'apparaît-elle clairement ? ☐

3. Est-ce que je peux expliquer ce que sont la recherche fondamentale, la recherche appliquée, l'analyse quantitative et l'analyse qualitative ? ☐

4. Est-ce que je peux décrire l'esprit scientifique que tout chercheur devrait manifester ? ☐

5. Puis-je reconnaître les caractéristiques d'un comportement éthique en matière de recherche ? ☐

EXTRA
Extraits d'entrevue

Prof ET Chercheur

Sébastien St-Onge,
sociologue

Le collège
Lionel-Groulx

Comme plusieurs autres chercheurs, Sébastien St-Onge a commencé à s'intéresser au phénomène de la mort à la suite d'expériences personnelles qui ont marqué son désir de comprendre ce passage obligé, lequel est souvent traité de manière désincarnée. Mais bien plus qu'un simple sujet de réflexion, la mort est peu à peu devenue pour lui un sujet de recherche empirique dans une perspective sociologique, discipline qui le fascine depuis l'époque de ses études collégiales. Ayant fréquenté l'Université Laval et l'université du Massachusetts, à Boston, Sébastien St-Onge est titulaire d'une maîtrise et termine actuellement un doctorat en sociologie, tout en enseignant au Collège Lionel-Groulx. Sa réflexion a su attirer l'intérêt de nombreux médias qui sollicitent fréquemment sa participation afin d'analyser le phénomène de la mort et ses rituels. On peut notamment découvrir le fruit de ses recherches dans son ouvrage intitulé *L'industrie de la mort*[1].

Une réflexion sur la mort

Sébastien St-Onge a entrepris sa démarche sociologique en situant les transformations que l'industrie de la mort a connues récemment à partir des grandes théories sociologiques. Ainsi, il conclut que la mort est dorénavant prise en charge par le secteur économique et qu'elle est envisagée comme une industrie, donnant lieu à un nombre incalculable de possibilités rituelles choisies individuellement à la carte. En somme, ses réflexions indiquent comment notre société a transformé radicalement la manière dont, collectivement, nous disposons, à travers les rites religieux, de notre mémoire.

S'inspirant de la pensée de Gaston Bachelard, Sébastien St-Onge propose une approche qui est en rupture avec le sens commun. Il s'agit d'une construction scientifique rigoureuse qu'il soumet à l'épreuve des faits. Son regard de chercheur en sociologie lui a permis de mieux lire les changements de pratiques sociales entourant la mort, d'acquérir un regard distancié, objectif et critique. À travers ses recherches, conçues comme de véritables enquêtes de terrain multiformes (observations, entrevues, lecture de bilans financiers, etc.), Sébastien St-Onge a su rattacher l'objet de ses travaux, la mort, aux grandes synthèses sociologiques contemporaines.

1. Sébastien ST-ONGE, *L'industrie de la mort*, Montréal, Éditions Nota Bene, 2001, 177 p. (Coll. « Interventions »)

Étape 1

Choisir son sujet de recherche et élaborer sa problématique

Une recherche étudiante sur le *coming out* couronnée d'un prix

En 2007, le jury des Prix étudiants de l'Association pour la recherche au collégial (ARC) décernait son troisième prix au projet réalisé, entre autres, par Marie-Ève Allaire, Christine Lutfy et Marie-Christine Trottier, anciennes étudiantes en sciences humaines au Cégep de Saint-Laurent. C'est dans le cadre du cours d'initiation à la recherche en sciences humaines, dirigé par l'anthropologue Louise Lapierre, que leur est venue l'idée de se pencher sur le processus menant les jeunes homosexuels au *coming out*.

Même si les étudiantes appréhendaient quelque peu le travail en équipe, elles ont vite amorcé la première étape de leur démarche scientifique en sélectionnant judicieusement le sujet qui allait leur permettre de réaliser leur recherche. Un rapide remue-méninges leur a permis de retenir l'homosexualité comme thème général. Elles connaissaient en effet déjà deux ou trois personnes qu'il leur était possible de rencontrer pour en discuter. Évidemment, plusieurs échanges les ont aidées à circonscrire davantage le thème retenu afin de définir le sujet du *coming out* chez les jeunes. L'homosexualité étant un sujet délicat, elles ont décidé de se concentrer sur leurs objectifs de recherche, en laissant de côté tous les préjugés qu'elles auraient pu *a priori* avoir et en s'intéressant plutôt de manière rigoureuse à ce que les jeunes auraient à révéler.

Dès l'amorce du projet, elles se sont mises d'accord sur l'objectif général de leur recherche, qui visait à mettre en lumière le processus menant vers l'affirmation de son homosexualité et les réactions que cette déclaration peut provoquer dans l'entourage du jeune homosexuel. La recension des écrits nécessaires à la préparation de la problématique de recherche a été moins fructueuse qu'elles ne l'avaient escompté. C'est pourquoi elles ont alors tenté de « brosser le tableau du *coming out* », ce que peu de recherches avaient fait, en s'intéressant aux différentes dimensions de la question que sont l'aspect politico-légal du phénomène, le réseau social du jeune homosexuel et l'influence de la religion dans sa famille.

Pour vous aider dans ce même trajet qui va de la sélection judicieuse d'un sujet de recherche et la formation d'une équipe efficace à l'élaboration de votre problématique et la formulation de vos hypothèses ou objectifs de recherche, nous vous invitons à lire les chapitres 2 et 3. Cela vous permettra de vous lancer à votre tour dans cette première étape de la recherche et, comme Marie-Ève, Christine et Marie-Christine, de peut-être entreprendre là une expérience inoubliable…

Chapitre 2

Choisir et définir en équipe son sujet de recherche

Objectifs d'apprentissage

Après avoir lu ce chapitre, vous devriez pouvoir :

• Connaître les stratégies pour sélectionner un sujet de recherche de manière adéquate ;

• Décrire les approches de la recherche dans les différentes disciplines du programme de sciences humaines ;

• Nommer les facteurs de réussite pour un travail en équipe efficace et harmonieux ;

• Proposer une question générale de recherche.

Plan du chapitre

Introduction

Pour amorcer une démarche scientifique, vous devez dans un premier temps choisir votre sujet de recherche. Il faut savoir que votre travail sera facilité si vous précisez votre sujet de recherche avec minutie, d'où l'intérêt de mener sur ce plan une réflexion approfondie.

Votre enseignant vous a peut-être déjà fourni des balises quant à des sujets de recherche qui pourraient être appropriés dans le cadre de votre cours. Dans ce cas, assurez-vous de bien en tenir compte. Cependant, quoi qu'il en soit, vous aurez généralement à faire un choix, ne serait-ce que pour formuler une bonne question de recherche ou pour y intégrer la ou les disciplines des sciences humaines utiles à votre projet.

Le présent chapitre vous propose d'abord de découvrir les caractéristiques d'un bon sujet de recherche et les techniques susceptibles de vous aider à trouver le vôtre rapidement. Par la suite, il vous amènera à explorer la mise en place d'une dynamique efficace de travail en équipe. Vous êtes bien entendu déjà familier avec le principe de travail en collaboration, mais vous découvrirez néanmoins des astuces, des conseils et des renseignements qui vous guideront vers la formation d'une équipe de travail bien structurée et qui vous assureront que le travail sera réparti équitablement. Enfin, ce chapitre vous aidera aussi à développer une question générale de recherche, ce qui orientera l'ensemble de votre démarche scientifique.

Les caractéristiques d'un bon sujet de recherche

La première démarche essentielle à toute recherche en sciences humaines consiste à sélectionner judicieusement son sujet de recherche, et ce, dès le début du projet. Idéalement, ce sujet doit susciter votre intérêt, mais aussi celui de votre équipe de recherche, de la société et de la communauté scientifique. Par-dessus tout, un projet de recherche mené dans le cadre d'un cours d'initiation doit être faisable, réaliste et concis.

La quantité et la qualité de vos lectures exploratoires vous permettront de prendre appui sur le travail réalisé jusqu'ici dans le domaine convoité. Grâce à ces lectures, vous serez plus à même de juger du potentiel d'un sujet. Et même si votre enseignant a déjà recommandé en classe certains sujets de recherche, vous posséderez tout de même une certaine liberté pour circonscrire votre angle d'approche et formuler une question de recherche préliminaire.

Le tableau 2.1 présente les critères qui démontrent qu'un sujet de recherche est adéquat.

Tableau 2.1	Les critères d'un sujet de recherche adéquat	
Critères à retenir	**Explication**	**Exemple**
Intérêt personnel et intérêt de l'équipe	• Assure de maintenir votre motivation tout au long de la démarche scientifique, ce qui facilitera votre réussite.	Si vous croyez à la nécessité de faire sa part pour protéger l'environnement, il y a fort à parier que vous aurez plus de facilité à mener un bon travail de recherche qui portera sur les préoccupations environnementales.
Intérêt scientifique et social	• Permet d'en apprendre davantage sur l'être humain ou sur la société, autant sur des enjeux actuels que sur des événements passés. • Permet de répondre à des préoccupations scientifiques (importance du sujet en sciences humaines) ou de combler des lacunes sur le plan scientifique. • Permet de répondre à des préoccupations sociales (intérêt médiatique, urgence de se pencher sur ce sujet, etc.).	Une enquête sur les liens possibles entre la violence chez des jeunes et la consommation de jeux vidéo intéressera autant les jeunes qui s'adonnent à ce loisir et leurs parents que les chercheurs en psychologie ou en sociologie.
Faisabilité de la recherche dans un cours d'initiation à la recherche en sciences humaines	• Assure votre engagement dans un projet de recherche réaliste, que vos coéquipiers et vous pourrez réaliser en 15 semaines. • Permet que votre recherche puisse s'appuyer sur une documentation, même minimale, qu'elle soit réalisable par un chercheur en herbe, et que le terrain de recherche soit accessible.	Plutôt que de vous lancer dans l'étude des habitudes de vie des détenus, vous devriez vous concentrer sur un sujet plus restreint et portant sur une population plus facilement accessible. En effet, n'entre pas qui veut dans le milieu carcéral, même pour une cause aussi noble qu'un travail de recherche au collégial.

Comme le montre ce tableau, un sujet de recherche adéquat est donc un sujet qui vous intéresse, qui intéresse votre équipe de travail, qui est susceptible d'avoir une portée scientifique et qui vous permet de vous lancer de manière réaliste dans votre projet. Choisir un sujet adéquat réduit en effet les risques de découragement et favorise la réussite. C'est pourquoi, en cas de doute, n'hésitez surtout pas à consulter votre enseignant.

Trousse de **dépannage**

Les pièges à éviter dans le choix d'un sujet de recherche

La démesure ou les sujets trop larges

Il vous est suggéré de vous attarder à des sujets concrets, pouvant se rapporter à des problèmes clairement définis, à des événements particuliers ou à des enjeux précis. Vous devez donc vous méfier des sujets trop larges ou trop ambitieux touchant globalement une multitude d'aspects d'une société donnée. Par exemple, un projet proposant une analyse de la pauvreté à Montréal et de ses retombées sociales de manière générale demanderait beaucoup trop de travail, et la complexité de l'analyse pourrait vous sembler insurmontable. Or, l'idée centrale de la démarche reste d'être capable de réaliser l'ensemble du processus, et pas seulement d'effleurer un thème très large sous ses multiples facettes.

L'exotisme ou l'aventure sortant des sentiers battus

Il faut également vous méfier des sujets de recherche trop particuliers ou trop exotiques. Par exemple, une recherche concernant l'impact des magazines féminins sur les communautés autochtones ne serait pas sans soulever quelques problèmes. Vous risqueriez alors de buter contre une absence de documentation ou de faire face à certaines embûches. En outre, tous les sujets ne peuvent donner lieu à une recherche pratique en sciences humaines parce qu'il est possible que le sujet retenu s'avère peu aisé sur le plan opérationnel, peu concret ou trop théorique, et qu'il soit donc difficile à réaliser dans un cours d'initiation à la recherche en sciences humaines.

La proximité ou le récit de son histoire personnelle

Mieux vaut éviter de se laisser séduire par un thème trop proche de vous, car la distance représente encore une des meilleures stratégies pour réaliser un travail objectif. Par exemple, il serait malavisé de faire une recherche portant sur les causes et les conséquences du divorce dans la famille si un membre de votre équipe traverse lui-même cette épreuve. Un engagement émotif trop grand soulève en effet la question de l'objectivité. Aussi, si vous craignez de ne pouvoir traiter avec un esprit scientifique un sujet qui touche des cordes sensibles, écartez-le.

Les techniques possibles pour choisir un sujet de recherche

Maintenant que vous connaissez les principales caractéristiques d'un bon sujet de recherche, il vous reste à trouver celui sur lequel portera votre recherche.

Les techniques proposées ici vous aideront à choisir, au sein de votre équipe, un sujet de recherche qui obtiendra l'adhésion du groupe. Vous pouvez procéder à l'inventaire de vos champs d'intérêt, consacrer du temps à faire des lectures exploratoires, revoir les cours que vous avez suivis dans votre programme ou procéder au classique remue-méninges. Loin d'être anodins, ces conseils faciliteront un choix judicieux. De plus, vous pourrez avoir recours à l'une ou l'autre de ces stratégies ou, mieux encore, en utiliser plus d'une.

L'inventaire de ses champs d'intérêt

Avant même de vous réunir avec vos collègues, vous devez vous demander ce qui est de nature à maintenir votre motivation au travail jusqu'à la fin de la session. Comme il en a été question précédemment, l'intérêt que vous portez à un sujet de recherche constitue un facteur important pour guider votre choix. Sans vous limiter à ce que vous connaissez déjà, vous devez donc relever les domaines ou les questionnements généraux qui suscitent votre intérêt et éviter ceux qui vous ennuient profondément, et ce, même si votre enseignant vous a au préalable soumis une liste de sujets possibles. Dans un tel cas, vous devez également tenter de trouver non pas le sujet qui est susceptible de plaire davantage à votre enseignant, mais celui qui vous motive réellement.

Évidemment, comme il s'agit sans doute de votre première recherche en sciences humaines, vous pourrez vous inspirer de vos lectures personnelles, de votre style de vie, de vos valeurs, de vos interrogations, etc. Faites une liste de thèmes et de questions possibles, puis soumettez-la à vos coéquipiers. Vous vous découvrirez ainsi rapidement des points communs.

L'étranger dans la recherche

Rappelez-vous le moment où vous avez visité un endroit inconnu pour la première fois. Comment avez-vous regardé ce nouvel environnement ? Quels éléments ont retenu votre attention ? Étiez-vous surpris ou frappé par certaines similitudes ou ressemblances avec votre propre environnement social ? En fait, ce sont justement la distance et le regard étranger qui nous permettent de voir les choses autrement, sous un nouvel angle. Comme Montesquieu (1689-1755) l'a montré dans ses *Lettres persanes*, adopter un point de vue éloigné peut permettre de percevoir une réalité humaine telle qu'elle se manifeste. Dans cet important ouvrage, l'auteur met en scène deux voyageurs d'origine persane en visite à Paris qui entretiennent une correspondance avec des gens de leur pays et y dépeignent la société française de l'époque le plus objectivement possible. Comme Montesquieu, vous gagnerez à adopter pour votre recherche la position de l'étranger, à vous départir de préjugés et à vous montrer disposé à découvrir une facette nouvelle de votre sujet, même si vous avez l'impression de le connaître déjà.

Les lectures exploratoires

Votre enseignant n'insistera jamais assez sur l'importance de lire, que ce soit pour vous familiariser avec votre sujet de recherche ou pour confronter vos résultats avec ceux qui ont été obtenus par le passé. Il vous est donc suggéré de lire des études scientifiques et de vous renseigner sur l'actualité journalistique. Cela vous permettra par le fait même de déterminer l'intérêt social des sujets de recherche possibles et d'évaluer leur portée scientifique.

Les études scientifiques

Puisque, au cours de votre propre recherche, vous devrez nécessairement vous référer à des études scientifiques en sciences humaines reposant sur une démarche rigoureuse et transparente (*voir le chapitre 3*), autant vous y mettre dès maintenant et en consulter quelques-unes. Vous verrez concrètement en quoi consiste une recherche en sciences humaines, puis vous serez à même de constater comment certains chercheurs traitent des sujets qui sont susceptibles de vous intéresser. Ce premier débroussaillage aura l'avantage de vous donner un avant-goût des types de sujets possibles que vous pourriez explorer à votre tour.

L'actualité journalistique

Le meilleur moyen de prendre le pouls de l'intérêt du grand public pour un sujet de recherche est de lire les journaux, de suivre les bulletins de nouvelles ou de consulter des sites Internet. Il est donc important que vous vous renseigniez sur l'actualité. Ce premier inventaire vous donnera le point de vue de spécialistes, une ébauche de certaines opinions populaires ou des descriptions de phénomènes sociaux qui pourront vous guider si vous n'avez pas encore choisi un sujet. La médiatisation des nouvelles politiques familiales relatives à l'accès aux garderies subventionnées pourra, par exemple, vous inspirer une recherche sur les services offerts aux enfants dans certains centres de la petite enfance (CPE).

La bibliothèque de votre cégep est une mine d'or pour trouver des ressources documentaires qui vous seront utiles tout au long de votre travail de recherche.

Ne négligez pas non plus l'actualité locale dont rendent compte les journaux de quartier, car cela vous permettra de vous familiariser avec des sujets de recherche qui sont proches des préoccupations de votre milieu ou d'illustrer vos propos par des exemples auxquels seront sensibles les lecteurs de votre rapport de recherche. Ces journaux constituent une source d'inspiration qui mérite d'être mise à profit.

Les cours suivis dans le programme

Puisque vous avez déjà suivi quelques cours disciplinaires en sciences humaines, on vous a déjà certainement proposé des lectures, des contenus ou des exemples de nature à vous inspirer. Cette stratégie s'avère très

efficace, surtout si votre enseignant a déterminé les disciplines auxquelles vous pouvez recourir dans le cadre de votre recherche. Et puisque vos cours sont généralement construits à partir de différentes recherches scientifiques déjà validées, vous disposez d'une série de questions, de formulations et de modèles pour vous guider. Enfin, cette technique a également un pouvoir rassembleur, car les membres de votre équipe auront eux aussi suivi plusieurs de ces cours.

Voici un sommaire des différentes disciplines des sciences humaines. Il vous permettra de repérer celles qui sont les plus susceptibles de vous aider à réaliser votre recherche. Comme tous les établissements collégiaux ne mettent pas nécessairement à leur programme la totalité de ces disciplines, vous pourrez à tout le moins vous familiariser brièvement avec celles qui constituent les sciences humaines.

L'anthropologie

À l'origine, l'anthropologie s'intéressait essentiellement aux sociétés dites « primitives » ou « archaïques » ainsi qu'à leur évolution, donc aux cultures passées. De nos jours, cette discipline a élargi son champ de recherche en appliquant ses méthodes d'enquête aux sociétés contemporaines. Elle privilégie le plus souvent des enquêtes de longue durée, en insistant sur la dimension qualitative des phénomènes humains. L'anthropologie a aussi contribué au renouvellement de la recherche en proposant, à partir des cultures archaïques, une lecture des phénomènes humains permettant d'analyser le déroulement de notre vie quotidienne. Cela a permis de faire ressortir les mécanismes culturels qui nous gouvernent, notamment grâce aux recherches portant sur le corps humain (chirurgie esthétique, tatouage, etc.).

La géographie

En s'appuyant sur les dimensions physique et humaine, la géographie traite de l'espace et de son impact sur les rassemblements humains. Ses principales notions, qu'on trouve dans plusieurs autres disciplines des sciences humaines, sont l'espace, le territoire, le lieu et la frontière. Aujourd'hui, l'étude des établissements humains, des villes et des campagnes représente une dimension centrale du travail du géographe, qui s'intéresse aux interactions complexes entre l'espace et certaines conditions socioéconomiques. L'influence qu'exerce la géographie sur la compréhension du monde par les sciences humaines se manifeste notamment à travers l'importance que sa recherche accorde à l'analyse géographique des enjeux de la mondialisation et des problèmes environnementaux.

L'histoire

L'histoire interroge le passé et examine l'évolution des humains (individus et sociétés), à la fois dans le temps et dans l'espace. Les historiens ont recours à des sources et à des documents manuscrits ou imprimés produits à l'époque étudiée, ou encore à des archives, en utilisant une méthode qui leur est propre : la méthode historique (*voir le chapitre 4*). Depuis quelques décennies, la recherche dans cette discipline porte principalement sur l'histoire culturelle et sur l'histoire des relations internationales, surtout politique et militaire, en examinant par exemple les deux guerres mondiales ou la Révolution tranquille.

La psychologie

La psychologie est l'étude du comportement humain et des processus mentaux. Le psychologue clinicien écoute, observe et analyse, alors que le psychologue chercheur trace les pourtours empirique et théorique de la discipline. Certains travaux en psychologie touchent des aspects précis du comportement, par exemple le conformisme. D'autres abordent la notion d'apprentissage dans un contexte familial ou scolaire. D'autres encore se penchent sur les interactions entre les individus. En somme, la recherche en psychologie aspire à mieux décrire, expliquer et comprendre les interactions humaines sous toutes leurs formes.

Les sciences administratives

Discipline fondée plus récemment, les sciences administratives se préoccupent des modes de fonctionnement ainsi que des structures organisationnelles des bureaucraties, des institutions et des entreprises, afin de dégager leurs mécanismes internes et les facteurs influant sur les rendements humain et économique. À l'ère de la transformation des marchés mondiaux, les chercheurs tentent plus que jamais de mettre en lumière ces changements fondamentaux et de comprendre leur impact sur l'ensemble des organisations. De nombreuses spécialités telles que la gestion des ressources humaines et le marketing se sont développées au sein des sciences administratives.

La science économique

Comme à ses débuts, la science économique vise à déterminer et à expliquer les phénomènes et les lois qui régissent la production, la distribution et la consommation des richesses. Plus précisément, elle propose des modèles explicatifs de phénomènes tels que le chômage, l'inflation et les cycles économiques. Elle favorise aussi une approche économétrique qui mise sur l'utilisation des mathématiques dans le but de prévoir l'évolution de l'économie nationale ou celle des prix dans un marché donné. À titre d'exemples, les chercheurs de cette discipline s'intéressent notamment à l'histoire de la pensée économique, aux effets de la mondialisation, à l'économie sociale ou aux modèles économétriques de développement économique.

La science politique

La science politique étudie les dimensions du pouvoir et tout ce qui concerne l'État et le gouvernement, que ce soient les relations internationales, les institutions, les affaires publiques ou les manières de gouverner et d'accéder au pouvoir. Au moyen de différentes approches, les politologues rendent compte du fonctionnement des systèmes et des modèles de comportements politiques. Parallèlement à l'étude des institutions politiques, comme le préconisent les approches plus classiques, les chercheurs en science politique se soucient également de l'évaluation des politiques menées par les gouvernements et tentent de mesurer l'opinion publique.

EXEMPLE
Recherche pour
chaque discipline

La sociologie

En se préoccupant des phénomènes sociaux, la sociologie étudie la nature du lien social et ses redéfinitions successives. Elle met plus particulièrement l'accent sur les acteurs sociaux, les représentations sociales, les structures et les différentes institutions, de même que sur la dynamique de leur fonctionnement. Le champ de la sociologie est fragmenté en autant de domaines de spécialisation construits sur des sujets de recherche particuliers. On peut citer la sociologie du droit, la sociologie de l'immigration, la sociologie des sciences et des techniques, ou encore la sociologie de l'art.

Le tableau 2.2 donne des exemples de sujets de recherche vus selon un regard disciplinaire précis et qui sont à la portée des étudiants initiés aux méthodes de recherche en sciences humaines.

| Tableau 2.2 | Des exemples de sujets de recherche par discipline |

Discipline	Sujets de recherche possibles
Anthropologie	• Les fêtes techno, communément appelées *raves* • Les rites initiatiques chez les jeunes joueurs de hockey
Géographie	• Le tourisme de masse et ses répercussions • La cartographie de la pauvreté dans la région métropolitaine de Québec
Histoire	• L'humour et le burlesque québécois • La mémoire collective d'Expo 67
Psychologie	• La pratique d'un sport collectif au collégial et l'estime de soi • Les comportements non-verbaux d'agression dans les émissions de télévision à heure de grande écoute
Sciences administratives	• Le sentiment d'appartenance à l'entreprise et ses facteurs explicatifs • Le processus décisionnel d'un étudiant au moment de l'achat d'un téléphone cellulaire
Science économique	• Les droits de scolarité et l'accès aux études postsecondaires • Les fluctuations du marché immobilier de Longueuil
Science politique	• Les nouvelles formes de l'engagement politique des jeunes • Les propositions électorales en matière d'environnement des partis politiques du Québec
Sociologie	• Le phénomène de l'itinérance chez les jeunes à Montréal • Les facteurs sociologiques liés à la décroissance démographique d'un village du Québec

En usant d'un peu de créativité et en s'inspirant des lectures exploratoires, il est aussi possible d'exploiter ces mêmes sujets d'un point de vue multidisciplinaire. Le tableau 2.3 montre comment une même thématique, soit l'immigration, peut être envisagée sous différents regards disciplinaires.

| Tableau 2.3 | Un même sujet de recherche, différents regards sur l'immigration |

Discipline	Perspectives sur l'immigration
Anthropologie	Distinguer la culture d'origine des immigrants de celle de la société d'accueil.
Géographie	Présenter la configuration des quartiers d'une ville afin d'illustrer la présence de ghettos ethniques.
Histoire	Analyser l'impact des vagues d'immigration au xixe siècle sur le taux de natalité au Québec.
Psychologie	Dégager l'impact des étapes d'intégration à la société d'accueil sur l'estime de soi d'un nouvel immigrant.
Sciences administratives	Analyser les politiques d'embauche des petites et moyennes entreprises (PME) à l'égard des travailleurs immigrants.
Science économique	Étudier les facteurs économiques qui influent sur la décision d'immigrer.
Science politique	Évaluer la pertinence d'une politique gouvernementale canadienne visant l'intégration des immigrants.
Sociologie	Classifier les modèles d'intégration en fonction des différentes nationalités.

Le remue-méninges

D'une part, la stratégie du remue-méninges est nécessaire au bon fonctionnement de l'équipe de travail, car c'est à cette étape que chacun des équipiers peut révéler aux autres ses champs d'intérêt et ses idées de sujets de recherche. La technique est simple. On propose aux membres de l'équipe de mener une courte réflexion de manière individuelle, puis de partager à tour de rôle ses idées avec l'ensemble du groupe. L'échange amorcé, une foule d'autres idées apparaissent généralement, idées qu'il faut impérativement exprimer, en évitant dans la mesure du possible toute forme d'autocensure. On met fin au brassage d'idées lorsqu'une trouvaille satisfaisante et consensuelle émerge ou que l'imagination en vient à faire défaut.

D'autre part, le remue-méninges a le mérite d'amener tous les équipiers à montrer leurs vraies couleurs et de faire ressortir les ressources que possède

EXTRA
Grille d'évaluation de la
pertinence d'un sujet de
recherche

l'équipe. Ainsi, par le consensus et à travers les désaccords, les équipiers en arrivent à dégager les différentes pistes d'analyse possibles d'un sujet de recherche. Par ailleurs, certains équipiers ont déjà des connaissances sur le sujet retenu qu'ils vont alors pouvoir livrer aux autres. Enfin, il se peut aussi que des membres de l'équipe connaissent des personnes-ressources capables d'aider le groupe dans son travail de recherche à venir.

Le travail en équipe

Rappelez-vous que si l'on vous demande de former une équipe, c'est avant tout pour vous permettre de réaliser un travail d'envergure qu'il serait généralement impossible de réaliser seul en si peu de temps. *A priori*, le travail en équipe devrait vous permettre de partager les mêmes objectifs que vos coéquipiers, de mettre à profit des ressources complémentaires et d'augmenter votre propre capital de compétences. Autrement dit, les membres de l'équipe doivent arrimer ensemble des forces diversifiées et chercher à pallier les faiblesses de chacun.

Le travail en équipe est exigeant mais très enrichissant pour qui sait tirer profit des forces de ses coéquipiers.

Vous avez certainement déjà réalisé quelques projets collectifs au secondaire ou au collégial; en outre, vos premières expériences sur le marché du travail vous ont probablement démontré à quel point la collaboration entre collègues s'avère utile et souvent même incontournable. Vous savez donc qu'il est important d'élaborer de bonnes stratégies pour pouvoir tirer profit du travail de groupe. Nous allons insister sur les principes de l'association et de la collaboration qui caractérisent le travail en équipe.

L'association : la formation de l'équipe

Vos équipiers et vous êtes associés dans le cadre de ce cours en vue de réaliser une recherche détaillée et rigoureuse. Votre enseignant a peut-être déjà établi des règles pour constituer cette équipe, mais si vous avez une certaine liberté en la matière, il est fortement suggéré de sélectionner des personnes avec lesquelles il vous semble possible de discuter en toute franchise. Si vous êtes assez à l'aise pour présenter votre point de vue dès le départ, vous serez certainement plus enclin à bien communiquer par la suite, même si les choses se corsent en cours de route.

Les rôles au sein d'une équipe de travail

Pour faciliter l'association, il est vivement conseillé de préciser les règles et de mettre les choses au clair dès le départ, pour faire en sorte que chaque membre de l'équipe comprenne ses responsabilités promptement, et ce, dans le respect de ses forces respectives. C'est à cette étape qu'est officialisée la démarche de prise de décision en octroyant à chacun un rôle dans l'équipe. Ces rôles sont ceux de coordonnateur, de secrétaire, d'animateur et

Savoir doser plaisir et travail

S'associer au bouffon de la classe n'est sans doute pas une bonne stratégie de travail. Vous devriez peut-être vous assurer d'abord que celui-ci peut aussi être sérieux lorsque le travail l'exige et qu'il pourra accomplir jusqu'au bout les tâches qui lui seront confiées. En effet, si chacune de vos rencontres d'équipe ressemble à un numéro d'improvisation du cabaret de l'humour, il est fort probable que vous n'avancerez guère, et vous devrez alors faire face à une tâche colossale en fin de session. De plus, si vous êtes toujours la personne qui ramène l'équipe à la réalité du travail à accomplir, vous risquez de vivre des conflits susceptibles de compromettre la relation amicale qui semblait vous lier au début du projet. Bref, n'hésitez pas à faire votre petite enquête avant de plonger dans cette collaboration.

Favoriser la complémentarité et les différences

Bien qu'il soit important d'avoir des affinités avec vos partenaires de travail, l'effet de miroir n'est pas toujours souhaitable. Puisque le travail de recherche que vous entreprenez constitue un processus collectif d'études, il est fortement recommandé de choisir aussi vos collègues dans l'optique d'une complémentarité des champs d'intérêt et des « spécialités ». En effet, si tous les équipiers excellent dans l'utilisation des méthodes quantitatives et en économie, mais maîtrisent moins bien la synthèse de lecture ou les habiletés de rédaction, le résultat de vos efforts pourrait en souffrir.

de réalisateur-documentaliste. Si les rôles de coordonnateur et de secrétaire s'avèrent toujours essentiels à la réussite du projet de recherche, les autres rôles dépendent de la nature du travail à accomplir, de l'ampleur du projet ou de la taille de l'équipe. Vous seul pourrez juger de la structure adéquate de l'équipe et d'une répartition des tâches à la fois efficace et équitable. Le tableau 2.4 présente les caractéristiques de chacun de ces rôles.

| Tableau 2.4 | Les principaux rôles dans une équipe de travail |

Rôle	Définition
Coordonnateur	Fonction souvent occupée par un leader naturel ou par une personne particulièrement organisée et qui consiste à structurer le travail à accomplir, à s'assurer de la répartition des tâches et à proposer l'ordre du jour, c'est-à-dire la liste de tous les éléments qui doivent être abordés au cours de la prochaine réunion. C'est aussi au coordonnateur qu'incombe la tâche parfois ingrate de faire respecter les échéances.
Secrétaire	Fonction qui consiste principalement à noter les échanges dans l'équipe et à conserver par écrit leur compte rendu. Il est recommandé d'envoyer par courrier électronique le compte rendu de ces réunions afin que tous les équipiers puissent valider l'ensemble des propos échangés et les décisions prises collectivement. Si cette tâche n'intéresse personne en particulier, chacun des équipiers peut l'exécuter à tour de rôle.
Animateur	Fonction parfois prise en charge par le coordonnateur qui consiste à diriger la rencontre, de manière à s'assurer de passer en revue tous les points prévus à l'ordre du jour et de respecter le temps alloué pour la rencontre. L'animateur agit aussi à titre de médiateur lorsque la conversation s'envenime ou que les positions semblent incompatibles. Ce rôle peut être attribué à une personne différente d'une réunion à l'autre.

Tableau 2.4	Les principaux rôles dans une équipe de travail (*suite*)
Rôle	**Définition**
Réalisateur-documentaliste	Fonction qui sert à rassembler ou à produire certains documents requis pour la réalisation du travail de recherche. Par exemple, le documentaliste peut photocopier les textes choisis par l'ensemble du groupe, coordonner la réalisation d'un document audiovisuel ou mettre au point le graphisme nécessaire aux présentations des travaux de l'équipe. Il peut aussi entreprendre les premiers contacts auprès de personnes-ressources. De plus, il centralise la documentation requise et veille à avoir en sa possession tout le matériel qui servira aux rencontres d'équipe ou à celles avec l'enseignant.

Source : Inspiré de Bernard DIONNE, *Pour réussir. Guide méthodologique pour les études et la recherche,* Montréal, Beauchemin, 2008, p. 75-84.

La collaboration : les facteurs-clés du bon fonctionnement d'une équipe

Une fois que l'équipe est formée et que tous les rôles sont attribués, il faut répartir de manière équitable les tâches à accomplir en vue d'obtenir une juste division du travail et d'établir un échéancier collectif. En effet, rien n'est plus démoralisant que de sentir que l'on abat seul tout le travail. C'est pourquoi les membres de l'équipe doivent planifier l'ensemble du travail à réaliser durant la session et s'entendre sur un échéancier qui saura respecter les exigences de l'enseignant.

Rappelez-vous que les membres de l'équipe ont tous des contraintes liées à leurs horaires respectifs, mais que, parallèlement, ils doivent aussi se

EXTRA
Grille de planification d'un travail de recherche

conformer à l'échéancier de l'ensemble de la classe. À ce propos, n'oubliez pas de calculer plus de temps que prévu pour respecter les échéances imposées par votre enseignant. En effet, les délais se feront plus pressants au fur et à mesure que la session avancera et, pour pallier les erreurs, les manques, les absences ou autres, il faut en quelque sorte intégrer d'avance ces impondérables dans votre calendrier.

Enfin, même si le travail en équipe engendre la plupart du temps d'excellents résultats, il arrive parfois que des problèmes paralysent le bon fonctionnement de l'équipe et mettent en péril le travail de recherche amorcé. C'est la raison pour laquelle, avant même de connaître des embûches, il est conseillé d'établir une façon collective de gérer les difficultés ou les conflits qui sont susceptibles de survenir à l'intérieur du groupe. Par exemple, une règle aussi simple qu'un vote majoritaire peut mettre fin rapidement aux désaccords. En dernier recours, votre enseignant vous aidera toujours à trouver des solutions efficaces. Le tableau 2.5 présente certains problèmes couramment rencontrés et offre quelques pistes de solution.

| Tableau 2.5 | Le travail en équipe : des problèmes et des solutions |

Type de problème	Solutions à envisager
Conflit non résolu ou problèmes relationnels	• Communiquez vos craintes ou vos insatisfactions à votre équipier, et peut-être même au groupe, afin que le point de vue de chacun soit clair pour tous. • Évitez de communiquer le malaise par voie électronique, un moyen qui laisse peu de place au langage non verbal et aux réactions spontanées. Une rencontre s'impose. • Plutôt que d'accuser un équipier, exprimez ce qui vous inquiète ou ce qui ne vous plaît pas.
Problèmes d'éthique ou non-respect des règles institutionnelles	• Si un équipier enfreint certaines règles d'éthique, par exemple en plagiant, agissez rapidement et demandez une rencontre collective avec l'enseignant pour résoudre efficacement le problème.
Mauvaise répartition du travail ou iniquité dans le travail en équipe	• Assurez-vous de bien distribuer les tâches propres à chacun des membres selon leurs capacités et leurs forces respectives. Rappelez-vous qu'une équipe est plus que la simple addition d'individus. • Si vous avez l'impression de travailler plus que vos équipiers ou qu'un des équipiers ne contribue pas assez au travail, abordez la question avec tact au cours de la prochaine réunion de l'équipe. Vous pourrez en profiter pour revoir les principales tâches à exécuter et refaire la distribution des tâches, au besoin.

EXTRA
Liste de points à examiner au cours des premières rencontres

En résumé, voici les règles d'or d'une collaboration efficace, lesquelles permettent de maintenir un climat agréable au sein d'une équipe de travail :

- Être présent à tous les cours et à toutes les rencontres.
- Participer activement aux rencontres.
- Se conformer aux échéances.
- Respecter le point de vue des autres.
- Convenir d'un contrat d'équipe qui inclut les tâches respectives de chacun.
- Partager l'information recueillie.
- Répondre avec diligence à ses courriels.
- Donner suite à ses messages téléphoniques.
- Fournir les efforts nécessaires à la réussite collective.

Astuces TIC — La technologie : un équipier important

Vous échangez sans doute déjà quantité de courriels et de messages texte. Néanmoins, vous n'avez peut-être pas encore expérimenté ces possibilités technologiques dans le cadre d'un travail en équipe ou dans vos propres travaux. Voici donc quelques suggestions.

Le courriel et la liste de diffusion

Lorsque vous aurez échangé vos adresses de courriel, prenez quelques minutes pour créer une liste de diffusion ou un groupe d'envoi incluant tous les membres de votre groupe. En effet, la plupart des gestionnaires de courriels permettent, en un seul envoi, de transmettre un message à une liste de destinataires préétablie. Ainsi, vous serez assuré de n'oublier personne, de faire preuve de transparence et de faire circuler l'information.

Les interfaces de partage de l'information

Des logiciels simples vous permettent désormais de créer, à l'aide de modèles, des blogues où vous pouvez rassembler de l'information et la renouveler constamment. Ces blogues sont capables de recevoir les commentaires de tous les équipiers. Dans le même ordre d'idées, vous pouvez aussi démarrer un forum de discussion sur votre sujet de recherche. Il vous sera alors loisible de réserver ce forum aux membres de l'équipe ou de le rendre accessible à une communauté d'internautes plus large. Que vous optiez pour un blogue ou pour un forum de discussion, vous constaterez qu'une participation régulière augmente nettement l'efficacité de la collaboration. Ainsi, si les équipiers habitent à plusieurs kilomètres du cégep ou si vos horaires laissent peu de place aux rencontres, vous pourrez quand même mener votre travail de front grâce à ces outils.

Les commentaires et le suivi des modifications

Si vous demandez à chaque membre de l'équipe de lire et de commenter la partie de la recherche rédigée par un autre, il ne sera pas toujours facile de gérer un grand nombre de commentaires. Afin d'optimiser le partage de l'information et la réception de nombreux commentaires, vous avez donc tout intérêt à utiliser la fonction « Suivi des modifications » qui se trouve sous l'onglet « Révision » de Word 2007. De cette manière, tous vos collègues pourront inscrire leurs commentaires à des endroits précis du texte. Vous aurez évidemment la possibilité d'effacer ces commentaires très aisément. Cette fonction simplifiera sans contredit les corrections à apporter et les inévitables relectures. De plus, tout le monde aura l'impression d'avoir mis la main à la pâte, et ce, dans la plus grande transparence.

Du sujet de recherche à la visée de la recherche

Votre équipe a maintenant déterminé un sujet de recherche et amorcé son travail. Dans le chapitre 1, vous avez pris connaissance des différentes visées de la recherche en sciences humaines, soit décrire, expliquer et comprendre. Vous pourriez donc, à ce stade-ci de votre travail, opter pour l'une ou l'autre de ces visées. Rappelons que la visée de la recherche représente le but poursuivi, c'est-à-dire l'orientation de la démarche scientifique par rapport au phénomène à l'étude.

Avec vos coéquipiers, discutez de la visée de la recherche qui semble le mieux correspondre à vos préoccupations et à votre sujet. Cela permettra de préciser l'orientation que prendra votre travail. Pour vous aider à y voir plus clair, le tableau 2.6 résume le contexte de réalisation des différentes visées d'une recherche, en proposant un exemple de sujet pour chacune d'elles.

Tableau 2.6	Le contexte de réalisation des visées de la recherche	
Visée de la recherche	**Contexte de réalisation**	**Exemple de sujet de recherche**
Décrire	• Lorsqu'un phénomène est nouveau. • Lorsque la documentation scientifique est peu abondante. • Lorsque l'information est trop limitée pour qu'on puisse considérer d'autres visées.	Dans le contexte des nouvelles préoccupations concernant la malbouffe, faire une étude descriptive des menus offerts dans les cégeps de la région métropolitaine et examiner les comportements alimentaires des étudiants.
Expliquer	• Lorsque vous désirez mettre en relation deux variables à l'étude. • Lorsque vous cherchez à établir scientifiquement un lien de causalité.	Pour expliquer la motivation scolaire, montrer les facteurs qui contribuent à la motivation d'un étudiant. Ceux-ci peuvent se rapporter à l'environnement de l'étudiant (par exemple, le soutien de ses parents), à des variables cognitives (par exemple, ses résultats scolaires au secondaire) ou à des objectifs futurs (par exemple, l'accès au marché du travail ou la poursuite d'études universitaires).
Comprendre	• Lorsque vous voulez prendre en considération une diversité de points de vue et interpréter leur signification. • Lorsque vous étudiez des événements passés, lesquels ne peuvent être étudiés empiriquement. • Lorsque vous souhaitez dégager la signification d'un contexte plus général.	Dans le cadre d'une recherche sur les refuges pour sans-abri, chercher à mieux saisir le fonctionnement de ces maisons et les formes de civilité qui s'établissent entre les usagers, de manière à comprendre le mode de fonctionnement des refuges.

Le sociologue contemporain Jean-Claude Kaufmann cherche à comprendre les relations homme-femme au moyen d'une démarche s'appuyant sur différentes histoires de couples. Ce chercheur a ainsi grandement contribué à expliquer les transformations sociales que connaissent les rapports entre les sexes. En s'intéressant à des histoires singulières à partir desquelles il est impossible d'établir des lois scientifiques, il a aidé à comprendre le sens que nous attribuons à ces relations dans notre société. Par exemple, dans son célèbre ouvrage intitulé *La femme seule et le prince charmant : enquête sur la vie en solo*, Kaufmann tente de comprendre pourquoi un nombre grandissant de femmes vivent seules. Il y expose clairement certains mécanismes contemporains qui sont à l'œuvre et en souligne les nouveaux symboles qui interviennent. Dans l'un de ses derniers écrits, *Casseroles, amour et crises : ce que cuisiner veut dire*, l'auteur se sert du terreau fertile qu'est la cuisine pour nous révéler le non-dit des actions quotidiennes que sont le fait de cuisiner, de manger, de partager un repas, etc. En 300 pages, il nous permet donc de mieux comprendre la famille, le couple et les relations sociales, à partir d'un domaine encore peu exploité : la cuisine !

La question générale de recherche

Question générale de recherche
Question formulée de manière à déterminer une préoccupation en lien avec une visée de la recherche.

Après avoir choisi votre sujet de recherche et réfléchi à une visée possible, vous devez formuler une question générale de recherche. Celle-ci est préliminaire, en ce sens que ce n'est qu'au moment de l'élaboration de votre problématique que vous préciserez cette question et la rendrez opérationnelle. Elle doit donc vous conduire vers un problème de recherche sur lequel vous concentrerez tous vos efforts. La figure 2.1 montre les étapes de la

| **Figure 2.1** | La question générale de recherche : la base de la problématique |

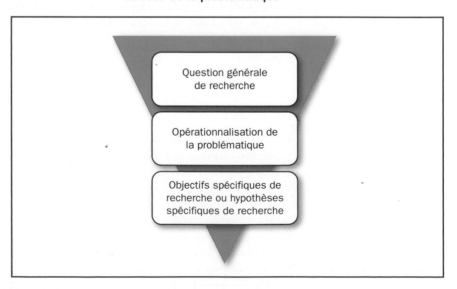

problématisation selon le modèle classique de l'entonnoir, qui va du général au particulier. Dans le chapitre 3, vous apprendrez à opérationnaliser votre problématique. Pour l'instant, il importe de bien formuler cette question générale de recherche, car elle constitue une étape fondamentale qui va structurer la réflexion menée avec vos coéquipiers. Si votre question est bien posée, elle vous permettra en effet de circonscrire votre sujet de recherche. Elle vous aidera également à sélectionner la ou les disciplines des sciences humaines susceptibles de vous aider à répondre à cette question. À partir de cette question générale de recherche, vous réaliserez une revue de la littérature et élaborerez une question définitive, comme vous le verrez dans le prochain chapitre. Loin de freiner vos élans de chercheur, une bonne question générale de recherche vous poussera dans la bonne direction.

EXEMPLE
Questions générales
de recherche

Une bonne question générale de recherche requiert de la précision, en ce sens qu'elle doit faire appel à des termes clairs et concis. En outre, elle exige qu'on puisse y répondre en s'appuyant sur des faits observables ou mesurables. Le tableau 2.7 explique, au moyen d'exemples, comment formuler correctement une question générale de recherche.

| Tableau 2.7 | La formulation d'une question générale de recherche : quelques exemples |

Sujet de recherche	Formulation initiale de la question générale de recherche	Éléments à corriger	Formulation adéquate de la question générale de recherche
La couverture médiatique de la crise d'Octobre 1970 au Québec	La couverture de la crise d'Octobre 1970 au Québec était-elle plus objective dans les journaux qu'à la radio ?	• Éviter un biais défavorable à l'égard de la radio. • Restreindre la question pour éviter une analyse comparative trop difficile pour une recherche au collégial. • N'utiliser que des archives qu'on peut trouver aisément.	Quelle place occupait la crise d'Octobre 1970 à la une des deux plus grands quotidiens québécois de l'époque ?
Les relations intergénérationnelles dans les familles	Quels sont les conflits associés aux relations intergénérationnelles dans les familles ?	• Éviter de supposer l'existence de conflits. • Spécifier l'origine ethnoculturelle des familles, car les relations intergénérationnelles risquent fort d'être différentes au Québec et en Afrique, par exemple. • Préciser le type de relations intergénérationnelles.	Comment se vivent les relations entre enfants et grands-parents dans les familles québécoises ?

Conclusion

Le choix d'un sujet de recherche réaliste, passionnant et rassembleur exige, en plus des lectures exploratoires, que vous envisagiez l'ensemble des possibilités en portant un regard sur l'actualité journalistique, en faisant l'inventaire de vos champs d'intérêt et en effectuant un retour sur les cours en sciences humaines que vous avez déjà suivis. En débutant la communication au sein de votre équipe par un remue-méninges, vous serez en mesure d'amorcer votre travail sur un bon pied. Une coopération efficace entre équipiers est donc nécessaire au bon déroulement de cette recherche, qui va s'étendre sur une période de 15 semaines.

Une fois votre sujet défini et mis en relation avec une visée de la recherche, et une fois votre équipe bien en place, une question générale de recherche formulée adéquatement vous permettra d'encadrer le travail à venir. Viendra alors le moment d'élaborer votre problématique. Cette étape importante de la démarche scientifique est abordée dans le chapitre 3.

Faites LE POINT

1. Ai-je fait l'inventaire de mes champs d'intérêt de manière systématique ?	☐
2. Ai-je employé plus d'une stratégie pour explorer des idées de sujets de recherche ?	☐
3. Ai-je sélectionné un sujet de recherche adéquat ?	☐
4. Ai-je pris connaissance des champs de compétences de mes coéquipiers et des objectifs personnels qu'ils veulent atteindre dans le cadre du cours ?	☐
5. Avons-nous établi en équipe des règles précises de fonctionnement et clarifié les rôles de chacun ?	☐
6. Suis-je prêt à faire face aux difficultés qui pourraient survenir au sein de mon équipe ?	☐
7. Ai-je formulé une question générale de recherche claire et réalisable dans le cadre de mon cours ?	☐

Prof ET Chercheur

Denyse Bilodeau,
chercheuse en anthropologie

Collège
Édouard-Montpetit

Bien que Denyse Bilodeau semble s'intéresser aux graffitis depuis toujours, c'est d'abord l'expression populaire qui a attiré son attention. Passionnée de mots, de voyages et de culture, elle a touché à la géographie, à l'analyse littéraire et, bien sûr, à l'anthropologie, une discipline qu'elle qualifie d'« accident amoureux » dans son parcours. Titulaire d'une maîtrise et d'un doctorat en anthropologie, elle enseigne actuellement au Collège Édouard-Montpetit, où elle se spécialise en anthropologie sociale et culturelle. Dans son ouvrage intitulé *Les murs de la ville : les graffitis de Montréal*[1], elle expose le fruit de ses recherches de terrain sur cet objet typique de la société actuelle.

Les graffitis, un sujet de recherche comme horizon culturel

Le choix des graffitis comme sujet de recherche a tranquillement mûri et fait son chemin. Déjà sensible aux manifestations écrites en tout genre, Denyse Bilodeau a vu cette idée émerger en discutant avec des amis. Même si elle aimait profondément l'anthropologie, elle voulait arrimer un sujet traitant de la culture populaire à une méthode de recherche diversifiée qui soit conforme à sa personnalité. Au départ, ce sont les graffitis dans les toilettes publiques qui ont frappé son imagination ; elle se questionnait évidemment sur les auteurs de ces messages. Par contre, l'idée de se consacrer exclusivement à ce terrain de recherche pendant toute une année lui plaisait moins.

Elle a donc quitté sa ville natale pour venir s'installer à Montréal, question de s'offrir un terrain fertile en graffitis et de nourrir un regard neuf, voire exotique, sur un sujet qui stimulait de plus en plus sa curiosité intellectuelle. Par une démarche qu'elle qualifie d'holistique, sa contribution devait permettre de décrire et de comprendre globalement le phénomène des graffitis, en y jetant un nouvel éclairage.

Plus particulièrement, elle voulait découvrir comment une personne en arrive à prendre un crayon ou une bombe de peinture afin de transgresser l'ordre social par le graffiti dans l'espace urbain. Ce vaste questionnement lui a permis d'établir un lien entre l'ensemble du corpus anthropologique portant sur les notions d'interdit et de tabou, son intérêt pour la culture populaire et un terrain de recherche riche en possibilités de toutes sortes. Ses recherches l'ont finalement menée à produire une cartographie montréalaise des graffitis, une typologie de ceux qu'elle a nommé les « graffiteurs », de même qu'une catégorisation de la réception des messages.

---

1. Denyse BILODEAU, *Les murs de la ville : les graffitis de Montréal,* Montréal, Éditions Liber, 1996, 202 p.

Chapitre **3**

Élaborer sa problématique

Objectifs d'apprentissage

Après avoir lu ce chapitre, vous devriez pouvoir :

- Distinguer et réaliser chacune des étapes de la problématique de recherche ;

- Circonscrire votre problème de recherche ;

- Formuler un objectif général de recherche ou une hypothèse générale de recherche ;

- Reconnaître les concepts et les indicateurs associés au problème de recherche au moyen de l'analyse conceptuelle ;

- Élaborer un objectif spécifique de recherche ou une hypothèse spécifique de recherche en fonction de questions spécifiques ;

- Effectuer une recherche documentaire à l'aide des différents outils de recherche.

Plan du chapitre

Introduction

Le choix d'un sujet de recherche adéquat et la formulation d'une question générale de recherche vous ont donné une bonne base pour vous lancer dans cette opération qu'est l'élaboration de la problématique de recherche. Toutefois, la question générale formulée à partir de votre sujet de recherche est encore trop vaste et trop peu précise, voire trop abstraite, pour que vous puissiez véritablement passer à l'action et entreprendre la collecte des données.

Il s'agit donc maintenant de transformer votre sujet de recherche en un problème opérationnel, observable et mesurable, organisé selon des objectifs ou des hypothèses spécifiques. C'est l'élaboration de cette problématique qui vous permettra de passer à l'action, de mettre véritablement en branle votre démarche scientifique et de mener une recherche qui vous conduira par la suite à recueillir des données et à en faire l'analyse. Au cours de ce travail de réflexion, vous pourrez appuyer vos efforts sur des recherches existantes. Il vous faudra toutefois réfléchir à la façon de les mettre à profit dans vos propres travaux. Vous serez également appelé à exploiter adéquatement les ressources documentaires disponibles à la bibliothèque et sur Internet. Ces ressources pourront être relevées grâce à divers outils de recherche.

L'ensemble de cette démarche peut *a priori* sembler complexe ou difficile à accomplir. Rien de plus normal, vous en êtes encore au tout début de votre travail. Ce chapitre vise justement à vous donner des outils qui vous accompagneront dans cette opérationnalisation.

Comme le montre en un coup d'œil la figure 3.1, il existe un certain chemin à parcourir pour construire une problématique de recherche. La question générale de recherche doit vous amener d'abord à formuler votre problème de recherche, en prenant soin d'en souligner l'importance ou la pertinence, autrement dit la raison pour laquelle il vaut la peine qu'on s'y intéresse. Vous devrez ensuite présenter l'état de la question, c'est-à-dire l'étendue des connaissances scientifiques actuelles sur votre sujet de recherche. Après avoir bien circonscrit le problème de recherche, vous pourrez alors établir un objectif général de recherche ou encore une hypothèse générale de recherche, ce qui permettra de définir l'angle sous lequel vous aborderez le travail à venir. Une analyse conceptuelle vous sera par la suite fort utile pour définir des concepts rattachés à des dimensions ainsi que leurs indicateurs. Cela vous permettra de générer des questions spécifiques de recherche auxquelles seront finalement rattachés un objectif ou une hypothèse spécifique de recherche.

Figure 3.1 La problématique de recherche

Le problème de recherche

La formulation du problème de recherche inclut trois actions qu'il faut pratiquement effectuer en même temps. En effet, comme le suggère la figure 3.2, pour bien cibler un problème de recherche, il faut d'abord tenter de le définir, démontrer son importance, et présenter l'état de la question. Cela signifie qu'il est nécessaire de faire des recherches documentaires, le plus souvent en bibliothèque, pour bien appuyer sa démarche au moyen de sources crédibles et reconnues scientifiquement. La formulation du problème de recherche requiert donc beaucoup de lectures.

Le problème de recherche

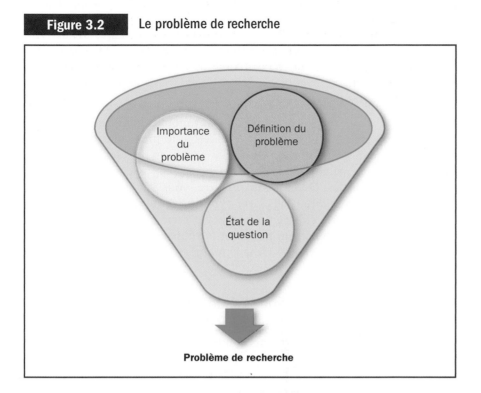

Problème de recherche

La définition du problème de recherche

Votre question générale de recherche vous a aiguillé sur une piste, sur une façon d'aborder votre sujet de recherche. La démarche scientifique exige toutefois qu'on aille plus loin et qu'on précise la nature du travail à effectuer. Il est donc nécessaire de définir dans un premier temps son problème de recherche. Trois opérations méritent pour cela une attention toute particulière : la définition des termes utilisés, la détermination de la période étudiée et la délimitation de l'étendue géographique de sa recherche.

La définition des termes utilisés

Dans une démarche scientifique, chaque mot est utile et remplit une fonction dont le sens doit être clair, sans ambiguïté. Il en va de même pour votre problème de recherche, dont vous devez définir chacun des termes de manière à éviter toute confusion possible. Supposons, par exemple, que vous avez formulé la question générale de recherche suivante : « Quelle est l'incidence de la pauvreté sur la réussite des étudiants au collégial ? » Après maintes lectures, vous vous apercevrez que la notion de pauvreté ne signifie pas toujours la même chose d'une source à l'autre. De même, vos lectures mettront en lumière le fait que la réussite est une notion relative. En effet, fait-on référence aux étudiants qui ont réussi tous leurs cours dans une même session, ou plutôt à ceux qui ont obtenu leur diplôme d'études collégiales ? De toute évidence, les termes auraient mérités d'être précisés.

Pour ce faire, vous pouvez vous référer à des études sérieuses qui ont déjà proposé des définitions claires et concises, et vous en inspirer pour définir vos termes, en prenant soin de toujours citer correctement vos sources. Si, après avoir consulté plusieurs sources, vous n'êtes pas arrivé à trouver une définition qui recueille un consensus, vous pourrez en proposer une vous-même qui vous servira alors de balise pour la suite de votre recherche.

En reprenant l'exemple évoqué plus haut, vous pourriez ainsi définir la pauvreté comme suit : « Les étudiants autonomes financièrement habitant en appartement, qui ne vivent que de l'aide financière octroyée par le gouvernement, communément appelée "prêts et bourses" ». Voici une autre définition possible : « Les étudiants qui ont un revenu annuel égal ou inférieur à 13 000 $ ». De la même manière, vous devrez indiquer ce que signifie la réussite scolaire. Vous serez peut-être tenté de reprendre la définition utilisée par votre collège pour trancher cette question, en recourant, par exemple, au règlement qui porte sur la réussite. Vous verrez que cette étape s'avère très utile lorsque vient le moment de dégager les concepts à opérationnaliser.

La détermination de la période étudiée

Une fois que vous avez clarifié les termes de votre problème de recherche, vous devez circonscrire la période étudiée. Vous intéressez-vous à un phénomène actuel ou vous centrez-vous plutôt sur un événement passé ? Dans certains cas, si la revue de la littérature s'avère peu fructueuse, vous serez peut-être tenté de choisir une période historique antérieure afin d'être capable de mieux documenter ou comparer le sujet à l'étude. Ce pourrait être le cas si vous étudiez par exemple la crise économique de 2008 : ces événements étant encore très récents, il serait en effet intéressant de les comparer avec la crise de 1929, laquelle est fort bien documentée par de nombreuses analyses. Quoi qu'il en soit, que vous concentriez vos efforts sur un sujet d'actualité ou que vous décidiez d'étudier une période passée, vous devrez être explicite et en mesure de situer votre problème de recherche dans le temps. Votre objectif n'en sera que plus facile à atteindre, ou votre hypothèse de recherche, plus facile à vérifier.

La délimitation de l'étendue géographique de sa recherche

Le lieu peut aussi avoir une incidence énorme sur la recherche que vous allez entreprendre. En effet, vous n'aurez certainement pas le temps de parcourir tout le Québec pour effectuer une collecte des données. En revanche, la sélection d'un endroit représentatif vous permettra d'atteindre vos objectifs et de répondre aux questions que vous avez formulées. Par exemple, si votre recherche concerne la perception des citoyens quant à la crise du verglas qui a sévi au Québec en 1998, votre travail sera facilité si vous restreignez votre champ d'action à la population qui a été le plus touchée par la crise, c'est-à-dire celle de Montréal ou de la Montérégie. Restreindre son territoire, c'est en quelque sorte planifier de manière réaliste le déroulement de sa recherche.

L'importance du problème de recherche

À l'étape de la formulation de votre problème de recherche, il faut justifier la pertinence scientifique et sociale de ce dernier. Si vous parvenez à démontrer l'importance de votre problème de recherche, vous obtiendrez en effet la légitimité nécessaire pour poursuivre vos efforts et vous piquerez la curiosité de vos lecteurs éventuels. Ainsi, si, au moment d'arrêter votre choix, vous optez pour un sujet d'intérêt public dont les retombées sociales sont évidentes, le fruit de vos recherches documentaires devrait refléter cette réalité. La démonstration de l'importance du problème de recherche sera alors d'autant plus facile à faire.

Si vous vous demandez par exemple pour quelles raisons la réalisation d'une recherche portant sur le niveau de confiance des jeunes de 16 à 25 ans à l'égard des marchés financiers serait pertinente, vous vous rendrez peut-être compte qu'aucune recherche ne s'est encore penchée sur cette question pour cette tranche d'âge de la population. Votre recherche répond donc indéniablement à un besoin, car elle vient combler une faille dans le champ de la recherche en sciences humaines. Vous pourriez également justifier cette recherche en traçant succinctement le portrait du ralentissement économique qui a frappé le Québec en 2008. Une telle réalité empirique ne peut que susciter des réactions et des émotions chez les jeunes, étant donné qu'ils y font face pour la première fois de leur vie.

L'état de la question

L'état de la question, que certains nomment aussi la revue de la littérature ou la recension des écrits, permet de présenter une synthèse des différents points de vue, des avancées scientifiques et des diverses théories ayant trait à votre problème de recherche, en rendant compte de leur méthodologie respective, de leurs conclusions, etc. Vous devez ainsi exposer les recherches les plus importantes qui ont été produites sur votre problème de recherche afin de mettre en relief les désaccords susceptibles d'exister parmi les spécialistes ou encore de faire ressortir les perspectives disciplinaires qui entrent en jeu. C'est donc à cette étape que vous allez déterminer la ou les disciplines des sciences humaines qui vous serviront tout au long de votre travail de recherche.

État de la question
Présentation structurée des recherches qui ont été considérées comme pertinentes lors de la recherche documentaire.

L'objectif général de recherche ou l'hypothèse générale de recherche

Jusqu'ici, vous avez formulé un problème de recherche en le définissant, en justifiant son importance et en faisant l'état de la question. À partir de ces opérations importantes, vous allez devoir fixer un objectif général de recherche ou poser une hypothèse générale de recherche afin d'offrir une première

Dans une société pluriethnique comme le Québec, il n'est pas rare de voir des personnes changer d'appartenance religieuse.

Objectif général de recherche
But à atteindre en relation avec la question générale de recherche.

Hypothèse générale de recherche
Proposition de réponse à une question générale de recherche qui doit être soumise à la vérification.

piste d'analyse capable de répondre à vos interrogations de départ. Cet objectif ou cette hypothèse va vous permettre de réaliser une analyse conceptuelle, laquelle vous aidera à faire des liens entre les idées ou concepts clés de votre problème de recherche. Examinons étape par étape la manière de procéder.

L'objectif général ou l'hypothèse générale de recherche sert à consolider le travail que vous avez exécuté jusqu'à maintenant et à structurer l'analyse conceptuelle à venir. Habituellement, on propose un objectif général de recherche dans le cas de recherches qualitatives ou encore si le phénomène que vous étudiez est peu connu ou a été peu examiné. Par exemple, si votre problème de recherche consiste à décrire le phénomène des Québécois de confession catholique qui se convertissent à l'islam, vous pourriez vous intéresser à leurs motivations, puisque vous aurez sans doute trouvé peu d'études sur la question. Ainsi, votre objectif général de recherche pourrait être celui-ci : « Déterminer les motivations qui influent sur le choix des Québécois catholiques qui se convertissent à l'islam ».

En ce qui a trait à l'hypothèse générale de recherche, elle doit être employée lorsque vous tentez de répondre à la question générale de recherche à la lumière de votre problème de recherche. Elle émane donc de l'intention de soumettre cette question à une vérification. Une hypothèse générale de recherche est une possibilité qui s'offre à vous lorsque l'état de la question est suffisamment riche en ressources documentaires pour vous permettre de la formuler. Elle exige que vous preniez position par rapport à votre problème de recherche, en tenant compte de vos lectures.

Imaginons par exemple que vous vous intéressez à l'engagement scolaire, à la réussite scolaire et à la motivation des étudiants de votre cégep. Votre hypothèse générale de recherche pourrait être formulée ainsi : « Le style de vie des étudiants détermine leur engagement scolaire ». Cette formulation implique que les documents consultés au cours de votre recherche en bibliothèque laissent à penser que, par exemple, les heures de travail rémunérées ou le temps de loisir ont un impact sur la persévérance dans les études. C'est pourquoi vous aurez choisi d'opter pour une hypothèse générale de recherche plutôt que pour un objectif général de recherche.

La variable dépendante et la variable indépendante

La plupart du temps, on construit une hypothèse générale de recherche en proposant un lien donné entre deux variables, à savoir une variable dépendante et une variable indépendante. La variable dépendante est influencée directement par des modifications de la variable indépendante. Admettons que le but de votre recherche est d'expliquer le décrochage scolaire et que, s'inspirant de vos lectures, votre hypothèse générale de recherche postule que la précarité financière est la cause du décrochage scolaire. Dans ce cas-ci, la précarité financière est donc considérée comme la variable indépendante agissant sur le décrochage scolaire, laquelle est la variable dépendante. Il va

Variable dépendante
Élément ou phénomène qui évolue en fonction de la variable indépendante.

Variable indépendante
Élément ou phénomène qui influe sur la variable dépendante.

sans dire que, dans le contexte d'une autre recherche, la précarité financière pourrait tout aussi bien être la variable dépendante. Le tableau 3.1 donne quelques exemples supplémentaires permettant de bien distinguer les deux types de variables.

| Tableau 3.1 | L'hypothèse générale de recherche et ses variables dépendante et indépendante | |

Hypothèse générale de recherche	Variable dépendante	Variable indépendante
Le style de vie des étudiants détermine leur engagement scolaire.	Engagement scolaire	Style de vie des étudiants
La consommation de substances illicites chez les étudiants augmente en raison des caractéristiques de la société québécoise actuelle.	Consommation de substances illicites chez les étudiants	Caractéristiques de la société québécoise actuelle
Les attitudes impérialistes de certains pays ont conduit à la Première Guerre mondiale.	Première Guerre mondiale	Attitudes impérialistes
La situation économique du Canada explique l'adoption de l'Accord de libre-échange nord-américain (ALENA) en janvier 1994.	Adoption de l'ALENA	Situation économique du Canada

L'analyse conceptuelle

L'étape de l'analyse conceptuelle est essentielle pour opérationnaliser de manière concrète votre objectif général ou votre hypothèse générale de recherche, lesquels s'avèrent plus abstraits. L'analyse conceptuelle permet de dégager les réalités observables et mesurables inhérentes à votre problème de recherche. Pour ce faire, vous devez d'abord procéder à la détermination, à l'énumération et à la définition des concepts à l'étude. Par la suite, vous devez spécifier chacune des dimensions auxquelles vous vous attarderez, et ce, pour chacun des concepts, afin de cibler la portée de la collecte des données à venir. Puis, vous devez faire ressortir les différents indicateurs de chacune des dimensions, en vue de rendre tangible le travail à accomplir. Enfin, le schéma d'analyse conceptuelle viendra arrimer visuellement l'ensemble de ces étapes, de façon que vous puissiez en un coup d'œil représenter cette logique.

Analyse conceptuelle
Modélisation d'un phénomène abstrait en ses différentes composantes.

Les concepts de la recherche

Concept
Représentation abstraite d'un
phénomène ou d'une réalité.

Le concept fait référence à une réalité ou à un phénomène qui est abstrait, donc non matériel. Au moment où vous avez clarifié le problème de recherche, vous avez tenté d'être le plus précis possible. Il vous faut maintenant définir vos concepts, tout en vous assurant que les termes choisis pour les décrire sont précis et neutres. Vous devez donc parler, par exemple, de « motivation scolaire intrinsèque » plutôt que de « goût de réussir ».

De plus, comme les concepts ne sont pas statiques, qu'ils évoluent dans le temps et l'espace, c'est-à-dire selon les réalités des sociétés qui y recourent, vous devez les définir dans le contexte de leur utilisation afin d'éviter toute confusion possible. Prenons l'exemple du concept de démocratie. Même si ce concept existait déjà dans la Grèce antique, il ne renvoyait alors pas à la même réalité que celle qui est vécue de nos jours. On comprend donc pourquoi il est fondamental que vous preniez le temps de définir vos concepts avec précision.

Par ailleurs, si vous désirez décrire les types de consommation que privilégie la génération Y, vous obtiendrez deux concepts, soit « types de consommation » et « génération Y », qu'il vous faudra alors définir, si cela n'a pas déjà été fait lors de la formulation du problème de recherche. Ainsi, vous pourriez définir « types de consommation » comme étant les catégories d'attitudes et d'habitudes à l'égard de la consommation, alors que la « génération Y » pourrait être définie comme étant l'ensemble des personnes nées entre 1978 et 1994.

Trousse de dépannage

La différence entre les dictionnaires usuels et les dictionnaires spécialisés

Les dictionnaires usuels (*Le Petit Larousse, Le Petit Robert, Antidote,* etc.) sont trop généraux pour vous permettre de définir vos concepts, alors que les dictionnaires spécialisés tendent à proposer des définitions scientifiques consensuelles, en plus d'indiquer les sources. Voici quelques exemples de dictionnaires spécialisés :

- *Dictionnaire de l'histoire de France* ;
- *The Oxford Companion to British History* ;
- *Dictionnaire de géopolitique* ;
- *Dictionnaire de la science politique et des institutions politiques* ;
- *Dictionnaire des sciences économiques et sociales* ;
- *Dictionnaire de la géographie et de l'espace des sociétés* ;
- *Dictionnaire de l'ethnologie et de l'anthropologie* ;
- *Dictionnaire des thérapies familiales* ;
- *Grand Dictionnaire de la psychologie.*

Les dimensions d'un concept

Dimension
Dans le cadre de l'analyse
conceptuelle, aspect spécifique
d'un concept donné.

Dégager les dimensions d'un concept consiste en quelque sorte à rendre ce concept plus concret en énumérant toutes les facettes qui seront considérées dans le cadre de la recherche. Évidemment, le choix des dimensions dépend de la définition préalable du concept. Reprenons le concept « types de consommation » tiré de l'exemple précédent. Ce concept peut faire référence à des dimensions telles que la somme d'argent dépensée, les produits ou les services achetés, ou les attitudes relatives à la consommation. Le choix des dimensions est donc vaste, et il s'agit de retenir celles qui vous permettront d'atteindre votre objectif général ou de vérifier votre hypothèse générale de recherche.

Les indicateurs d'une dimension

Pour chaque dimension de concept retenue, il faut ensuite spécifier les différents indicateurs observables ou mesurables, lesquels serviront ultimement de variables. Pour ce faire, chacune des dimensions doit donc être opérationnalisée en une unité qui révélera au chercheur les mesures et les informations à recueillir. Si l'on reprend l'exemple précédent, les indicateurs pour la dimension « somme d'argent dépensée » pourraient prendre la forme de regroupements d'égale amplitude, délimitant les dollars dépensés mensuellement (moins de 20 $, de 20 $ à 39 $, de 40 $ à 59 $, etc.). Pour la dimension « produits ou services achetés », vous pourriez proposer les indicateurs suivants : sorties au cinéma ou location de films, achat de vêtements, repas au restaurant, etc. Quant aux attitudes relatives à la consommation, vous pourriez délimiter ces indicateurs : j'achète un produit uniquement lorsque j'en ai besoin ; si je n'achète rien, je deviens de mauvaise humeur ; je m'assure toujours de la provenance des produits achetés ; etc. Le choix de ces indicateurs est loin de se faire au hasard. Au contraire, vous devez vous assurer qu'ils reflètent le problème de recherche, et donc qu'ils concrétisent les concepts selon les différentes dimensions examinées.

Indicateur
Réalité précise, observable et mesurable d'une dimension d'un concept.

Le schéma d'analyse conceptuelle

Ainsi que le font certains chercheurs, vous pouvez vous aussi concevoir et utiliser un schéma d'analyse conceptuelle pour représenter visuellement l'interconnexion ou la corrélation entre vos concepts, leurs dimensions et leurs indicateurs respectifs. La réalisation d'un schéma d'analyse conceptuelle s'avère assez simple si les concepts sont bien définis et si le choix des dimensions puis la spécification des indicateurs sont effectués avec précision. Prenez également le temps d'illustrer de manière adéquate votre schéma d'analyse conceptuelle en vous assurant que les liens qui unissent ces concepts sont clairs.

Schéma d'analyse conceptuelle
Représentation visuelle des liens existant entre des concepts.

Reprenons l'exemple sur les types de consommation associés à la génération Y. La figure 3.3, à la page suivante, présente un schéma d'analyse conceptuelle qui permet de visualiser les liens existant entre les concepts « types de consommation » et « génération Y », ainsi que les dimensions et les indicateurs qui s'y rattachent. Ce schéma d'analyse conceptuelle a l'avantage de présenter en un coup d'œil les concepts importants qui font partie du travail de recherche. N'hésitez pas à vous référer au vôtre, car il vous sera utile tout au long de votre démarche scientifique. Vous pourrez même l'utiliser dans votre rapport de recherche ou au cours d'une présentation en classe.

Figure 3.3 Un exemple de schéma d'analyse conceptuelle

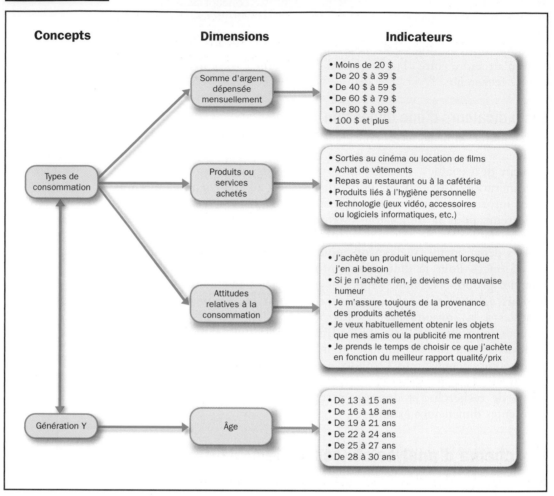

La question spécifique de recherche

Question spécifique
de recherche
Question visant à préciser
une question générale de
recherche en fonction d'une
dimension d'un concept donné.

Pour opérationnaliser la problématique de manière à structurer votre collecte des données, vous devez formuler une question spécifique pour chacune des dimensions associées aux concepts faisant partie de votre problème de recherche. C'est ce qu'on appelle une question spécifique de recherche. Imaginons que votre question générale de recherche porte sur les éléments qui influent sur la perception qu'un individu a de lui-même. Vos lectures vous auront sans doute permis de saisir l'importance qu'ont les expériences personnelles sur cette perception. Vous aurez alors proposé une hypothèse générale de recherche selon laquelle les expériences personnelles influent sur la perception de soi-même, et vous aurez pris soin de définir les concepts « expériences personnelles » ainsi que « perception individuelle », de préciser les dimensions à l'étude et de spécifier leurs indicateurs respectifs. Ainsi, vous aurez pu relever les dimensions « expériences familiales », « expériences de l'intimité amoureuse » et « réussite scolaire », associées au concept « expériences personnelles ». La figure 3.4 présente, pour chacune des dimensions que vous aurez relevée, un exemple de question spécifique de recherche.

Figure 3.4 **Un exemple de questions spécifiques de recherche**

Question générale de recherche : Quel est l'impact des expériences personnelles sur la perception que les individus ont d'eux-mêmes ?

↓

Concept : Expériences personnelles

↓

Question spécifique de recherche pour la dimension «expériences familiales» :

- Dans quelle mesure le facteur familial (parents, fratrie, etc.) agit-il sur la perception que les individus ont d'eux-mêmes ?

Question spécifique de recherche pour la dimension «expériences scolaires» :

- Quelle influence exercent l'échec ou la réussite scolaires sur cette perception ?

Question spécifique de recherche pour la dimension «expériences de l'intimité amoureuse» :

- Quel est l'impact des expériences amoureuses d'un individu sur sa perception de lui-même ?

L'objectif spécifique de recherche ou l'hypothèse spécifique de recherche

La dernière étape de l'opérationnalisation de la problématique consiste à formuler un objectif spécifique de recherche ou une hypothèse spécifique de recherche pour chacune des questions spécifiques que vous avez formulées.

Rappelons que l'objectif général ou l'hypothèse générale de recherche venaient préciser la question générale de recherche. Dans le cas où votre recherche nécessitait un objectif général de recherche, il vous faut maintenant, toujours au regard de vos questions spécifiques de recherche, aller de l'avant avec un ou des objectifs spécifiques de recherche. Si vous avez plutôt opté pour une hypothèse générale de recherche, vous devez maintenant, à la lumière de vos questions spécifiques, émettre une ou des hypothèses spécifiques de recherche. Retenez que, si un objectif spécifique vient préciser le but à atteindre, une hypothèse spécifique offre une réponse temporaire et attendue à la question spécifique. L'hypothèse est directionnelle, c'est-à-dire qu'elle suppose une tendance donnée aux résultats de recherche.

À titre illustratif, la figure 3.5, à la page suivante, présente les hypothèses spécifiques élaborées à partir des trois questions spécifiques de recherche de la figure 3.4, ce qui permet de démontrer le lien qui unit ces deux étapes.

Objectif spécifique de recherche
Objectif qui précise le but à atteindre en relation avec les questions spécifiques de recherche.

Hypothèse spécifique de recherche
Proposition de réponse qui découle d'une question spécifique de recherche et qui doit être soumise à la vérification.

Sujet de recherche : La perception que les individus ont d'eux-mêmes

Problème de recherche : L'environnement des individus influe-t-il sur la perception qu'ils ont d'eux-mêmes ?

Question spécifique de recherche : Dans quelle mesure le facteur familial agit-il sur la perception que les individus ont d'eux-mêmes ?

 Hypothèse spécifique de recherche : Les relations interpersonnelles conflictuelles avec l'entourage d'un individu ont une influence négative sur son estime de soi.

Question spécifique de recherche : Quelle influence exercent l'échec ou la réussite scolaires sur cette perception ?

 Hypothèse spécifique de recherche : L'échec scolaire influe négativement sur la perception de soi, tandis que la réussite scolaire influe favorablement sur celle-ci.

Question spécifique de recherche : Quel est l'impact des expériences amoureuses d'un individu sur sa perception de lui-même ?

 Hypothèse spécifique de recherche : Les individus qui vivent des expériences amoureuses durables s'estiment davantage que les individus qui vivent des échecs amoureux à répétition.

Le travail que vous avez accompli jusqu'à présent vous sera fort utile au moment de la rédaction de votre problématique de recherche. Votre enseignant vous proposera peut-être un modèle à suivre, mais, de façon générale, le texte de présentation de la problématique contient les parties suivantes :

Introduction

- Présentation du sujet de recherche ;

- Explications sur les motifs qui ont inspiré le choix de ce sujet ;

- Présentation de la question générale de recherche et, selon le cas, de la visée de la recherche (décrire, expliquer, comprendre).

Problème de recherche

- Définition du problème de recherche ;

- Importance scientifique et sociale de ce problème ;

- Revue de la littérature ou recension des écrits :

    — Description du phénomène (définitions, faits) ;

    — Présentation des explications (théories) ;

    — Résultats d'études scientifiques. Cela pourra se faire suivant un ordre :

        a) thématique (aspects politiques, aspects économiques, etc.) ;

        b) chronologique (de l'étude la plus ancienne à l'étude la plus récente, inversement).

Conclusion

- Orientation du projet de recherche ;

- Objectifs spécifiques ou hypothèses spécifiques de recherche.

La recherche documentaire ou la recension des écrits

Jusqu'ici, ce chapitre vous a permis de passer d'une perspective très large (votre question générale de recherche) à une orientation très précise (vos questions spécifiques de recherche). Que ce soit pour présenter votre problème de recherche ou pour définir des concepts, un travail en bibliothèque s'impose afin de mettre la main sur des ressources documentaires qui étofferont les différentes composantes de votre problématique. En effet, l'une des tâches fondamentales que doit exécuter tout chercheur en sciences humaines consiste, à partir de la question générale formulée préalablement, à dénicher la documentation concernant son sujet de recherche, et ce, afin de prendre connaissance des études scientifiques existantes. Différents outils de recherche vous viendront en aide pour trouver les ressources documentaires que vous traiterez et organiserez au moyen de fiches.

La recherche en bibliothèque

La bibliothèque de votre cégep est une porte d'entrée qui vous donne accès à une multitude de documents, certains disponibles sur place, d'autres en ligne. Pour y accéder, vous devrez faire appel à des outils de recherche documentaire qui seront sondés au moyen de mots-clés.

Les mots-clés

Avant d'entreprendre des recherches en bibliothèque, il est essentiel de réfléchir et de vous préparer, de manière à sélectionner ensuite efficacement les documents qui seront utiles pour votre sujet de recherche. Vous devez donc d'abord vous attarder aux mots-clés, lesquels vous serviront à interroger les outils de recherche que sont, par exemple, les catalogues des bibliothèques.

Il existe plusieurs façons de déterminer des mots-clés. Vous pouvez notamment consulter des encyclopédies, des dictionnaires spécialisés oudes revues scientifiques. Au cours de vos lectures, notez les termes ou les concepts qui sont rattachés à votre sujet de recherche. Par exemple, pour faire ressortir les liens possibles entre l'âge des immigrants et leur intégration à la société québécoise, vous pourriez relever des mots-clés relatifs au phénomène de l'immigration. Ces mots pourraient être les suivants : « immigration », « immigrant », « intégration », « société québécoise » et « politiques gouvernementales ».

Mot-clé
Mot qui sert à interroger les outils de recherche documentaire.

Revue scientifique
Publication qui fait état de recherches scientifiques validées par un comité scientifique.

Une bonne façon de choisir les mots-clés consiste à faire appel aux thésaurus, qui proposent des listes de termes normalisés permettant de classer la documentation en bibliothèque. Les thésaurus incluent des termes associés à vos mots-clés, ainsi que les explications qui s'y rattachent. Habituellement, ces thésaurus se trouvent au sein même des bases de données consultées ou des catalogues des bibliothèques.

On trouve certains thésaurus sur le Web, notamment celui de Statistique Canada et celui des activités gouvernementales du Québec. Certains thésaurus, qui sont plus généraux, se réfèrent aux sujets de base, comme celui de Bibliothèque et Archives Canada. N'hésitez surtout pas à consulter le personnel de la bibliothèque de votre cégep pour obtenir de l'aide.

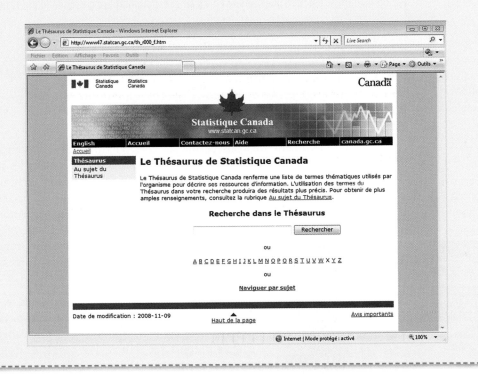

Le choix des mots-clés susceptibles de vous aider à trouver de la documentation constitue un exercice qui demande de la réflexion, puisque vous devez aussi vous assurer de cibler tous les termes synonymes ou apparentés. Vous ne devez en aucun cas vous décourager si une recherche s'avère infructueuse, car vous finirez certainement par trouver ce que vous cherchez. En outre, sachez qu'il est suggéré de consulter quelques documents trouvés grâce à vos premiers mots-clés afin de relever de nouveaux mots-clés. Une lecture rapide de la table des matières devrait en effet vous amener à repérer d'autres termes qui pourront enrichir votre liste initiale.

EXTRA
Liens Internet vers les principaux thésaurus

Les articles d'encyclopédies ou de dictionnaires spécialisés

Les articles d'encyclopédies ou de dictionnaires spécialisés donnent un aperçu des connaissances acquises sur un sujet donné. Ainsi, vous pourriez par exemple consulter un article à propos de la révolution industrielle en Grande-Bretagne dans une encyclopédie spécialisée en histoire. Puisque ces articles constituent une courte synthèse des connaissances sur le sujet, ils ne peuvent toutefois pas être utilisés comme références dans une argumentation. Le rôle de ce type de documents est plutôt de vous informer, ce qui vous aidera à délimiter un sujet trop vaste et à établir la liste des mots-clés qui serviront au cours de la recherche documentaire.

À ce titre, *Le Petit Mourre : dictionnaire de l'Histoire*, connu également sous le nom de « Mourre », est paru initialement en 1978 et est maintenant considéré comme une référence incontournable. Étant donné que son auteur, Michel Mourre, a su y inclure une multitude d'événements et de faits historiques, ce dictionnaire spécialisé peut assurément permettre à un étudiant de se familiariser rapidement avec un sujet de recherche ayant une dimension historique et de dégager les mots-clés importants.

Outil de recherche documentaire
Outil visant à repérer de la documentation et pouvant prendre la forme d'une base de données, d'un catalogue ou d'un répertoire.

Les outils de recherche documentaire

La recherche documentaire vous permet de trouver différentes ressources et différents types de documents liés à votre sujet de recherche. Outre les traditionnels catalogues des bibliothèques, il existe d'autres outils de recherche documentaire (parfois nommés « instruments de recherche »), comme les répertoires et les bases de données. Il ne faut pas négliger ces outils, car ils permettent de compléter la liste des ouvrages que vous avez déjà trouvés à l'aide des catalogues ; vous pourrez ainsi mettre la main sur d'autres documents intéressants pour votre investigation.

Pour trouver la revue scientifique ou le livre repéré à l'aide d'une base de données, vous devez aussi consulter les catalogues des bibliothèques car, la plupart du temps, les bases de données ne fournissent que la notice bibliographique, ce qui ne garantit pas que votre bibliothèque ait un exemplaire du document dans son inventaire. Il se peut d'ailleurs que la revue ne soit pas disponible dans les institutions québécoises. Par contre, il est toujours possible de demander un prêt entre bibliothèques. Adressez-vous alors à votre bibliothécaire.

Enfin, hormis ces outils de recherche en bibliothèque, il est possible d'utiliser d'autres moyens pour trouver de la documentation. Vos enseignants peuvent notamment vous soumettre quelques titres incontournables concernant votre sujet de recherche. Cependant, vous devrez faire un effort pour trouver cette documentation par vous-même. Une autre méthode de recherche efficace consiste à tisser une « toile d'araignée » à l'aide des premiers ouvrages consultés.

La recherche en bibliothèque est incontournable dans le cadre d'une démarche de recherche qui se veut rigoureuse. Or, bien utiliser les ressources d'une bibliothèque, c'est d'abord savoir bien utiliser les outils de recherche documentaire.

Prenez les ouvrages les plus récents en lien avec votre sujet et parcourez leur bibliographie. Celles-ci s'avèrent parfois une véritable mine d'or pour le chercheur, particulièrement lorsqu'il s'agit de dénicher des articles de périodiques.

EXTRA
Liens Internet vers des bases de données

Le tableau 3.2 décrit les trois outils de recherche les plus fréquemment utilisés faisant appel à des mots-clés.

Tableau 3.2   Les principaux outils de recherche documentaire

Outil de recherche documentaire	Description
Catalogue des bibliothèques	• Renseigne sur les ouvrages présents sur place. • Est accessible sur le Web. • S'utilise avec les index ou selon les thèmes répertoriés.
Répertoire de statistiques et de publications gouvernementales	• Donne accès aux publications gouvernementales ainsi qu'aux statistiques nationales et internationales. • Est surtout disponible sur les sites Web gouvernementaux et sur les sites Web d'organismes internationaux.
Base de données	• Fournit des références à des articles de périodiques et de journaux, à des comptes rendus de livres et à des chapitres d'ouvrages collectifs ; les articles de journaux peuvent être consultés par l'entremise de la base de données *Eureka.cc* (Biblio branchée) ou de son index. • Permet l'utilisation de descripteurs (vedette-matière) sélectionnant les résultats les plus pertinents. • Est parfois générale, telle que *Repère* et *Érudit*, ou spécialisée, telle que *Sociological Abstract*.

Trousse de dépannage   **Les catalogues des bibliothèques**

Les catalogues des bibliothèques vous permettent de délimiter votre recherche à l'aide de fonctions précises, ce qui évite de vous retrouver avec des centaines, voire des milliers de documents sur un sujet. Même si les paramètres de recherche varient d'un catalogue à l'autre, en règle générale, vous pouvez sélectionner :

- la langue de publication ;
- la datation des documents ;
- le type de publication (périodique, livre, atlas, etc.).

Par exemple, vous pourriez décider de restreindre votre recherche aux livres électroniques en français ou en anglais qui ont été publiés depuis 2000. Pour rendre effectifs ces paramètres, il suffit habituellement de les sélectionner une seule fois puis de cliquer sur « Modifier la recherche » à chaque nouvelle interrogation. Vous n'êtes alors pas tenu de sélectionner à nouveau ces paramètres à chacune de vos recherches.

Les ressources documentaires

La recherche documentaire vous permet de trouver des documents qu'on peut regrouper en trois grandes catégories : les ouvrages généraux, les études et les revues spécialisées, ainsi que les ouvrages et les revues de vulgarisation scientifique.

Les ouvrages généraux

Les ouvrages généraux comportent deux types d'ouvrages, soit les manuels et les études générales. Les manuels que vos enseignants vous ont suggérés dans le cadre de leurs cours disciplinaires peuvent vous servir à contextualiser un phénomène. Quant aux études générales, appelées aussi « synthèses », elles tracent un portrait d'ensemble du sujet et font état des recherches actuelles.

Les études et les revues spécialisées

Les études et les revues spécialisées ont pour objet un aspect de votre sujet d'étude et répondent en tout ou en partie à vos interrogations de recherche. Cette catégorie comprend les monographies et les articles de revues à caractère scientifique, lesquels vous renseignent sur certaines recherches menées actuellement et permettent d'éclairer un angle précis d'un sujet donné. Les revues spécialisées se distinguent des autres types de documents dans la mesure où elles s'adressent principalement aux autres chercheurs du domaine, en vue d'apporter une perspective nouvelle sur un phénomène ou de l'enrichir. Des revues spécialisées telles que *Behavioral Science* ou *Criminologie* bénéficient de l'apport d'un comité de spécialistes du domaine disciplinaire concerné, lequel évalue la qualité des textes qui lui sont soumis et sélectionne ceux qui sont les plus susceptibles d'accroître les connaissances des pairs. Dans ce type de revues, les auteurs citent aussi systématiquement leurs sources, soit les documents dont ils tirent les renseignements ayant servi à leurs recherches.

Grâce à la lecture de ces documents, vous serez en mesure d'émettre des constats à propos des recherches actuelles. Ces études devront également être réutilisées dans le cadre de votre interprétation, à la fin de votre recherche. Les arguments des auteurs compléteront vos propos. Dans certains cas, ils constitueront la base de votre analyse, soit lorsque vous vous intéressez à l'interprétation même de ces auteurs (*voir le chapitre 6*).

Les ouvrages et les revues de vulgarisation scientifique

Les ouvrages et les revues de vulgarisation scientifique s'adressent au grand public, c'est-à-dire à l'ensemble de la population qui s'intéresse au sujet et qui n'est pas expert en la matière. Nul n'a donc besoin d'être érudit pour en comprendre le contenu, puisque les auteurs ont pour objectif de vulgariser la matière en utilisant un vocabulaire simplifié. Certains textes comprennent également des références et, dans la plupart des cas, ils se présentent sous la forme de synthèses d'un sujet donné. Cela signifie par conséquent que les renseignements fournis par ces revues ne constituent pas des connaissances nouvelles.

Au moment de la première lecture d'un document, il peut sembler ardu de définir la structure du texte et de repérer la thèse d'un auteur. La thèse est une proposition ou une explication qu'un auteur soutient à propos d'un phénomène et qu'il défend au moyen d'une démonstration argumentative. Afin de rendre votre lecture efficace, vous devez donc vous doter au préalable d'une stratégie. Il s'agit alors de suivre un cheminement ou une progression étape par étape.

1. Commencez par parcourir le texte en relevant les titres et les sous-titres. Ceux-ci vous indiquent les sujets traités ; dans certains cas, l'auteur dévoile aussi ses arguments dans les sous-titres.

2. Lisez l'introduction et la conclusion. Dans l'introduction, l'auteur révèle sa problématique, ce qui inclut sa visée de recherche et son questionnement, tandis que la conclusion permet de cerner les résultats de recherche, car l'auteur y reprend brièvement ses principaux arguments. Qu'est-ce que l'auteur tente de prouver ? Cette première lecture, qui est superficielle, vous donne un bon aperçu de la thèse défendue par l'auteur.

3. Faites une lecture active. Lisez l'ensemble du texte en prenant des notes à propos du contenu. Dégagez en quelque sorte le squelette du texte afin d'établir le plan de rédaction de l'auteur, ce qui vous permettra de visualiser les divers éléments constituant son argumentation.

Les articles peuvent être écrits par des chercheurs (par exemple, la revue *L'Histoire*) ou par des journalistes (comme c'est le cas pour la revue *L'actualité*). Les publications les plus sérieuses se démarquent par le fait que leurs auteurs vérifient leurs sources avant de publier un article, mais aussi par la présence d'un niveau de langue soigné. Ces documents peuvent donc être consultés en début de parcours, en tant que références, puisqu'ils contiennent des textes de qualité. Ils peuvent parfois aider à dresser l'état de la question, mais ils ne doivent en aucun cas en former la base, puisque les articles ne sont pas issus d'une recherche scientifique. À moins que votre enseignant n'émette un avis contraire, il vaut donc mieux limiter l'utilisation de ce type de documents dans votre travail.

Les autres ressources documentaires

Les autres ressources documentaires et les archives méritent d'être traitées distinctement, puisqu'elles requièrent d'autres outils ou techniques de repérage. Ces types de documents sont particulièrement utiles lorsque vous travaillez avec la méthode de l'analyse de contenu (*voir le chapitre 4*). Ces ressources peuvent être de différente nature : œuvre d'art, œuvre littéraire, documentaire, film, source historique imprimée, atlas, etc.

Il est parfois difficile de discerner la valeur scientifique de l'information issue d'un site Internet. Il faut donc procéder à un certain nombre de vérifications.

- Vérifier qui publie le site. S'agit-il d'une université, d'un organisme international, d'une organisation gouvernementale ou non gouvernementale, d'un enseignant ou d'un professionnel du domaine concerné? Si ce n'est pas le cas, ce site est certainement peu fiable.

- Faire une petite enquête sur l'auteur au moyen d'une recherche sur Internet ou dans les répertoires professionnels. Il arrive que des individus se donnent un titre sans détenir de formation relative dans le domaine.

- Vérifier si l'auteur cite bien ses sources et ses références dans le corps de son analyse. Le principe de la transparence permet de démontrer la rigueur dont fait preuve l'auteur.

- Corroborer l'information avec une autre source, que ce soit un autre site Internet ou un autre type de document.

La fiche bibliographique et la fiche de lecture

Vos recherches en bibliothèque vous ont permis de découvrir diverses ressources documentaires. Vous devez maintenant les lire attentivement afin de les utiliser pour définir votre problème de recherche et pour rédiger l'état de la question. Un classement méthodique et rigoureux de vos notes de lecture à l'aide de fiches vous permet de vous retrouver plus facilement à travers toute votre documentation et d'éviter ainsi d'oublier une thèse ou un aspect du sujet. Votre enseignant vous soumettra peut-être un modèle de fiche à employer mais, quel que soit le modèle que vous utiliserez, certaines informations importantes doivent s'y trouver.

Par exemple, il faut d'ordinaire se limiter à noter sur une fiche bibliographique la notice complète d'un seul document afin de pouvoir repérer aisément ledit document. Le nom complet de l'auteur, le titre de l'ouvrage, le lieu d'édition, le nom de la maison d'édition et l'année de publication (incluant la date de la première édition) doivent également y être consignés. En plus d'inscrire la nature de la ressource documentaire en question, vous devez aussi préciser comment il est possible de retrouver le document, ce qui implique de noter éventuellement sa cote à la bibliothèque. Vous pouvez ajouter une note personnelle afin de vous orienter par la suite au sein de l'ouvrage. De même, il peut être utile de numéroter et d'identifier vos fiches afin de pouvoir les partager au besoin avec vos coéquipiers. La figure 3.6 présente un exemple des informations de base devant apparaître dans une fiche de ce type.

Figure 3.6   Un exemple de fiche bibliographique

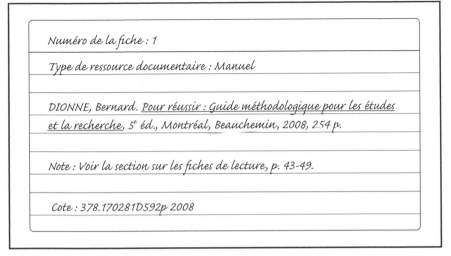

> *Numéro de la fiche : 1*
>
> *Type de ressource documentaire : Manuel*
>
> *DIONNE, Bernard. Pour réussir : Guide méthodologique pour les études et la recherche, 5ᵉ éd., Montréal, Beauchemin, 2008, 254 p.*
>
> *Note : Voir la section sur les fiches de lecture, p. 43-49.*
>
> *Cote : 378.170281D592p 2008*

La fiche de lecture, qui illustre une seule idée ou qui porte sur un seul document à la fois, identifie tout particulièrement les éléments de l'ouvrage ou du document qui sont pertinents pour votre recherche. Elle peut comporter des citations, des résumés du texte, des tableaux statistiques, des commentaires, etc. La façon de présenter une fiche de lecture différera en fonction de l'utilité que vous attribuerez au document. Comme l'indique le tableau 3.3, il existe trois types de fiches de lecture, qui vous aideront à maximiser les bénéfices que vous pourrez retirer de vos lectures.

Tableau 3.3   Les types de fiches de lecture

Type de fiche de lecture	Caractéristiques
Fiche résumé	• Présente un sommaire d'un article, d'un chapitre ou d'un livre. • Permet de revoir rapidement le contenu d'un ouvrage et les thèses importantes.
Fiche citation	• Rapporte intégralement et entre guillemets un extrait de l'ouvrage. • Fournit des extraits qui résument bien l'idée de l'auteur ou des propos que l'on doit citer textuellement.
Fiche commentaire	• Comprend un résumé ou une citation ainsi qu'un commentaire personnel qui interprète les propos de l'auteur. • Rapporte la thèse de l'auteur ou une citation précise qui suscitent une opposition, un questionnement, etc.

EXEMPLE
Fiches de lecture

Une fois vos fiches complétées, vous devez ensuite les classer. Des thèmes et des sous-thèmes vous permettront de structurer plus aisément votre état de la question. Par exemple, vous pourriez regrouper les fiches identifiées par les mots-clés « aspects économiques ». Il est également possible de classer les fiches par ordre chronologique, ce qui peut mieux faire ressortir l'évolution dans le temps d'un sujet à l'étude.

Peu importe le classement préconisé, assurez-vous de conserver précieusement vos fiches, c'est-à-dire de garder une trace de vos documents, ce qui facilitera votre travail. N'oubliez pas que vous allez les utiliser dès la rédaction de votre problématique de recherche et au cours de l'analyse et de l'interprétation afin de soutenir votre argumentation (*voir le chapitre 6*).

Astuces TIC — La fiche informatisée

Les logiciels de prise de notes permettent de conserver les notes de lecture et de les échanger plus facilement avec vos coéquipiers. Il existe des logiciels payants, comme Filemaker, et des logiciels gratuits disponibles sur le Web, tels que Scribe. Dans les deux cas, le principe est le même. Vous devez créer une nouvelle source ou une nouvelle note au besoin. Après avoir précisé les renseignements demandés, vous devez alors retranscrire les mêmes éléments que sur une fiche manuscrite, c'est-à-dire le résumé, la citation et/ou le commentaire. N'oubliez pas d'inscrire aussi les mots-clés qui vous ont permis de trouver votre extrait afin d'en faciliter la recherche par la suite. Dans l'exemple ci-dessous, les citations apparaissent à gauche. Le mot-clé qui vous aiderait à trier les différentes fiches serait dans ce cas-ci « conception de l'économie ».

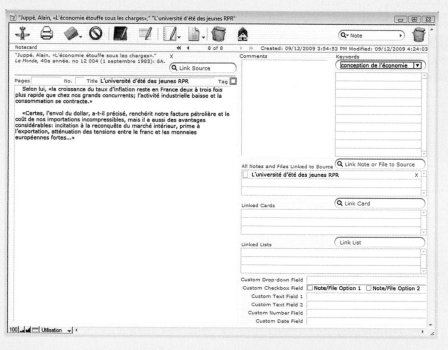

Conclusion

La problématique de recherche vous permet donc de définir le problème que vous voulez étudier, de passer de l'abstrait au concret, et de rendre observable, dans la réalité, votre question générale de recherche. La problématique doit exposer votre problème de recherche, en intégrant une définition sommaire de celui-ci, en insistant sur son importance et en s'appuyant sur une revue exhaustive des recherches existantes, ce qui consiste à présenter l'état de la question.

Par la suite, il s'agit de déterminer l'objectif général ou l'hypothèse générale de recherche. Puis, pour passer de la théorie à la pratique, il faut sélectionner et, surtout, définir les concepts relatifs à votre recherche, avant de relever leurs dimensions et leurs indicateurs qui devront être observés et mesurés. Ces divers éléments peuvent être illustrés grâce au schéma d'analyse conceptuelle de manière à mettre en relief les relations entre chacun d'eux. Vous maîtriserez alors suffisamment votre travail de recherche pour pouvoir formuler des questions spécifiques dans le but d'opérationnaliser chacune des dimensions à l'étude. Vous serez ainsi en mesure de formuler des objectifs spécifiques ou des hypothèses spécifiques de recherche, que vous pourrez valider ou corroborer grâce à la collecte de données que vous effectuerez.

L'ensemble de ce travail ne peut bien entendu se faire sans une recherche documentaire méticuleuse. Pour que votre recherche en bibliothèque soit efficace, vous devez d'abord choisir les mots-clés qui serviront à repérer les ressources susceptibles de constituer vos documents de référence. Divers outils de recherche faciliteront ce repérage. Il ne vous restera qu'à consigner vos résultats à l'aide de fiches.

Lorsque vous aurez défini précisément ce que vous voulez découvrir, vérifier ou explorer, il sera temps de franchir une nouvelle étape, celle consistant à déterminer la façon de procéder pour y parvenir. Plusieurs méthodes de recherche s'offrent en effet à vous, lesquelles sont abordées dans le chapitre 4.

Faites LE POINT

1. Ai-je utilisé tous les outils de recherche et toutes les ressources documentaires qui sont à ma disposition ? ☐

2. Mes fiches sont-elles construites de façon à être utiles pour la suite de mon travail ? ☐

3. Ai-je établi un état de la question en utilisant des documents pertinents ? ☐

4. Ai-je élaboré un objectif général ou une hypothèse générale de recherche lié à mon questionnement ? ☐

5. Mes concepts sont-ils définis clairement ? ☐

6. Ai-je formulé avec clarté et précision des questions spécifiques de recherche ? ☐

7. Est-ce que mon objectif spécifique ou mon hypothèse spécifique de recherche découle bien d'une question spécifique ? ☐

8. Ai-je rédigé ma problématique de manière structurée, de sorte qu'elle illustre bien le travail de recherche que je veux mener ? ☐

Prof ET Chercheur

EXTRA
Extraits d'entrevue

Karine Prémont,
chercheuse en science politique

Collège André-Grasset

Karine Prémont travaille depuis plusieurs années à décrire et à comprendre la politique étrangère des États-Unis. Actuellement professeure au Collège André-Grasset et candidate au doctorat en science politique à l'Université du Québec à Montréal, elle participe activement aux recherches de l'Observatoire sur les États-Unis et de l'Observatoire sur les missions de paix de la Chaire Raoul-Dandurand en études stratégiques et diplomatiques de l'UQAM. À titre de spécialiste de la question politique états-unienne, elle est fréquemment invitée sur des tribunes publiques où on lui demande de commenter l'actualité politique. Dans son dernier ouvrage intitulé *La télévision mène-t-elle le monde ?*[1], elle s'interroge sur les liens existant entre les médias états-uniens et les politiques étrangères, et plus particulièrement sur l'influence réelle des médias sur l'opinion publique et sur la politique étrangère des États-Unis.

Les médias et la politique étrangère des États-Unis, une problématique complexe

C'est au fil de nombreuses lectures qu'elle a faites que la passion intellectuelle de Karine Prémont s'est graduellement transformée en un sujet de recherche concret. La chercheuse a en effet rapidement constaté que plusieurs idées préconçues circulaient au sujet de l'influence des médias sur le processus décisionnel en matière de politique étrangère. Pour vérifier cette hypothèse, elle a donc décidé d'amorcer une recherche à travers une démarche relevant de l'institutionnalisme historique, une approche de la science politique qui consiste à utiliser les sources historiques pour l'analyse de faits politiques. Empruntant parfois à la sociologie et à la psychologie, sa problématique de recherche prend appui sur un impressionnant corpus de lectures composé de théories politiques, de bulletins de nouvelles télévisées, de biographies ou encore d'autobiographies de politiciens américains. Pour elle, la lecture est la clé du succès. En vue d'arriver à repérer toutes les ressources nécessaires, elle s'est servie, entre autres, des banques de données trouvées sur Internet.

D'un point de vue conceptuel, bien que plusieurs chercheurs aient déjà travaillé sur des sujets apparentés ou traité partiellement du phénomène, la somme des renseignements recueillis par Karine Prémont l'a amenée à proposer une typologie regroupant trois « écoles de pensée » et capable d'illustrer les liens unissant les médias et la politique. La collecte des données et leur analyse lui ont alors permis de démystifier ce qui semblait constituer des évidences aux yeux de tous.

---

1. Karine PRÉMONT, *La télévision mène-t-elle le monde ?*, Québec, Presses de l'Université du Québec, 2006, 252 p. (Coll. « Enjeux contemporains »)

Étape 2

Choisir et mettre en application sa méthode de recherche

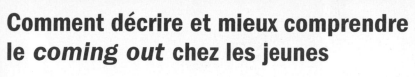

Comment décrire et mieux comprendre le *coming out* chez les jeunes

Parvenues à la deuxième étape de leur travail de recherche, Marie-Ève, Christine et Marie-Christine devaient choisir une méthode qui leur permettrait de décrire et de mieux comprendre le *coming out* des jeunes homosexuels. Même si la tâche semblait facilitée par le fait que leur enseignante les avait déjà orientées vers l'entrevue, elles devaient tout de même construire un questionnaire semi-directif en s'appuyant sur leur problématique de recherche initiale. Elles devaient ensuite procéder au recrutement des participants de manière à constituer un échantillon représentatif de la population visée : de jeunes homosexuels (hommes ou femmes) ayant fait leur *coming out* alors qu'ils étaient âgés entre 15 et 25 ans.

C'est à partir de leur schéma d'analyse conceptuelle que les trois étudiantes ont formulé une quinzaine de questions organisées en fonction des principales étapes menant au *coming out* : le cheminement précédant la révélation de l'homosexualité, l'aveu aux proches et les réactions de l'entourage devant cette révélation. Leur schéma d'entrevue prenait ainsi en compte à la fois la dimension sociale et la dimension personnelle du *coming out*. Ce questionnaire prévoyait que les questions générales seraient posées au tout début de l'entrevue, alors que celles plus personnelles seraient adressées au fur et à mesure que le climat de confiance s'établirait.

Évidemment, une telle planification n'a pu prendre forme qu'en présence de participants à l'aise avec l'idée de partager une tranche intime de leur vie. Or, bien qu'on ait soumis à nos trois jeunes chercheuses l'idée d'interviewer 12 personnes, encore fallait-il arriver à circonscrire un échantillon et trouver des participants. En fonction de la population ciblée, elles ont choisi de procéder à un échantillonnage non probabiliste, par volontaires. Elles se sont d'abord adressées à des proches qui ont gentiment accepté de participer à leur recherche, puis elles ont utilisé les réseaux de connaissances de ces premiers participants pour compléter leur échantillon.

Une fois ces deux opérations terminées, Marie-Ève, Christine et Marie-Christine ont pu procéder à la réalisation des entrevues et à leur enregistrement sur magnétophone. En prenant bien soin de respecter l'éthique de tout bon chercheur, elles ont amorcé chacune des 12 rencontres en faisant remplir un formulaire de consentement qui présentait les objectifs de la recherche et garantissait l'anonymat des participants et la confidentialité des propos recueillis. Les entrevues en tant que telles ont été la partie de la recherche la plus stimulante pour les trois filles, et elles en ont conservé d'excellents souvenirs.

Comme nos trois chercheuses, vous devez vous aussi sélectionner la méthode de recherche appropriée pour effectuer votre collecte des données, tout en respectant le travail réalisé jusqu'à présent. Le chapitre 4 vous aidera à vous familiariser avec l'ensemble des méthodes de recherche en sciences humaines qui, comme vous le constaterez, comportent toutes des avantages et des inconvénients qu'il vous faudra prendre en considération. C'est dans le chapitre 5 que vous découvrirez comment s'emploie de manière plus concrète la méthode que vous aurez retenue.

Chapitre 4

Choisir sa méthode de recherche

Objectifs d'apprentissage

Après avoir lu ce chapitre, vous devriez pouvoir:

• Décrire et comparer les principales méthodes de recherche en sciences humaines;

• Sélectionner un échantillon ou un corpus approprié à votre sujet de recherche et à sa population;

• Déterminer la faisabilité de la recherche en fonction de l'échantillon ou du corpus retenu.

Introduction

Avec le choix d'un sujet de recherche et l'élaboration de la problématique, une première étape de la démarche scientifique a déjà été réalisée. Ce chapitre marque donc l'amorce de la deuxième étape de cette démarche, à savoir le choix de la méthode de recherche. Il faut en effet s'assurer que la méthode de recherche retenue permet de vérifier les hypothèses posées ou encore d'atteindre les objectifs de recherche qui ont été définis lors de l'élaboration de la problématique.

Une méthode de recherche permet de rassembler des données, le plus souvent en rapport avec des comportements ou des attitudes. Un comportement est une action observable qu'accomplit une personne (par exemple, aller au cinéma, manger au restaurant ou se lever durant la nuit). Quant à l'attitude, elle consiste en une prédisposition à agir qui peut être de nature affective (ne pas aimer les gens hypocrites), cognitive (croire que toutes les personnes hypocrites sont des manipulateurs ayant une faible estime d'eux-mêmes) ou comportementale (prendre ses distances avec un ami qui a fait preuve d'hypocrisie).

Pour vous guider vers le choix judicieux d'une méthode de recherche, ce chapitre vous propose un survol des possibilités qui s'offrent à vous. Afin qu'il vous soit possible d'appliquer la méthode retenue, il aborde aussi la question de la sélection par échantillonnage des unités de votre population cible.

Notez que, pour certains chercheurs, il est parfois plus juste de parler de techniques plutôt que de méthodes pour désigner l'observation, le sondage ou l'entrevue. Néanmoins, il n'existe pas dans les faits de réel consensus entre les chercheurs des différentes disciplines des sciences humaines sur l'importance d'utiliser une telle distinction. Comme nous cherchons à vous initier à la démarche scientifique de façon simple et éclairante, nous avons choisi d'aller à l'essentiel. C'est pourquoi il ne sera question ici que de méthodes.

Les principales méthodes de recherche en sciences humaines

Compte tenu des objectifs ou des hypothèses de recherche que vous avez retenus, vous devez opter pour une méthode de recherche afin de recueillir vos données et de constituer votre échantillon. Pour bien connaître les outils dont disposent les chercheurs en sciences humaines et éclairer votre choix éventuel, il importe de passer en revue chacune des méthodes existantes. Qu'il s'agisse de l'observation, de l'entrevue, du sondage, de la méthode expérimentale ou de l'analyse de contenu écrit et visuel, il faut savoir que chaque méthode comporte des avantages et des inconvénients, et qu'aucune n'est plus facile à utiliser qu'une autre. Aussi, l'ordre dans lequel nous avons choisi de les présenter dans ce chapitre n'a pas de signification particulière. Il n'existe pas de méthode meilleure qu'une autre ; il y a une méthode (ou parfois une combinaison de méthodes) qui vous sera davantage utile au regard du contexte de réalisation de votre recherche.

L'observation

Observer, c'est scruter des comportements, c'est-à-dire des actions concrètes et observables accomplies par un individu ou un groupe d'individus. L'observateur est en relation directe avec le sujet à observer ; il n'y a pas d'intermédiaire. La méthode de l'observation livre donc des renseignements précis sur le phénomène observé afin qu'il vous soit possible d'établir un portrait assez global d'une réalité donnée, et ce, à partir d'une grille d'observation.

La méthode de l'observation est surtout utilisée en sciences humaines à des fins exploratoires pour des sujets de recherche sur lesquels on connaît peu de choses. Cette méthode est appliquée en fonction d'un terrain précis, à savoir le lieu où se déroule l'activité à étudier. L'observation constitue donc une recherche de terrain dans la mesure où le travail effectué ne se déroule pas dans le bureau du chercheur, mais directement parmi les sujets observés. Ainsi, si vous avez choisi comme thème de recherche les transformations corporelles sur le visage des adolescents (tatouages, perçages, etc.), vous pourriez aborder votre recherche en observant de près les comportements et l'environnement d'adolescents présents par exemple dans l'aire de restauration d'un centre commercial, afin de noter leurs transformations, leurs attitudes et leurs interactions.

La méthode de l'observation est souvent qualitative, dans la mesure où elle tente avant tout de circonscrire une réalité nuancée et constamment en mouvement : celle des interactions ou des comportements humains dans leur milieu de vie. Toutefois, elle n'exclut pas la dimension quantitative, que ce soit au cours de la collecte des données ou de leur traitement statistique. Ainsi, dans votre recherche sur les transformations faites sur le visage des adolescents, l'observation pourrait à la fois vous permettre de dresser une liste d'éléments significatifs (approche qualitative), puis de dénombrer (approche quantitative) le type et le nombre de perçages ou de tatouages que vous voyez sur le visage des adolescents observés.

Observation
Méthode de recherche qui consiste à scruter une situation sociale donnée à travers les comportements des individus et leurs interactions sociales.

EXTRA
Fins exploratoires en sciences humaines

Les objets de l'observation

Afin de mener une observation, il convient de préciser ce qu'on veut observer, ce que les chercheurs nomment l'objet de l'observation. D'une manière générale, il existe quatre grandes catégories d'objets[1].

- Les cérémonies sociales : il s'agit d'interactions humaines organisées, structurées et signifiantes où l'on observe les rites de passage d'une culture donnée. Ainsi, un chercheur en sociologie pourrait décider d'observer des enterrements de vie de garçon ou encore des bals de finissants.

- Les interactions humaines spontanées : il est question ici de comportements observables mettant en présence deux ou plusieurs individus. Par exemple, un chercheur en administration pourrait observer de quelle façon les comportements des vendeurs d'un magasin de vêtements varient en fonction du style vestimentaire d'un client.

- Les comportements humains individuels : ces comportements se rapportent à toutes les actions physiques ou verbales objectivement observables qu'une personne exécute. Un chercheur en psychologie pourrait très bien observer les comportements d'un échantillon d'individus inscrits dans un centre sportif afin de relever d'éventuels comportements non verbaux manifestant des signes d'agressivité.

- Les lieux et les objets environnants : il s'agit d'un environnement physique donné qu'on cherche à décrire. Ainsi, un chercheur en anthropologie pourrait vouloir faire une description exhaustive de certains lieux ou objets en lien avec un sujet de recherche donné, comme les lieux de rassemblement d'une communauté autochtone ou encore des graffitis dans un quartier défavorisé.

Les types d'observation et leur contexte

Une fois l'objet de l'observation déterminé, vous devez choisir le type d'observation que vous allez mener, ce qui revient à évaluer votre niveau de participation à l'observation et votre manière de la conduire. Certaines contraintes (par exemple, le temps disponible ou l'accessibilité au lieu) peuvent vous aider à sélectionner le type d'observation le plus approprié.

On trouve essentiellement deux grands types d'observation en sciences humaines, soit l'observation naturelle et l'observation expérimentale. L'observation naturelle (ou directe) est réalisée dans un milieu naturel par un observateur qui doit s'intégrer au terrain d'observation, sans changer les interactions qui s'y déroulent habituellement. Les chercheurs en sociologie et en anthropologie, notamment, ont très souvent recours à ce type d'observation. Quant à l'observation expérimentale (ou contrôlée), elle se fait en laboratoire ou dans un univers simulé. Elle peut parfois être filmée, de manière à s'assurer qu'on ne manque aucun détail de l'expérience. Ce type d'observation est davantage utilisé par les chercheurs en psychologie ou en marketing.

La méthode de l'observation peut servir à observer d'un regard scientifique autant des personnes que des lieux.

Objet de l'observation
Liens sociaux ou productions humaines qui peuvent être observés.

Observation naturelle (directe)
Observation réalisée dans le milieu habituel des personnes observées.

Observation expérimentale (contrôlée)
Observation qui se fait en laboratoire ou dans un univers simulé.

---

1. Stéphane BEAUD et Florence WEBER, *Guide de l'enquête de terrain : produire et analyser des données ethnographiques*, Paris, La Découverte, 2003, p. 147. (Coll. « Guides Repères »)

Le film d'Oliver Hirschbiegel intitulé *L'expérience* (2001) a été inspiré par les recherches expérimentales menées par le psychologue Philip Zimbardo, de l'université Stanford, en Californie. Ces recherches et le film qui en découle constituent un exemple assez singulier d'une observation expérimentale en psychosociologie. En 1971, des chercheurs ont en effet réuni un certain nombre de volontaires afin d'étudier leurs comportements dans un contexte d'emprisonnement. Pour ce faire, on a divisé en deux le groupe de volontaires. Un premier sous-groupe a été désigné comme celui des détenus, alors que l'autre était constitué des gardiens. Durant les quelques jours qu'a duré l'expérience, des vidéos ont été produites, des enregistrements audio ont été effectués et des observations directes ont été menées. Malgré de nombreuses lacunes sur le plan éthique (situation qui n'a pas été dévoilée aux participants, absence de formulaire de consentement, caractère extrême des mises en scène d'interactions, etc.), des lacunes qui, de nos jours, apparaîtraient comme inacceptables, une telle démarche de recherche psychosociale témoigne bien de l'utilisation possible de la méthode de l'observation en situation expérimentale.

Observation participante
Observation où l'observateur joue un rôle actif dans le déroulement de la situation observée.

Observation non participante
Observation qui se déroule sans que l'observateur joue un rôle quelconque dans le déroulement de la situation observée.

Observation dissimulée
Observation qui se déroule sans que l'observateur soit visible ou que son rôle soit connu des personnes observées.

Observation non dissimulée
Observation où les personnes observées ont connaissance de la présence d'un observateur.

Peu importe le type d'observation choisi, il importe aussi de définir les modalités de l'observation, c'est-à-dire la façon dont l'observateur doit s'y prendre pour la réaliser. Selon le contexte, il pourra être utile de faire une observation participante ou une observation non participante. Prenons l'exemple d'une recherche que vous voulez effectuer sur les comportements des jeunes qui font de la planche à roulettes. Puisqu'il y a un terrain de planche à roulettes tout près de votre cégep, vous choisissez cet endroit comme lieu d'observation naturelle. Dans ce cas, une observation participante implique que vous expérimentiez vous-même la planche à roulettes avec les jeunes présents sur place, et ce, avec tout l'attirail, le look et l'équipement requis. Toutefois, si la planche à roulettes n'est pas votre fort, vous devrez alors sans doute opter pour une observation non participante, qui consistera, par exemple, à observer les sujets en vous asseyant sur un banc.

Par ailleurs, quel que soit le degré de participation, il est également possible de pratiquer une observation dissimulée ou une observation non dissimulée. Supposons que votre sujet de recherche vise cette fois à mieux comprendre les réactions des gens face à des scènes de violence. Si vous optez pour une observation dissimulée, vous pourrez, par exemple, noter les comportements de vos sujets en vous cachant derrière une vitre de laboratoire ; de cette manière, vous pourrez les observer sans qu'ils vous voient. Par contre, si vous choisissez de faire une observation non dissimulée, votre présence sera révélée aux participants puisque vous vous trouverez parmi eux.

Le tableau 4.1 résume les différentes combinaisons possibles permettant de réaliser une observation, que ce soit en milieu naturel ou en laboratoire.

Tableau 4.1	Les différentes façons de réaliser une observation
Type d'observation	**Exemple**
Observation participante et dissimulée	Dans un salon de coiffure, vous vous faites couper les cheveux comme n'importe quel autre client. Ni le coiffeur ni les autres clients ne savent que vous conduisez une observation.
Observation participante et non dissimulée	Pendant un match de l'équipe de soccer du cégep dont vous faites partie, vous observez les gestes de camaraderie de vos coéquipiers. L'instructeur et les coéquipiers ont tous été avisés que vous réalisiez une observation dans le cadre de votre cours.
Observation non participante et dissimulée	À la cafétéria du cégep, vous observez la gestion des déchets qu'effectuent les étudiants à la fin de leur repas. Vous êtes assis à une table qui surplombe une section de la cafétéria ; les autres étudiants qui prennent leur repas ne peuvent pas vous voir.
Observation non participante et non dissimulée	Vous assistez à une réunion du conseil de votre association étudiante. Vous ne faites pas partie du conseil, mais vous avez obtenu la permission d'assister à la réunion afin d'observer la dynamique au sein de ce groupe.

Un terrain de planche à roulettes est un lieu très fertile pour réaliser différents types d'observation.

Comme vous le constatez, plusieurs options s'offrent donc au chercheur qui veut réaliser une observation. Quel que soit le type d'observation choisi, nous verrons dans le chapitre 5 que l'observateur doit toujours rendre compte de ses observations en prenant des notes et en les transcrivant dans une grille d'observation, de manière qu'elles puissent être dénombrées, analysées et interprétées.

Le choix de l'observation

Afin d'évaluer adéquatement la méthode de recherche que constitue l'observation, vous devez, toujours en relation avec votre sujet de recherche, peser à la fois le pour et le contre d'une telle méthode.

L'observation est un bon choix car :

- Elle est la méthode idéale pour explorer ou décrire un sujet de recherche pour lequel il existe peu de documentation.
- Puisqu'elle est effectuée sur le terrain, elle permet de prendre en compte le contexte global du phénomène étudié en faisant appel à plusieurs sens (par exemple, ce qu'on voit, entend ou sent).

Le sujet du suicide chez les personnes âgées pourrait mener à un travail de recherche intéressant, mais il se prête mal à la méthode de l'observation.

Entrevue
Méthode de recherche qui consiste à écouter un individu dans le but de dégager les éléments significatifs de son discours.

Toutefois :

- Puisque les résultats de l'observation dépendent de l'observateur lui-même, le processus d'observation laisse la place à la subjectivité, car l'observateur peut non seulement être influencé par l'expérience qui se déroule, mais aussi interpréter à partir de ses propres valeurs les observations qu'il effectue. Autrement dit, il est très difficile de faire une observation tout à fait neutre.

- L'observation est peu utile pour analyser des phénomènes humains trop larges. Ainsi, cette méthode de recherche ne sera sans doute pas appropriée si votre sujet de recherche concerne l'impact des politiques gouvernementales sur la consommation de drogue des adolescents ou s'il porte sur le suicide chez les personnes âgées.

Comme toutes les autres méthodes, l'observation nécessite une préparation minutieuse, mais elle permet d'être dans le feu de l'action, sur le terrain. Il vous faudra cependant observer avec l'œil d'un chercheur. Pour vous soutenir dans vos efforts, le chapitre 5 vous procurera plusieurs suggestions qui vous aideront à mener à bien une observation.

L'entrevue

L'entrevue, ou entretien, est une méthode de recherche qui vise à obtenir d'une personne interviewée des renseignements, des représentations, des perceptions ou des motivations qui sont en lien avec le phénomène à l'étude. Elle s'appuie sur un échange, c'est-à-dire sur une relation interpersonnelle entre un ou des intervieweurs et une ou plusieurs personnes interviewées. Le contact s'effectue à l'aide d'un outil de collecte de données, soit le schéma d'entrevue, qui peut être semi-directif ou non-directif. Puisque la conduite d'une entrevue demande une grande préparation et que l'analyse des données exige qu'on y consacre un peu plus de temps que pour d'autres méthodes, il est essentiel de sélectionner judicieusement son échantillon. Celui-ci doit être limité à quelques personnes, chacune d'entre elles devant permettre de décrire ou de comprendre le phénomène étudié en fonction des enjeux qui ont été déterminés lors de l'élaboration de la problématique.

Supposons que vous vous intéressiez à la question de l'identité nationale au Québec dans le contexte de la mondialisation. Vos lectures préliminaires vous ont permis de constater qu'on peut regrouper les jeunes de 15 à 24 ans sous plusieurs catégories : les souverainistes, les souverainistes mous, les fédéralistes et les autonomistes. Votre équipe décide donc de dégager les représentations de l'identité nationale de jeunes appartenant à chacune de ces catégories. L'entrevue pourrait alors s'avérer un choix judicieux pour mener une telle recherche, puisqu'elle vous permettrait d'interroger en profondeur les participants à propos de leur conception de l'identité nationale.

Il est possible que l'entrevue soit la seule méthode de collecte de données utilisée pour réaliser votre recherche. Toutefois, on peut aussi n'y recourir qu'au tout début d'une recherche à titre d'exploration, afin de décrire en tout ou en partie un phénomène. Par exemple, pour tenter de cerner le phénomène de la délinquance en milieu rural, vous pourriez commencer par mener des entrevues auprès d'intervenants sociaux. Les entrevues réalisées vous aideraient alors à bien délimiter votre sujet de recherche ainsi que la problématique qui y est rattachée. Enfin, l'entrevue peut également être employée en fin de parcours, comme complément d'une étude effectuée à l'aide d'une autre méthode. Ainsi, vous pourriez interviewer un dirigeant d'entreprise afin qu'il commente les résultats d'un sondage que vous avez réalisé sur les emplois d'été étudiants dans votre région.

Lors d'une entrevue, un restaurateur pourrait expliquer comment les embauches étudiantes varient selon la période de l'année.

La misère du monde

> *La misère du monde,* publié aux Éditions du Seuil en 1993, est le résultat d'une série d'entrevues menées sur une période de trois ans par un groupe de sociologues dirigés par Pierre Bourdieu (1930-2002) sur le thème de l'expérience de la pauvreté. Cet ouvrage constitue un bel exemple d'une enquête de terrain basée sur la méthode de l'entrevue utilisée conjointement avec plusieurs autres méthodes de recherche (sondage, analyse statistique, observation, analyse de contenu écrit et théorique). Il dresse un portrait représentatif de la misère sociale à partir de plusieurs points de vue véhiculés par des acteurs de la société française.

Les types d'entrevues et leur contexte

Les entrevues peuvent, selon vos besoins, être menées de deux façons, soit de manière semi-directive ou encore de manière non-directive.

L'**entrevue semi-directive.** Ce type d'entrevue est le plus classique. Il s'agit d'interroger des personnes, la plupart du temps de façon individuelle, à l'aide d'un schéma d'entrevue élaboré selon les aspects et les thèmes établis à l'étape de l'élaboration de la problématique. Les questions, qui sont ouvertes et exhaustives, permettront de recueillir les éléments de réponse qui ont un lien direct avec la problématique.

L'**entrevue non-directive.** Elle vise à laisser les individus s'exprimer librement sur le sujet à l'étude. Pour ce faire, l'interviewer doit bien préparer le déroulement complet de l'entrevue, car l'entrevue non-directive n'est pas synonyme d'improvisation. Au contraire, ce type d'entrevue demande autant de préparation que l'entrevue semi-directive, sinon davantage dans certains cas. Par exemple, pour bien comprendre le récit de l'interlocuteur, il peut être nécessaire de faire des recherches supplémentaires sur le pays d'origine de la personne interrogée ou encore sur le contexte sociopolitique qui existait à une certaine époque. Par ailleurs, dans ce genre d'entrevue, l'interviewer intervient rarement ; il le fait surtout par les synthèses qu'il réalise en cours de route afin de témoigner de son écoute et de s'assurer qu'il a bien compris les propos tenus par son interlocuteur. Ces brèves interventions de l'interviewer peuvent aussi inciter la personne interviewée à réfléchir davantage sur les idées qu'elle a exprimées jusque-là. Quelquefois, en vue de mieux comprendre ce qui est dit, l'interviewer peut rendre l'entrevue plus active, par exemple en analysant avec le participant le sens de ses propos ou en intervenant plus précisément sur certains aspects du sujet à l'étude.

Le tableau 4.2, à la page suivante, présente les différentes formes d'entrevues qui s'offrent à vous si vous décidez de recourir à cette méthode de recherche.

Entrevue semi-directive
Entrevue qui consiste à interroger un ou des individus à l'aide de questions ouvertes couvrant l'ensemble des aspects et des thèmes établis lors de l'élaboration de la problématique.

Entrevue non-directive
Entrevue dans laquelle les individus s'expriment librement sur le sujet à l'étude, et qui comporte peu d'interventions de la part de l'interviewer.

	Tableau 4.2	Les types d'entrevues		

Type d'entrevue	Modalité de l'entrevue	Caractéristique	Exemple
Entrevue classique et entrevue *in situ*	Semi-directive ou non-directive	L'environnement et la date de l'entrevue sont établis par les parties en fonction des disponibilités de la personne interviewée. L'entrevue classique s'effectue dans un lieu préétabli, alors que l'entrevue *in situ* se déroule dans le cadre naturel de l'informateur (par exemple, à son domicile).	Si votre recherche porte sur les facteurs d'isolement chez les personnes âgées, vous pourriez réaliser des entrevues *in situ* dans une résidence pour personnes du troisième âge.
Récit de vie	Non-directive	Le récit de vie consiste à laisser un individu s'exprimer librement à propos de son vécu à travers un récit qui suit un cadre temporel plus ou moins linéaire. L'informateur donne lui-même un sens à son histoire passée et présente.	Si votre recherche s'intéresse aux facteurs de réussite d'une entreprise familiale, vous pourriez rencontrer des entrepreneurs qui accepteraient de raconter l'histoire de leur entreprise.
Entrevue par courriel	Semi-directive ou non-directive	Le canevas de l'entretien est envoyé par courriel à la personne interviewée, qui le remplit et le renvoie dans les délais préalablement établis.	Si votre recherche porte sur la conciliation études et sport de haut niveau, vous pourriez mener des entrevues par courriel auprès d'étudiants de votre cégep qui sont aussi des athlètes. Ceux-ci étant souvent en déplacement, le courrier électronique pourrait faciliter la réalisation des entrevues.
Groupe de discussion (*focus group*)	Semi-directive	Le groupe de discussion permet à un intervieweur d'interroger simultanément plusieurs informateurs. L'objectif est de recueillir les propos des gens interviewés, mais aussi de noter leurs interactions sociales.	Si votre recherche concerne les motivations des jeunes à prendre part à des activités de sensibilisation à certaines causes sociales, vous pourriez animer quelques groupes de discussion composés d'étudiants de votre cégep qui sont engagés socialement.
Entrevue par clavardage	Semi-directive	L'entrevue par clavardage se déroule dans un forum de discussion sur Internet. Les informateurs peuvent utiliser des pseudonymes de manière à préserver leur anonymat, ce qui leur procurera une plus grande liberté d'expression. L'intervieweur agit à titre d'animateur et de modérateur.	Si votre travail de recherche consiste à établir le portrait type d'un amateur de téléréalité, vous pourriez créer un forum de discussion où vous inviterez les internautes à se décrire et à expliquer leur intérêt pour ce genre d'émission.

Le choix de l'entrevue

Bien que l'entrevue soit une méthode de recherche attrayante, il faut savoir que, à l'instar des autres méthodes, vous devez prendre en considération non seulement votre sujet de recherche et vos objectifs, mais aussi les avantages et les inconvénients de cette méthode.

L'entrevue est un bon choix car :

- Elle offre de la flexibilité dans son application. Il est possible en effet d'ajouter une question afin d'approfondir un aspect soulevé par l'interlocuteur, voire d'inclure une dimension qui a été oubliée lors de l'élaboration de la problématique.

Toutefois :

- Il se peut que, malgré toutes les précautions qui ont été prises, les individus sélectionnés ne puissent pas fournir les données nécessaires à la poursuite de la recherche, soit parce qu'ils manquent de renseignements à propos du sujet d'étude, soit parce qu'ils craignent d'être jugés, soit parce qu'ils ont de la difficulté à exprimer clairement leurs idées.

- Les entrevues demandent d'investir du temps, non seulement pour leur réalisation proprement dite, mais aussi pour les déplacements, la transcription des propos et l'analyse qui les entourent. C'est pourquoi le temps alloué à une seule entrevue est généralement long. Pour ce qui est des entrevues de groupe, il peut aussi s'avérer difficile de trouver un moment qui convienne à tous les participants.

Il faut savoir aussi que, lorsque vous menez une entrevue, vous devez faire preuve d'empathie envers le participant et tenter de comprendre sa situation, mais sans vous engager pour autant sur le plan émotionnel. Le chercheur doit en effet demeurer objectif afin d'accomplir une analyse rigoureuse des propos qu'il recueille. De plus, que vous optiez pour une entrevue semi-directive ou pour une entrevue non-directive, vous devrez également réfléchir aux conditions de réalisation de cette entrevue. Votre choix doit donc s'effectuer en fonction de vos besoins, mais aussi dans le respect des préférences des personnes interviewées qui vous accordent généreusement de leur temps. Si vous décidez d'aller de l'avant avec cette méthode, vous trouverez d'autres suggestions dans le chapitre 5.

Le sondage

Le sondage est sans doute la méthode de recherche la plus connue. Presque quotidiennement, nous prenons connaissance des résultats de tel ou tel sondage dans les journaux, à la télévision ou à la radio, tandis qu'en période électorale, les stratèges politiques s'inspirent grandement des sondages d'opinion, lesquels permettent aux médias d'augmenter leur tirage ou leurs cotes d'écoute. On y présente, entre autres, les intentions de vote de la population par rapport aux partis politiques en lice et l'appréciation générale de celle-ci à l'égard de certaines promesses électorales.

Globalement, le sondage sert généralement à mesurer des attitudes ou des perceptions chez une certaine population afin de dresser le portrait d'une réalité sociale donnée. Il s'appuie le plus souvent sur le questionnaire pour colliger les données.

Un groupe de discussion permet de prendre connaissance des propos des participants, mais aussi d'observer leurs interactions.

Sondage
Méthode de recherche qui utilise le questionnaire comme outil de collecte de données afin de mesurer des attitudes, des opinions ou des comportements.

Pour aller plus loin   Le recensement canadien

Le sondage exhaustif le plus connu au pays est sans contredit le recensement qu'effectue Statistique Canada. Bien qu'aujourd'hui ce recensement permette de compiler une foule de données sociodémographiques telles que le niveau de scolarité, l'état civil ou le revenu annuel, le tout premier recensement, réalisé en 1871, visait surtout à dénombrer la population de chaque province afin d'en assurer une juste représentativité politique au Parlement.

Évidemment, les différentes technologies permettent désormais de comptabiliser davantage de données et de les traiter plus rapidement. En outre, Internet favorise une meilleure diffusion des résultats. Ainsi, en visitant le site de Statistique Canada, les internautes ont aujourd'hui accès à une grande quantité d'informations sous forme de «faits saillants», de tableaux, de figures ou de rapports de recherche complets. Ajoutons enfin que la loi stipule que tous les résidants du pays doivent répondre aux recensements, ce qui a pour but d'assurer la fiabilité des résultats.

Les types de sondages et leur contexte

Même si les chercheurs parlent parfois d'enquête à propos du sondage, il n'en demeure pas moins que le terme « sondage » est encore celui qu'on utilise le plus couramment. Il n'existe pas de typologie classique des sondages, mais il est possible de les distinguer en fonction de leur ampleur ou de leur objectif, qui est de sonder les individus pour mieux connaître leurs opinions, leurs comportements ou leurs attitudes. Le tableau 4.3 présente les principaux types de sondages.

Tableau 4.3   Les principaux types de sondages

Type de sondage	Caractéristiques	Exemple
Sondage exhaustif	Le sondage exhaustif (ou recensement) recense et compile les réponses de toutes les personnes composant une population donnée.	Le recensement canadien, qui est réalisé tous les cinq ans.
Sondage d'opinion	Le sondage d'opinion est généralement effectué auprès d'une partie de la population et vise à connaître l'avis des individus sur un sujet précis.	Demander aux participants s'ils trouvent que les sentences criminelles sont suffisamment sévères au Canada, en fonction du type de crime commis.
Sondage de comportement	Le sondage de comportement cherche à connaître les habitudes et les comportements des individus. Souvent utilisé en marketing, il fournit une information précieuse aux entreprises qui établissent des portraits de consommateurs.	Demander aux participants combien de fois par an ils vont au cinéma, quels genres de films ils vont voir, quel montant d'argent ils dépensent en moyenne pour cette activité, etc.
Sondage d'attitude	Le sondage d'attitude vise à interroger les individus afin de mesurer leurs attitudes par rapport à une thématique donnée ou leurs prédispositions à agir.	Interroger les individus afin de connaître leur intention de participer éventuellement à une émission de téléréalité.

Le sondage à multiples objectifs

Il est possible de combiner les différents types de sondages existants. Ainsi, l'enquête réalisée en janvier 2007 par la firme CROP pour la revue *L'actualité* est un bon exemple de sondage où l'on a cherché à dresser un portrait fidèle des Québécois en s'intéressant à la fois à leurs valeurs, à leurs attitudes, à leurs comportements, etc.[1] Cette firme a sondé 1 002 personnes au téléphone en leur posant plusieurs questions regroupées en 16 grands thèmes. Les résultats obtenus traitent notamment de sujets aussi variés que l'immigration, les relations hommes-femmes et la perception des Québécois à l'égard des États-Unis. Bref, ce sondage apporte une panoplie d'indicateurs utiles pour dresser un portrait représentatif de la société québécoise d'aujourd'hui.

1. « Qui sommes-nous : portrait d'une société québécoise en plein bouleversement », *L'actualité*, vol. 32, n° 7 (1er mai 2007), p. 27-60.

Le choix d'un sondage

Avant de choisir le sondage comme méthode de recherche, vous devez évaluer s'il convient bien à votre sujet de recherche et à votre problématique.

Le sondage est un bon choix car :

- Il permet de rejoindre un large échantillon de participants, et ce, peu importe le mode de distribution du questionnaire. De plus, on peut faire passer le sondage très rapidement, que ce soit par téléphone, par Internet, par courrier, en face à face ou dans une rencontre de groupe.

- Il permet de recueillir un nombre imposant de données quantitatives, dont le traitement peut être grandement facilité par la technologie. En effet, il est aujourd'hui possible, avec des logiciels de traitement statistique performants (SPSS ou Excel, par exemple), de faire de nombreuses analyses en peu de temps.

Toutefois :

- Le succès du sondage repose sur une bonne formulation des questions qui composent le questionnaire. Comme il s'avère difficile de bien cerner le niveau de compréhension ou d'interprétation des participants pour chacune des questions, il est toujours possible qu'une réponse ne mesure pas réellement ce que le chercheur souhaite mesurer.

Quoi qu'il en soit, pour construire un bon questionnaire, il est important de définir adéquatement ce que vous cherchez à mesurer et de vérifier que vous employez la bonne terminologie. Un questionnaire doit en effet être élaboré avec minutie. Il doit tenir compte de la population sondée (et du niveau de langage de celle-ci), procéder selon un ordre logique et être rédigé selon des normes établies. Si vous choisissez de mettre en œuvre cette méthode, le chapitre 5 vous fournira d'autres conseils pertinents.

La méthode expérimentale

Inspirée des sciences de la nature, la méthode expérimentale est souvent employée pour isoler un lien de causalité entre différents phénomènes ou réalités appelés « variables ». Cette méthode implique essentiellement le fait que le chercheur observe l'effet d'une variable (la variable indépendante) sur une autre variable (la variable dépendante). Pour ce faire, il doit contrôler, dans la mesure du possible, toutes les autres variables susceptibles d'intervenir afin de s'assurer que le changement mesuré est le résultat direct de la variable indépendante et établir alors un lien causal (ceci cause cela).

Comme c'est le cas pour plusieurs méthodes de recherche, il faut, pour procéder à une expérimentation, être capable de traduire des concepts et des phénomènes en des réalités mesurables et observables. Prenons l'exemple d'une recherche voulant mesurer l'effet du bruit sur la concentration des étudiants. Il paraît bien entendu impossible de saisir les effets réels du bruit sur la qualité de la pensée. Pour remédier à cette difficulté, on pourrait évaluer la qualité de la pensée au moyen de résultats relatifs à une tâche cognitive particulière, par exemple ordonner des énoncés du général au particulier ou encore répondre à des questions mathématiques simples. Bien souvent, le chercheur peut, de cette façon, mesurer directement et précisément, à l'aide d'appareils, de tests standardisés ou des grilles d'observation, des attitudes ou des comportements donnés.

La méthode expérimentale se réalise souvent en laboratoire afin que le chercheur puisse plus facilement contrôler les conditions de l'expérience et la manière dont celle-ci se déroulera. En effet, cette méthode de recherche exige, au cours de la collecte des données, un contrôle de l'ensemble des autres facteurs qui pourraient influer sur le phénomène à l'étude. C'est pourquoi la méthode expérimentale a souvent recours à un groupe contrôle, qui ne subit pas les effets de la variable indépendante, et à un (ou plusieurs) groupe expérimental, qui, au contraire, subit les effets de la variable indépendante.

Pour mesurer l'effet de la variable indépendante sur la variable dépendante et procéder ainsi à l'expérimentation, le chercheur utilise ce qu'il est convenu d'appeler un plan expérimental (parfois nommé schème expérimental). Il s'agit alors de constituer des groupes de sujets et de faire varier une seule variable d'un groupe à l'autre afin de mesurer l'effet que celle-ci produit. Les groupes doivent être équivalents en ce qui concerne le nombre de sujets et les caractéristiques pouvant influer sur la variable dépendante (sexe, âge, personnalité, état de santé, etc.). Ainsi, si vous cherchiez à mesurer comment la capacité à réaliser une tâche cognitive complexe est influencée par la présence d'une personne derrière soi, vous pourriez former trois groupes composés d'individus choisis au hasard. Dans le premier groupe, chaque participant aurait à remplir une grille de sudoku alors qu'une autre personne se tiendrait debout derrière lui, à une distance d'un mètre, et observerait l'activité ; dans le deuxième groupe, la personne qui observe se tiendrait cette fois tout juste derrière le participant ; enfin, dans le troisième groupe, le participant remplirait la grille de sudoku sans personne derrière lui. L'analyse des résultats de votre expérience pourrait alors permettre de vérifier (ou de contredire) l'hypothèse découlant de votre problématique, par exemple qu'il y a un lien entre les résultats d'une tâche cognitive et le fait d'être observé tandis qu'on l'exécute.

L'effet Pygmalion[1]

Selon la mythologie grecque, Pygmalion était un sculpteur de l'île de Chypre qui tomba amoureux d'une statue en ivoire qu'il avait lui-même sculptée. Il la nomma Galatée et la para de ses plus beaux atours. Pygmalion pria alors la déesse Aphrodite de lui donner une épouse semblable à cette statue ; Aphrodite répondit à son vœu en donnant vie à Galatée, que Pygmalion épousa.

S'appuyant sur les travaux du sociologue Robert K. Merton (1948), le psychologue Robert Rosenthal fut le premier à étudier de manière expérimentale le phénomène qu'il nomma « effet Pygmalion ». En 1963, il filma les interactions d'expérimentateurs de sexe masculin et de sujets masculins et féminins. Il remarqua alors que 12 % des expérimentateurs avaient souri aux sujets masculins, alors que 70 % avaient souri aux sujets féminins. Or, il fut par la suite démontré que le sourire avait eu un effet direct sur les résultats de la recherche. Le sourire agissait donc comme un parasite dans cette expérience.

En 1968, Rosenthal mena ensuite une célèbre étude auprès d'enfants du primaire. Malgré certaines faiblesses sur les plans méthodologique et éthique, cette étude a marqué les travaux en psychologie. Il forma deux groupes comparables d'enfants du primaire. À l'enseignant du premier groupe d'élèves (groupe expérimental), il présenta ce groupe comme une classe de surdoués. À l'enseignant du deuxième groupe (groupe contrôle), il ne spécifia rien quant aux forces intellectuelles des élèves. Il mesura alors une augmentation du quotient intellectuel des enfants du premier groupe en cours d'année, ainsi que de meilleurs résultats scolaires de leur part. Il était donc le premier chercheur à mesurer l'impact des attentes d'un enseignant sur le quotient intellectuel et les résultats scolaires de ses élèves : un enseignant qui s'attend à de bons résultats risque de noter plus généreusement les étudiants qu'il croit très intelligents. Rosenthal reprit l'étude en inversant les conditions, c'est-à-dire en présentant le premier groupe comme un groupe de sous-doués. Une fois encore, l'expérience montra que les attentes de l'enseignant exerçaient une influence sur les résultats des élèves.

Grâce à Rosenthal, on sait aujourd'hui que toute méthode de recherche qui met en présence un chercheur interagissant avec un ou des sujets est susceptible de générer un effet Pygmalion, phénomène selon lequel les attentes et les comportements d'une personne influent sur le déroulement d'une situation, laquelle, réciproquement, justifie les attentes et les comportements de cette personne.

1. Robert ROSENTHAL et Lenore JACOBSON, *Pygmalion in the Classroom*, New York, Holt, Rinehart and Winston, 1968, 240 p.

Les types de plans expérimentaux et leurs modalités

Deux types d'expérimentations sont possibles, en fonction du nombre de variables à l'étude. Le plan expérimental simple permet d'étudier l'effet d'une seule variable indépendante sur une variable dépendante. Si la recherche implique plutôt plusieurs variables indépendantes, il s'agit alors d'un plan expérimental factoriel.

Supposons, par exemple, que votre recherche énonce l'hypothèse que l'encouragement émanant d'une figure d'autorité augmente le succès scolaire (ce qui peut être mesuré par un test de connaissances). Dans ce cas, un plan expérimental simple pourrait être utilisé. Toutefois, si votre objectif de recherche est de découvrir les facteurs susceptibles d'agir sur le succès scolaire, vous aurez d'autres variables indépendantes à considérer, en plus

Plan expérimental simple
Type de plan associé à la méthode expérimentale qui permet d'étudier l'effet d'une seule variable indépendante sur une variable dépendante.

Plan expérimental factoriel
Type de plan associé à la méthode expérimentale qui permet d'étudier l'effet de plusieurs variables indépendantes sur une variable dépendante.

de l'encouragement émanant d'une figure d'autorité, à savoir, par exemple, le temps alloué pour faire le test ou le bruit au sein du laboratoire. Dans ce cas, vous devrez procéder à un plan expérimental factoriel.

> **Pour aller plus loin**
>
> **L'étude corrélationnelle et le plan quasi expérimental**
>
> Dans certains cas, il est difficile, voire impossible, de faire appel à un plan expérimental. Il faut alors opter pour une autre méthode, soit une étude corrélationnelle ou un plan quasi expérimental. Dans le cas d'une étude corrélationnelle, il n'y a pas de variable indépendante puisqu'il s'agit d'établir la nature de la relation entre deux variables de même niveau. En outre, l'étude corrélationnelle utilise des bases de données déjà existantes (provenant de Statistique Canada, par exemple) pour faire ressortir les relations existantes entre les variables.
>
> Par ailleurs, on utilise un plan quasi expérimental (par exemple une étude *ex post facto*, une étude longitudinale ou une étude transversale) lorsqu'une composante du plan n'est pas tout à fait expérimentale. Par exemple, il est impossible de recréer une situation de divorce en laboratoire pour étudier les effets du divorce sur les relations amoureuses des enfants de parents divorcés. Toutefois, le chercheur pourra tout de même procéder soit à une étude *ex post facto*, c'est-à-dire «après le fait» (une étude des relations amoureuses actuelles de personnes dont les parents ont divorcé alors qu'elles étaient enfants), soit à une étude longitudinale (une étude auprès des enfants de parents divorcés menée à différentes périodes, par exemple 5, 15 et 25 ans après le divorce) ou à une étude transversale (une étude comparant aujourd'hui des groupes de personnes d'âges différents ayant toutes vécu le divorce de leurs parents lorsqu'elles étaient enfants).

Étude corrélationnelle
Étude qui cherche à établir le degré d'association qui existe entre deux variables.

Plan quasi expérimental
Plan qui s'inspire du plan expérimental, mais dont la distribution des sujets est en partie ou en totalité non aléatoire.

EXEMPLE
Étude corrélationnelle

Le choix de l'expérimentation

Le choix de l'expérimentation comme méthode de recherche découle d'une réflexion prenant en considération le sujet de recherche, la problématique définie ainsi que certains avantages et inconvénients propres à cette méthode.

L'expérimentation est un bon choix car :
- Elle permet d'établir un lien de nature causale entre deux variables.
- Il est plus facile d'isoler et d'expliquer un phénomène puisque l'environnement est toujours contrôlé.

Toutefois :
- En général, le temps nécessaire au déroulement d'une expérimentation a pour effet de limiter la taille de l'échantillon, car il peut être difficile de recruter des sujets.

- Il peut être ardu de parvenir à contrôler l'ensemble des variables en jeu au cours de certaines expérimentations, ce qui a pour effet d'affecter directement la qualité de l'analyse que l'on peut faire des résultats.

Si vous songez à conduire une expérimentation, assurez-vous qu'il vous sera possible de réserver des locaux (comme un laboratoire) et, au besoin, les équipements qui serviront à la réalisation de l'expérience. À cet effet, le chapitre 5 vous donnera de nombreuses suggestions pour vous aider à effectuer une expérimentation de qualité.

L'analyse de contenu écrit et visuel

L'analyse de contenu écrit et visuel consiste à décomposer le contenu manifeste d'un document (soit ce qui est explicite) ou son contenu latent (soit ce qui fait référence à ce qui n'est pas explicitement dit, donc à ce qui est caché). Par exemple, en analysant divers documents, vous pourriez parvenir à décrire les attitudes des ouvriers du xixe siècle envers leurs patrons (contenu explicite) et à mettre en lumière les valeurs que partagent ces ouvriers (contenu latent).

Analyse de contenu
Méthode de recherche qui consiste à organiser des données dans le but de décrire ou de comprendre un phénomène à partir d'écrits, d'images ou de données statistiques.

Les documents étudiés dans une analyse de contenu peuvent être écrits (journaux, archives, discours politiques, déclarations officielles, etc.) ou encore sonores ou visuels (photographies d'archives, cartes postales ou géographiques, images numériques, cinématiques de jeux vidéo, publicités, affiches, films, timbres-poste, documentaires, diapositives familiales, etc.).

Par ailleurs, l'analyse de contenu peut être qualitative, quantitative ou les deux à la fois. Par exemple, vous pourriez entreprendre une analyse qualitative des éditoriaux de quelques journaux québécois traitant de la crise boursière qui s'est produite en 2008 afin de mesurer la fiabilité des prédictions de ces médias au sujet de la crise économique qui a suivi. Une analyse davantage quantitative mettrait quant à elle l'accent sur le lien entre ces prédictions et les données réelles fournies par des indicateurs économiques tels que le produit intérieur brut (PIB) et le taux de chômage. Enfin, une analyse de contenu « mixte » pourrait combiner des aspects qualitatif et quantitatif.

La méthode de recherche qu'est l'analyse de contenu peut être appliquée à l'aide de grilles d'analyse ou de fiches de prélèvement qui permettent de décortiquer et de catégoriser les informations que contiennent les documents. Ainsi, vous pourriez concevoir des catégories d'analyse pour traiter de la façon dont les parents d'enfants en difficulté sont représentés dans le cinéma québécois. Des films comme *Aurore, l'enfant martyre* (de Jean-Yves Bigras pour la première mouture et de Luc Dionne pour la deuxième) ou *Le ring* (d'Anaïs Barbeau-Lavalette) pourraient en effet être utilisés pour catégoriser les modèles parentaux.

Les types d'analyse de contenu écrit et visuel et leurs modalités

L'analyse de contenu peut s'effectuer de différentes façons. Il est possible, selon le cas, de faire une analyse du discours, une analyse théorique ou encore une analyse statistique. Soulignons qu'on peut aussi combiner tous les types d'analyse de contenu afin d'enrichir une recherche.

Analyse du discours
Analyse de contenu écrit et visuel dans l'objectif de déterminer la position d'un groupe ou d'un individu s'exprimant à propos d'un sujet donné.

L'analyse du discours. Ce type d'analyse convient lorsque le sujet à l'étude est peu connu et qu'il ne permet donc pas le recours à une quelconque théorie, ou encore lorsqu'on souhaite déterminer la position d'un groupe ou d'un individu à propos d'un sujet donné. Ainsi, vous pourriez procéder à une analyse du discours des syndicats au Québec depuis 1968 quant à la place des femmes sur le marché du travail en utilisant les documents publiés par les grands syndicats québécois et en faisant ressortir les énoncés relatifs aux femmes.

Pour aller plus loin

Des étoiles à la Terre, l'analyse de l'astrologie

Theodor W. Adorno (1903-1969), un sociologue important du xxᵉ siècle, a effectué, lors de son exil américain, une analyse du contenu latent de la rubrique astrologique d'un grand journal californien. Il a ainsi été en mesure, à partir d'un modèle psychanalytique, de décrire l'état d'esprit qui animait la société américaine pendant cette période, en faisant notamment ressortir le désir de conformisme et le respect de l'ordre social que nourrissaient les Américains.

Sa recherche illustre fort bien la capacité de l'analyse de contenu à mettre en évidence des dimensions parfois insoupçonnées de documents en apparence anodins, comme ici une rubrique astrologique.

Analyse théorique
Analyse de contenu visant à vérifier une théorie et à donner un sens à un phénomène observé à partir des contenus latent et manifeste de documents écrits ou visuels.

L'analyse théorique. Ce type d'analyse permet de vérifier une théorie ou de donner un sens à un phénomène observé à l'aide d'un cadre théorique. Par exemple, vous pourriez faire appel à une théorie constructiviste élaborée en science politique afin de comprendre le contexte dans lequel apparaissent des groupes d'action et de revendication contre le racisme. Vous pourriez également vous servir de la théorie de l'imitation du criminologue Gabriel de Tarde (1843-1904), qui met l'accent sur l'influence que peuvent avoir les médias sur les comportements criminels, et utiliser alors des articles de journaux portant sur ce phénomène.

Analyse statistique
Analyse de contenu qui vise à recueillir et à construire des regroupements statistiques, dans l'objectif de compléter les données émanant d'une autre méthode de recherche ou de suivre l'évolution d'un phénomène dans le temps.

L'analyse statistique. Ce type d'analyse vise à recueillir et à construire des données chiffrées, dans l'optique de compléter les données émanant d'une autre méthode de recherche ou de suivre l'évolution d'un phénomène dans le temps. Par exemple, si votre sujet de recherche porte sur les liens possibles entre la dépression et le suicide, vous pourriez analyser les données contenues dans les publications gouvernementales qui concernent la fréquence des suicides dans les différents groupes d'âge de la population canadienne.

Les historiens recourent la plupart du temps à l'analyse de contenu afin d'effectuer une recherche. Par contre, selon la tradition de l'histoire orale, ils peuvent aussi s'appuyer sur l'entrevue lorsque le contexte de l'étude le permet. Toutefois, les historiens se fondent également sur une méthode qui leur est propre : la méthode historique[1]. Cette méthode leur permet d'interpréter les concepts relevés dans divers documents d'époque. La collecte des données consiste alors à extraire le contenu manifeste et le contenu latent de ces documents. Pour s'assurer d'un travail de qualité, l'historien doit soumettre les sources qu'il a sélectionnées à la critique externe et interne.

La critique externe

Puisque certains documents peuvent avoir été falsifiés, le chercheur doit vérifier l'authenticité de la source, c'est-à-dire valider sa provenance et confirmer s'il s'agit bel et bien d'un document d'époque. Il doit donc porter une attention particulière à la date d'un document, à son lieu de production et à son auteur. Un document falsifié est néanmoins susceptible d'être utile, puisqu'il peut témoigner d'une réalité sociohistorique ou du contexte qui a mené à cette falsification.

La critique interne

Le contenu du document est-il exact ? Représente-t-il la perception propre à une époque ? L'historien doit toujours prendre en considération le contexte de l'époque étudiée ainsi que les intentions de l'auteur qui a pu (volontairement ou non) omettre certains faits ou encore véhiculer certaines perceptions de cette époque. Il s'agit alors de corroborer les faits à l'aide d'autres documents émanant de plusieurs autres témoins ou points de vue. Il faut savoir qu'il n'existe pas de vérité historique comme telle. L'historien est toujours tributaire des documents conservés relatifs à l'époque étudiée.

---

1. Pour trouver un exemple d'un ouvrage employant la méthode historique, vous pouvez consulter Marc FERRO, *La Grande Guerre 1914-1918*, Paris, Gallimard, 1990, 412 p. (Coll. « Folio Histoire » n° 29)

Le choix d'une analyse de contenu écrit et visuel

Il se peut que la méthode de l'analyse de contenu soit bien adaptée à votre sujet de recherche et à la problématique retenue. Pour alimenter votre réflexion, vous devez alors considérer les aspects suivants.

L'analyse de contenu est un bon choix car :

- Elle permet de scruter en profondeur les représentations, les perceptions, les croyances, les valeurs et l'idéologie d'un individu ou d'un groupe social à travers une documentation écrite ou visuelle.
- Elle constitue parfois le seul moyen d'étudier les phénomènes passés et de repérer le contenu latent de la pensée d'un individu ou d'une production.

Toutefois :

- Elle demande d'investir beaucoup de temps dans la lecture et la relecture des documents, et ce, tout au long du processus.
- Certains documents rédigés par des experts peuvent s'avérer difficiles d'accès si vous ne possédez pas toutes les connaissances disciplinaires requises.

Pour terminer, il est important de savoir que l'analyse de contenu écrit et visuel peut également être utilisée en tant que méthode de recherche complémentaire. Ainsi, une courte analyse visuelle des graffitis que l'on trouve dans les quartiers défavorisés d'une grande ville pourrait, par exemple, très bien illustrer les entrevues réalisées auprès de jeunes issus de ces quartiers, dans le cadre d'une recherche portant sur la pauvreté chez les jeunes. Si vous retenez l'analyse de contenu pour approfondir votre sujet de recherche, consultez le chapitre 5 qui vous donne des outils pratiques pour vous aider à poursuivre votre travail.

Pour aller plus loin — L'étude de cas

Étude de cas
Méthode de recherche qui consiste à examiner les rouages de la culture ou les habitudes d'un lieu, d'un phénomène ou d'une organisation afin d'en faire un modèle.

Souvent employée en marketing ou en gestion, l'étude de cas consiste à s'attarder à un lieu, à un phénomène ou à une organisation, et à en examiner le fonctionnement, les rouages, la culture et les habitudes afin d'en faire un modèle. Cette méthode fait appel à d'autres méthodes de recherche ; ainsi, il n'est pas rare de constater qu'une étude de cas est le fruit de nombre d'observations, d'entrevues, de sondages ou d'analyses du discours.

Le cas exemplaire de l'entreprise Ford fut étudié et appliqué comme un modèle de gestion aussi connu sous le nom de fordisme [1]. Cette étude de cas sur ce géant du secteur de l'automobile a mis en lumière le fait que, en vue d'accroître ses propres ventes, Ford a augmenté les salaires de ses employés, leur permettant ainsi d'acheter un certain nombre de ses véhicules. De plus, l'étude de cas a révélé que, pour améliorer sa productivité, Ford a misé sur une division très poussée des tâches de ses ouvriers, accroissant de ce fait la productivité et la standardisation de son inventaire.

Évidemment, l'étude de cas ne se limite pas au domaine de la gestion et de l'administration. Les études historiques, par exemple, utilisent souvent cette méthode afin de démontrer l'importance d'un personnage qui a marqué son époque, comme Adolf Hitler. En psychologie ou en sociologie, vous trouverez également de nombreuses études de cas ayant permis d'établir un portrait d'une situation sociale donnée ou un profil particulier. Le profilage des tueurs en série en criminologie en est un exemple.

---

1. Edwin G. DOLAN et David E. LINDSAY, *Economics*, 7e éd., Hinsdale (Illinois), Dryden Press, 1994, 861 p.

Le choix définitif d'une méthode de recherche

La section précédente vous a présenté l'ensemble des méthodes de recherche qui sont à votre disposition. Il peut paraître difficile d'opter pour une méthode ou pour une autre ; parfois, une combinaison de méthodes s'avérera le choix le plus judicieux. Néanmoins, il faut avant tout retenir la méthode qui s'arrime le mieux à la visée de votre recherche et aux objectifs ou aux hypothèses qui se rattachent à votre problématique. Par exemple, si votre objectif est de tracer le portrait de la communauté juive de Montréal à la fin de la Seconde Guerre mondiale, certaines méthodes ne vous seront d'aucune utilité. En effet, il apparaît évident que vous ne pourrez pas utiliser l'observation, puisque la période choisie rend impossible toute observation directe des témoins de cette époque. Ainsi, pour arriver à vos fins, vous privilégierez sans doute l'analyse de contenu, que vous réaliserez à partir de documents portant sur cette question.

L'ensemble des étapes que vous avez effectuées jusqu'à maintenant vous permettra donc de sélectionner la méthode la plus appropriée pour poursuivre votre travail de recherche. Par exemple, si vous avez l'intention de décrire l'activité touristique au Québec, vous pourriez être tenté de faire une analyse statistique des données concernant le tourisme dans votre région. Vous pourriez également faire de l'observation dans certains secteurs afin de décrire les touristes que l'on y trouve ou de relever les sites touristiques qui sont visités. La description issue de votre observation permettra alors de faire apparaître des caractéristiques propres au Québec.

Dans le même ordre d'idées, si vous cherchez à expliquer les liens qui existent entre l'augmentation du coût des loyers ou des hypothèques et le pourcentage des revenus alloué à l'hébergement, vous feriez certainement une analyse statistique des données existantes ; la fluctuation des revenus, celle du coût des habitations en dollars constants ou la part du revenu octroyée à l'hébergement constitueront alors autant de données utiles. Vous pourriez également faire un sondage auprès des familles de votre quartier pour approfondir les données existantes ou pour vérifier certaines de vos hypothèses de départ.

Ainsi, ce n'est pas tant l'objet d'étude lui-même qui détermine la méthode à retenir que l'utilisation que vous comptez en faire dans le contexte de réalisation qui est le vôtre. Aussi, sachez faire preuve de souplesse, car il se peut qu'une méthode qui vous semblait un bon choix au départ ne soit maintenant plus forcément la meilleure option. Par ailleurs, l'esprit scientifique dont il a été question dans le chapitre 1 doit se refléter dans la manière de faire votre choix. Faites preuve de créativité, de rigueur, d'esprit critique et de tolérance à l'ambiguïté. En effet, un même sujet de recherche peut être exploité sous différents angles par la plupart des méthodes que nous avons présentées, comme le montre le tableau 4.4, à la page suivante.

Tableau 4.4	L'immigration : un même sujet selon différentes méthodes	
Méthode de recherche	**Sujet de recherche**	**Application de la méthode de recherche au thème de l'immigration**
Observation	Décrire les comportements qui permettent à l'enfant issu de l'immigration de s'intégrer ou non à un groupe.	Vous faites de l'observation dans un centre culturel comptant de nombreux nouveaux arrivants afin d'analyser les interactions sociales et de décrire les comportements des enfants de différentes nationalités qui s'y côtoient.
Entrevue	Comprendre le processus menant à la décision de quitter son pays pour des motifs personnels.	Vous réalisez des entrevues auprès de personnes qui ont quitté leur pays après une rencontre amoureuse pour venir rejoindre l'élu ou l'élue de leur cœur.
Sondage	Décrire les facteurs qui influent sur le sentiment d'appartenance au quartier d'accueil des membres d'une communauté d'immigrants.	Vous faites un sondage auprès de membres d'une communauté d'immigrants pour évaluer leur sentiment d'appartenance à leur quartier en fonction du nombre d'années vécues au Canada.
Expérimentation	Expliquer les préjugés raciaux des jeunes en fonction de leur nationalité.	Vous procédez à une étude en laboratoire portant sur les manifestations du racisme chez les jeunes de différentes nationalités en leur soumettant des préjugés raciaux qu'ils doivent commenter.
Analyse de contenu	Comprendre le contexte des transformations politiques sur les questions d'immigration depuis les années 1980.	Vous faites une étude comparative des orientations des politiques canadiennes d'immigration entre les années 1980 et les années 1990.

De la population à l'échantillon

Dans ce chapitre, vous avez pu jusqu'à présent vous familiariser avec les principales méthodes susceptibles de vous permettre de mener à bien une recherche. Que votre choix final soit arrêté ou non, vous devrez réfléchir à la question de l'échantillonnage avant de commencer la collecte des données.

La population

Population
Ensemble des unités concernées par le phénomène précis dont traite une recherche.

De manière générale, on définit la population comme étant l'ensemble des unités concernées par un phénomène à l'étude. Ainsi, si vous décidez d'effectuer une recherche portant sur la participation des enseignants de votre cégep aux activités parascolaires des étudiants, la population inclura forcément tous les enseignants de votre établissement. Bien entendu, le fait de réaliser une recherche qui s'étend à une population dans son ensemble donnera lieu à des résultats d'une précision irréprochable, puisque aucun élément ne sera alors laissé de côté. Il va sans dire que l'analyse fournira donc aussi un portrait fidèle de la réalité qu'on désire observer. Par contre, si vous voulez réaliser une étude portant sur les habitudes de lecture des Québécois, il vous sera bien sûr impossible de joindre toute cette population. C'est pourquoi un échantillon s'avère presque toujours nécessaire.

L'échantillon correspond à un nombre restreint d'unités sélectionnées selon une méthode probabiliste ou non probabiliste. En plus d'assouplir les conditions de réalisation de votre recherche (il est plus facile de faire une entrevue avec quelques étudiants de votre cégep qu'avec tous les étudiants du collège), l'échantillon détermine le degré de précision de cette recherche. En effet, de façon générale, plus l'échantillon est grand, plus l'éventail de résultats sera large et plus vos chances d'obtenir des données reflétant vraiment l'ensemble des possibilités seront élevées.

Si la méthode de recherche que vous avez retenue est l'analyse de contenu, vous devrez sélectionner un corpus d'œuvres. Bien que celui-ci corresponde à un échantillon d'œuvres ou d'ouvrages sur un sujet quelconque, on parlera ici de corpus et non d'échantillon. En outre, les modalités de sélection seront quelque peu différentes.

Échantillon
Nombre restreint d'unités sélectionnées parmi toutes les unités qui composent une population.

Corpus
Sous-ensemble de productions, de travaux ou d'œuvres sélectionné parmi la totalité des productions réalisées sur un sujet.

L'échantillon

Imaginons que votre sujet de recherche porte sur les manières de décorer les façades des maisons de Montréal durant la période des fêtes. Votre population comprend toutes les façades de maisons à Montréal. Or, il va de soi que, même s'il s'agit d'un travail en équipe, vous ne pourrez procéder à l'évaluation de toutes les façades de la ville. Vous n'aurez donc pas d'autre choix que de sélectionner un échantillon de maisons pour réaliser votre collecte des données et, ultimement, accomplir votre recherche. Bien sûr, si vous optez pour un échantillon de 10 maisons, cet échantillon ne sera certainement pas aussi intéressant que si vous optez pour un échantillon de 40 maisons. Par contre, il faut se demander si 10 maisons de différents quartiers ne valent pas mieux que 40 maisons du même quartier. En effet, la représentativité d'un échantillon ne se mesure pas uniquement en fonction du nombre d'unités choisies. C'est en vous posant ce type de question que vous arriverez à déterminer la taille ainsi que la nature de votre échantillon, et que vous vous assurerez que les unités retenues vous permettront d'engendrer des résultats suffisamment précis, diversifiés, et conformes à vos objectifs de recherche ou vos hypothèses de travail.

Représentativité
Qualité d'un échantillon ou d'un corpus qui reproduit le plus fidèlement possible les caractéristiques de la population.

Prenons un autre exemple. Si, dans le cadre d'une recherche portant sur l'endettement étudiant, vous menez des entrevues auprès d'étudiants qui utilisent fréquemment une carte de crédit, la taille de l'échantillon risquera d'être plus restreinte puisque les étudiants retenus pour l'entrevue devront à la fois posséder une carte de crédit et l'utiliser de manière régulière. Il ne sera donc pas très utile de recruter davantage de participants si ces derniers ne se servent à peu près jamais de leur carte de crédit.

Ainsi, bien que la problématique que vous avez définie puisse être d'une qualité irréprochable, la suite de votre recherche risque d'être remise en

cause si l'échantillon choisi n'est pas adapté à la méthode de recherche retenue, ou s'il n'est pas suffisamment important ou ciblé pour vous permettre d'obtenir des résultats valides.

Les différents types d'échantillons

Il est possible de constituer différents types d'échantillons, selon le contexte de réalisation de la recherche et le phénomène à l'étude. La première décision à prendre porte sur le choix d'un échantillon probabiliste ou d'un échantillon non probabiliste.

Les échantillons probabilistes

Échantillon probabiliste
Échantillon dont la sélection des unités est systématisée à l'aide d'outils mathématiques.

Un échantillon probabiliste s'appuie sur des lois statistiques mises au point par des mathématiciens. Ce type d'échantillon, pour lequel la sélection des unités se fait selon la loi des probabilités, a l'avantage de rendre neutre ou objectif le choix des unités sélectionnées. Ainsi, si vous effectuez une étude auprès de vos camarades de classe, un échantillon probabiliste vous permettra de créer un sous-ensemble d'étudiants de façon systématique et vous évitera de ne choisir que vos amis ou les personnes que vous connaissez le mieux, ce qui nuirait à la représentativité de votre échantillon.

Marge d'erreur
Indicateur de la différence statistique entre la valeur associée à l'échantillon et celle de la population étudiée.

De plus, un échantillon probabiliste permet de valider la marge d'erreur associée à votre échantillon et indique dans quelle mesure celui-ci correspond à la distribution réelle des sujets dans la population. Le résultat d'un sondage se décline souvent selon une affirmation du type: « 78 % des Québécois sont contre la hausse du prix de l'essence, d'après un sondage mené auprès de 1 000 Québécois, avec une marge d'erreur de 3 %, 19 fois sur 20 ». Concrètement, cela signifie que l'on estime que de 75 % (soit 78 % moins 3 %) à 81 % (soit 78 % plus 3 %) des Québécois sont contre la hausse du prix de l'essence et que cet échantillon regroupe 95 % (19 divisé par 20) des réponses possibles parmi l'ensemble des Québécois.

Encore là, vous pouvez accroître la précision de vos résultats en augmentant la taille de votre échantillon. Cela vous assurera que vos résultats reflètent bien ceux que vous auriez obtenus si vous aviez fait appel à l'ensemble de la population. Toutefois, il n'est pas toujours facile d'augmenter la taille de l'échantillon ; faire 15 entrevues plutôt que 5 est autrement plus exigeant...

EXTRA
Outils de calcul de
la marge d'erreur

Le tableau 4.5 présente les différents types d'échantillons probabilistes qu'il est possible d'utiliser. Vous constaterez que, pour chacun d'eux, les participants qui constituent l'échantillon sont toujours choisis au hasard. Cela signifie que chacune des unités a autant de chances de faire partie de l'échantillon. C'est ce qui caractérise toute méthode probabiliste.

Tableau 4.5   Les échantillons probabilistes

Type d'échantillon	Définition	Avantages et inconvénients	Exemple
Échantillon aléatoire simple	L'échantillon aléatoire simple consiste à sélectionner des unités parmi l'ensemble de la population en fonction de la loi des probabilités. Toutes les unités ont une chance égale d'être choisies.	➕ Il permet une excellente représentativité et une diversité des sujets de l'échantillon. ➖ Une sous-catégorie de la population peut être absente ou sous-représentée.	Vous mettez tous les noms des étudiants du cégep dans un chapeau et vous tirez 100 noms. Dans ce cas-ci, le ratio garçons-filles de cet échantillon pourrait toutefois être différent de celui du collège.
Échantillon aléatoire systématique	L'échantillon aléatoire systématique consiste à sélectionner les unités comme pour l'échantillon aléatoire simple, mais avec une étape supplémentaire : les unités finalement retenues sont sélectionnées par une procédure systématique.	➕ Il comporte les mêmes avantages et inconvénients que la méthode aléatoire simple. ➕ Il permet de réduire la taille de l'échantillon sans nécessairement en restreindre la représentativité.	Vous choisissez au hasard 100 étudiants de votre cégep et classez leur nom par ordre alphabétique. Vous sélectionnez ensuite chaque dixième étudiant de cette liste afin de constituer votre échantillon.
Échantillon stratifié	L'échantillon stratifié consiste dans la sélection des unités selon la loi des probabilités parmi un regroupement des unités en strates, en fonction d'une variable donnée. L'ensemble des stratifications compose la population et le nombre d'unités prélevées dans chaque strate reflète leur proportion réelle dans la population.	➕ Il permet de tenir compte des sous-catégories d'une population qui pourraient avoir un impact sur l'étude du phénomène. ➖ Il demande un plus grand nombre de participants afin que chaque strate soit bien représentée.	Vous divisez la population du cégep en strates basées sur l'appartenance aux différents programmes d'études. Vous prélevez ensuite de façon aléatoire des étudiants de chaque programme d'études, de manière que l'échantillon reflète le poids relatif des programmes dans le collège.

| Tableau 4.5 | Les échantillons probabilistes (*suite*) |

Type d'échantillon	Définition	Avantages et inconvénients	Exemple
Échantillon par grappes	L'échantillon par grappes consiste à sélectionner des unités en divisant la population en groupes, puis en sélectionnant certains de ces groupes selon la loi des probabilités.	➕ Il facilite le recrutement, car il s'établit en fonction de groupes déjà formés. ➖ Puisque les groupes sont déjà formés, il est possible que ceux-ci ne soient pas représentatifs de la population.	Vous établissez d'abord votre population comme étant l'ensemble des groupes qui suivent le cours d'IPMSH dans votre collège. Puis vous choisissez au hasard un de ces groupes. Tous les étudiants du groupe font alors partie de l'échantillon. Ce groupe pourrait toutefois ne pas être représentatif si les étudiants sont majoritairement issus d'une seule option du programme de sciences humaines.

Les échantillons non probabilistes

Dans certaines situations, il est impossible d'avoir recours à une méthode probabiliste, notamment si le contexte de la recherche ne permet pas de sélectionner avec un hasard calculé les unités de l'échantillon. Si tel est le cas, vous devrez alors constituer un échantillon non probabiliste. Par exemple, dans le cas d'une analyse de contenu écrit et visuel, vous devrez évaluer de manière tout à fait subjective la pertinence de chaque document visuel devant constituer votre corpus. Le choix de chacune des productions sélectionnées devra donc être justifié et ne pourra être aléatoire. Dans d'autres cas, c'est la population qu'il sera difficile de circonscrire. Ainsi, si vous faites une recherche sur la violence à la télévision, il n'existe encore aucune banque d'information regroupant l'ensemble des scènes dans lesquelles on trouve de la violence. Vous ne pourrez donc pas choisir au hasard et de façon systématique certaines scènes afin de composer votre échantillon. De même, si vous désirez entreprendre une étude historique du mouvement hippie des années 1960-1970 en relation avec la guerre du Viêtnam, vous ne pourrez pas non plus faire appel à une méthode probabiliste, parce qu'il serait impossible de recenser la totalité des participants potentiels à une entrevue afin d'en choisir certains au hasard.

Dans certains cas, la constitution de votre échantillon ou corpus sera plus facile, puisque la disponibilité des unités vous forcera à vous satisfaire de ce que vous trouverez. Par exemple, si vous effectuez une recherche historique à partir de l'analyse des affiches de propagande produites pendant la Seconde Guerre mondiale en Allemagne, vous pourrez, grâce à Internet, dénicher un certain nombre d'affiches qui vous permettront de réaliser votre analyse de contenu. Vous serez alors limité par ce que le Web vous offre, ce qui pourrait néanmoins suffire amplement.

Le tableau 4.6 présente succinctement les différents types d'échantillons non probabilistes.

Échantillon non probabiliste
Échantillon dont la sélection des unités se fait de façon non aléatoire et sans recours à des outils mathématiques.

Tableau 4.6 Les échantillons non probabilistes

Type d'échantillon	Définition	Avantages et inconvénients	Exemple
Échantillon à l'aveuglette ou accidentel	L'échantillon à l'aveuglette ou accidentel consiste à sélectionner des unités de manière entièrement arbitraire parmi la population.	⊕ Il constitue la méthode la plus facile pour recruter des sujets. ⊖ Il ne permet pas une très bonne représentativité ni une bonne diversité.	Vous vous placez à l'entrée du collège et questionnez certains étudiants qui passent par là.
Échantillon systématique non aléatoire	L'échantillon systématique non aléatoire consiste à sélectionner les unités parmi la population en fonction d'une méthode systématique mais choisie arbitrairement.	⊕ Il comporte les mêmes avantages et inconvénients que l'échantillon à l'aveuglette.	Vous sélectionnez chaque septième étudiant qui sort de l'entrée secondaire de votre cégep.
Échantillon par quotas	L'échantillon par quotas consiste à sélectionner de façon arbitraire des unités parmi une stratification d'unités. L'ensemble des stratifications compose la population et le nombre d'unités prélevées dans chaque strate reflète leur proportion réelle dans la population.	⊕ Il comporte les mêmes avantages et inconvénients que l'échantillon à l'aveuglette. ⊕ Il permet néanmoins une meilleure diversité des unités.	Vous questionnez des étudiants présents à la cafétéria du cégep jusqu'à ce que le nombre de participants par programme d'études reflète le poids relatif de chaque programme au collège.
Échantillon au jugé	L'échantillon au jugé consiste à sélectionner des unités en fonction du jugement du chercheur de manière que ces unités possèdent les qualités requises pour être des unités types de la population.	⊖ Il s'appuie uniquement sur la qualité du jugement du chercheur et sur la détermination du profil type des unités de l'échantillon. Étant donné que le chercheur se fonde sur son jugement, qui peut refléter certains préjugés, l'élaboration de son échantillon peut être biaisée.	Pour votre recherche portant sur la pratique des sports au cégep, vous sélectionnez parmi tous les étudiants de votre établissement ceux qui présentent une tenue sportive.
Échantillon par volontaires	L'échantillon par volontaires consiste à sélectionner les unités en fonction de l'offre des unités elles-mêmes.	⊖ Cet échantillon est uniquement constitué de personnes souhaitant participer à la recherche, ce qui risque de biaiser certains résultats.	Vous publiez une annonce de recherche de participation dans le journal du collège. Les étudiants qui y répondent constituent votre échantillon.

Il est possible que, dans certains cas, vous ne parveniez pas à constituer votre échantillon. Voici trois raisons fréquentes qui peuvent expliquer le problème :

- Des données insuffisantes. Si, au moment de créer votre échantillon, vous vous rendez compte que les sources disponibles semblent faire défaut, vous devrez peut-être changer de méthode de recherche. Par exemple, si vous avez décidé de faire une analyse de contenu afin de conduire votre recherche portant sur le traitement cinématographique des événements du 11 septembre 2001, mais que le vidéoclub de votre quartier vous offre trop peu de titres sur ce thème et que vous n'avez accès à aucun endroit spécialisé, l'analyse de contenu visuel ne sera sans doute pas la meilleure option pour vous. Vous auriez sans doute intérêt à remplacer cette méthode par une analyse de contenu écrit de différents articles parus sur le sujet.

- De la difficulté à trouver des participants. Il peut être difficile d'obtenir la collaboration d'individus touchés par un phénomène très controversé ou encore de trouver des participants associés à un sujet de recherche trop particulier. Par conséquent, vous ne pourrez peut-être pas entrer en contact avec eux aussi facilement que vous l'aviez imaginé et risquerez même d'essuyer plusieurs refus. Par exemple, si vous prévoyez faire une étude sur les moyens qu'utilisent les parents pour favoriser le respect des règles familiales, il est possible que très peu de gens acceptent de participer à une observation en milieu familial, par crainte d'être jugés. Dans ce cas, la méthode de l'entrevue sera peut-être plus appropriée, parce qu'elle requiert un moins grand nombre de participants tout en donnant l'occasion d'instaurer un climat de confiance.

- Un problème d'accès au terrain. Certains milieux disposent de règles strictes et peuvent carrément vous refuser l'accès à leur milieu. Des clubs ou associations privés, des écoles primaires ou autres risquent de ne pas se montrer ouverts à une enquête, quelles que soient la pertinence de votre sujet de recherche ou la noblesse de vos intentions. Dans ce cas, vous devrez demander l'appui de votre enseignant ou peut-être envisager de modifier votre méthode de recherche.

Ainsi, comme vous le constatez, contrairement à la méthode probabiliste qui laisse le hasard intervenir, la méthode non probabiliste permet de choisir tous les participants en faisant appel au jugement.

Conclusion

Que votre enseignant vous suggère d'adopter une méthode de recherche plutôt qu'une autre ou que vous ayez la tâche de sélectionner vous-même la méthode à utiliser, ce chapitre devrait vous avoir permis de vous familiariser avec les différentes possibilités qui s'offrent à un chercheur en sciences humaines. Bien que l'élaboration de la problématique demeure la pierre d'assise de votre démarche scientifique, il n'en demeure pas moins que le choix d'une méthode de recherche et d'un échantillon est déterminant dans la réussite de votre travail de recherche.

En outre, que votre méthode de recherche soit celle de l'observation, de l'entrevue, du sondage, de l'analyse de contenu écrit et visuel, ou la méthode expérimentale, vous devrez toujours veiller à créer un échantillon ou un corpus qui soit représentatif en utilisant, selon le contexte de la recherche, une méthode d'échantillonnage probabiliste ou non probabiliste. Lorsque ce sera chose faite, il sera temps de planifier votre collecte des données et de mettre votre méthode de recherche en application, ce que nous verrons dans le prochain chapitre.

1. Est-ce que je peux résumer chacune des méthodes de recherche ? ☐

2. La méthode de recherche que j'ai choisie est-elle en lien avec ma problématique ? ☐

3. Est-ce que je peux identifier la population et l'échantillon ou le corpus de mon projet de recherche ? ☐

4. Est-ce que j'ai déterminé si je devrais opter pour un échantillon probabiliste ou pour un échantillon non probabiliste ? ☐

EXTRA
Extraits d'entrevue

Prof ET Chercheur

Shirley Lacasse,
chercheuse en sociologie

Collège de Bois-de-Boulogne

Alors qu'elle était étudiante au doctorat en sociologie (après avoir suivi des études en sexologie et en criminologie), Shirley Lacasse s'est intéressée à un sujet de recherche pour le moins inusité : les danseuses nues. Son objectif était de comprendre la stigmatisation à laquelle ces danseuses font face et de répondre à quelques appréhensions manifestées par certaines personnes face à ce métier méconnu.

L'observation et l'entrevue au service d'une étude portant sur les danseuses nues

Pour les besoins de sa recherche, Shirley Lacasse a effectué une enquête qualitative combinant les méthodes de l'observation non participante et de l'entrevue semi-directive. Se trouvant sur un terrain difficile et dans un milieu souvent perçu de manière péjorative, elle a pu réussir, grâce à un travail rigoureux et structuré, à observer ce milieu, à l'étudier de près, à l'ausculter. Pour cela, elle a pris soin de se dégager de toute forme de préjugé afin de bien circonscrire le point de vue des danseuses nues.

En partant de la vision féministe traditionnelle qui affirme que les femmes exerçant ce métier sont aliénées et victimes d'une exploitation directement issue de la domination masculine – domination qui les enferme dans des rapports de pouvoir inégaux –, Shirley Lacasse a tenté de décrire concrètement le quotidien des danseuses nues, en montrant qu'elles sont des travailleuses autonomes effectuant un travail émotif, somme toute assez semblable à celui des agents de bord.

Manifestant détermination et imagination, la chercheuse a observé pendant un peu plus de six mois, et à une fréquence de quatre fois par semaine, deux établissements de la région montréalaise (un permettant la danse-contact et l'autre pas). Loin d'être sur un terrain facile d'accès, elle a eu besoin de plusieurs mois pour se faire accepter par ses sujets d'observation, gagner leur confiance et trouver des informatrices-clés. Elle a alors pu observer directement des dizaines de travailleuses et obtenir des entrevues de 31 d'entre elles, ce qui constitue un échantillon de base non probabiliste assez substantiel. Elle se souvient de ses allers-retours hâtifs aux toilettes afin de pouvoir noter ses observations dans son calepin pour ne pas les oublier, ainsi que des nombreuses heures nocturnes passées à transcrire et à organiser ses notes.

En cours de route, la chercheuse a émis l'hypothèse provisoire que le travail des danseuses nues peut être décrit comme une négociation de services faisant appel à des stratégies de vente, à des méthodes de fidélisation de la clientèle et permettant une stabilisation des revenus. La sociologue a ainsi transféré les connaissances de son champ de recherche – la sociologie du travail – dans un univers nettement différent – celui des services sexuels – afin de démontrer l'autocontrôle des danseuses nues face aux difficultés émotives et aux risques auxquels elles sont exposées dans leur métier.

Chapitre 5

Mettre en application
sa méthode de recherche

Objectifs
d'apprentissage

Après avoir lu ce chapitre, vous
devriez pouvoir :

• Planifier la collecte des données ;

• Construire un outil de collecte ;

• Déterminer l'échantillon
  approprié en fonction de
  la population ;

• Effectuer le prétest de votre outil
  de collecte ;

• Réaliser la collecte des données.

Plan du chapitre

Introduction

Maintenant que vous avez arrêté votre choix sur une méthode de recherche, vous êtes sur le point de procéder à la collecte des données issues de la sélection minutieuse de votre échantillon ou de votre corpus. À cette fin, vous devez disposer d'un outil de collecte dont la qualité peut être attestée par un prétest, lequel vous permettra, au besoin, de faire les ajustements nécessaires avant de procéder à la collecte proprement dite. En effet, il est primordial que cet outil vous amène à rassembler des données valides et fiables au regard de votre sujet de recherche. Pour qu'un questionnaire de sondage soit fiable, il doit effectivement fournir des résultats équivalents, quelle que soit la personne qui réalise le sondage. Un prétest permet donc de s'assurer que l'outil de collecte de données choisi en fonction de votre méthode de recherche est le plus valide et le plus fiable possible.

Le présent chapitre vise à vous aider à mettre en application votre méthode de recherche. Il s'agit pour vous de trouver des réponses à des questions telles que les suivantes : Quel outil de collecte de données est associé à ma méthode de recherche ? Comment puis-je construire cet outil ? Quel échantillon dois-je constituer ? Comment puis-je sélectionner mon échantillon ou mon corpus ? Comment vais-je effectuer le prétest de mon outil de collecte de données ? Quelles données dois-je recueillir et de quelle manière ? Les sections suivantes, qui reprennent les différentes méthodes de recherche que nous avons vues dans le chapitre 4, proposent des réponses qui vous guideront dans votre démarche. Vous pouvez donc, si vous le souhaitez, vous rendre directement à la section correspondant à la méthode de recherche que vous avez retenue. Mentionnons aussi que des renvois vous sont suggérés, certains conseils s'appliquant à plus d'une méthode.

L'observation

Vous avez décidé d'aborder votre sujet de recherche en utilisant l'observation. Cela implique que vous devriez déjà avoir défini l'objet de votre observation ainsi que le type d'observation que vous souhaitez mener (*voir le chapitre 4*). Vous êtes maintenant prêt à passer à l'action. Il faut donc préparer un terrain d'observation, et adopter des moyens de conduire et de noter toutes les observations que vous y ferez. Pour cela, vous devrez d'abord établir un plan et mettre au point une grille dans laquelle vous consignerez vos observations. En outre, des notes d'observation et un journal d'enquête vous seront d'une aide précieuse. Nous allons examiner chacun de ces éléments.

Choisir et préparer son terrain d'observation

Afin de procéder à un travail d'observation, il convient dans un premier temps de déterminer le terrain idéal pour réaliser cette observation. Voici trois critères importants à prendre en considération :

- l'adéquation du lieu choisi avec l'objet de l'observation ;
- la présence d'un nombre suffisant de sujets à observer ;
- la possibilité de généraliser à d'autres lieux les observations réalisées.

Par conséquent, avant d'effectuer quelque observation que ce soit, il est essentiel de préparer le terrain d'observation, c'est-à-dire de vous assurer que vous serez en mesure d'accomplir l'observation voulue. Pour ce faire, vous devriez non seulement pouvoir observer librement vos sujets dans un endroit précis, mais aussi avoir la possibilité de prendre des notes sur le terrain.

Il est également nécessaire de mettre à profit toutes les ressources dont vous disposez, incluant les membres de votre famille et vos relations sociales, de manière à faciliter votre accès à un terrain convenant particulièrement bien à votre sujet de recherche. Par exemple, si vous vous intéressez à une communauté religieuse précise, vous vérifierez si une personne dans l'entourage de votre équipe de travail ne connaîtrait pas des membres de cette communauté. Dans certains cas, il peut s'avérer nécessaire de faire appel aux autorités. Ainsi, si vous avez l'intention de mener une recherche sur les attitudes des pêcheurs dans une pourvoirie, vous devrez trouver un lieu idéal pour effectuer vos observations, ce qui pourrait nécessiter l'accord préalable des autorités locales. De même, dans le cas d'une étude en milieu scolaire portant sur les comportements violents adoptés pendant les récréations, vous devrez faire accepter votre présence auprès des autorités de l'école.

En outre, il importe de vérifier que le type d'observation choisi est bel et bien réalisable sur les lieux envisagés. Si votre observation concerne la catégorisation des comportements des jeunes enfants en situation de jeu, une observation en milieu naturel nécessitera, par exemple, l'accès à

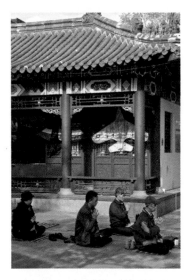

Les portes d'une communauté religieuse vous seront plus facilement ouvertes si votre réseau social comprend une personne ayant un lien de confiance avec cette communauté.

EXEMPLE
Demandes d'autorisation et de consentement

un centre de la petite enfance (CPE). Or, il se pourrait que, dans le CPE que vous avez retenu, la disposition des lieux ne permette pas de mener l'observation dissimulée prévue initialement. Si tel est le cas, vous devrez peut-être opter pour un autre type d'observation (*voir le chapitre 4*).

Il est également important, pour enrichir votre collecte des données, de varier le point de vue sur l'objet observé. Par exemple, si l'observation porte sur le métier de boucher dans un abattoir, vous devrez déterminer plusieurs postes d'observation afin d'obtenir une vue globale de la situation quotidienne que vivent les personnes exerçant ce métier. Encore ici, il faudra obtenir la permission du responsable afin d'avoir accès à différents lieux d'observation dans l'abattoir.

Dans certains cas, la recherche qui est menée peut nécessiter une observation en laboratoire. Cette situation s'impose lorsqu'il est très difficile d'avoir accès à un contexte particulier; il peut s'agir, par exemple, d'observer la réaction des téléspectateurs à des scènes de violence. Il est alors possible de reproduire la situation naturelle en laboratoire. Vous pourrez ainsi observer derrière la vitre du laboratoire les réactions des participants au fur et à mesure que les images de violence défilent devant eux sur l'écran.

En somme, avant que votre choix ne soit définitif, vous devrez vous familiariser avec le terrain d'observation que vous avez retenu. En chaussant vos lunettes de chercheur, vous saurez apprivoiser un milieu qui vous est étranger ou, au contraire, vous distancier d'un contexte trop familier. Pour mettre en valeur les possibilités qu'offre votre terrain d'observation, vous allez devoir établir un plan d'observation et une grille d'observation.

Le plan d'observation

Une fois que vous avez achevé les préparatifs nécessaires pour obtenir l'autorisation d'accéder au terrain choisi, vous êtes prêt à construire votre plan. Le plan d'observation relie les différents objectifs de recherche, l'objet de l'observation et le terrain d'observation sélectionné. Il permet de planifier la présence sur le terrain afin de rendre l'activité d'observation la plus ciblée et la plus efficace possible pour l'équipe de travail. Un plan d'observation inclut :

- la description de l'objet de l'observation ;
- l'échelle des observations, c'est-à-dire la mesure graduée des interactions ou des attitudes permettant de standardiser les observations effectuées ;
- les différents paramètres de l'observation et les détails pratiques tels que les noms des personnes affectées aux différentes tâches, l'échéancier de planification de l'activité et les horaires individuels des séances d'observation.

Le tableau 5.1, à la page suivante, présente un exemple d'un plan d'observation qu'on pourrait établir pour un travail de recherche portant sur le comportement des foules pendant un festival culturel.

Plan d'observation
Synthèse utile à la méthode de l'observation qui relie les objectifs de recherche, la catégorie d'objets à observer et le terrain sélectionné.

Échelle des observations
Mesure graduée des interactions ou des attitudes permettant de standardiser les observations effectuées.

Tableau 5.1	Un exemple de plan d'observation en situation de foule

Thème	Exemples
Objet de l'observation	• Types de regroupements (personnes seules, familles, amis, etc.) • Langage non verbal des participants (gestes d'affection, gestes d'impatience, etc.)
Échelle d'observation	• Nombre de personnes par regroupement (2 ou 3, 4 ou 5, 6 et plus) • Âge estimé des participants (moins de 12 ans, 13-16 ans, 17-24 ans, 25-40 ans, 41-55 ans, 56 ans et plus)
Paramètres	• Une visite d'une durée de 30 minutes, par équipe de deux, chaque jour du festival • Deux postes d'observation, un à l'entrée et un à la sortie du festival

La grille d'observation

Grille d'observation
Outil de collecte de données associé à l'observation qui regroupe les indicateurs qui permettront de la réaliser.

La **grille d'observation**, qu'on nomme parfois « cadre d'observation », doit refléter la mise en œuvre des variables ou des concepts associés à la collecte des données envisagée dans le plan d'observation. Cette grille est essentielle à toute démarche d'observation.

La grille d'observation fait état des indicateurs que vous comptez utiliser et observer. Ces indicateurs, qui varient en fonction de vos préoccupations concernant l'observation, désignent les aspects physiques ou comportementaux qu'un observateur peut voir et noter aisément dans les moindres détails. En outre, la grille d'observation peut contenir vos notes de réflexion au sujet des éléments observés.

Toutefois, il faut savoir qu'une grille d'observation est un objet malléable, qu'on peut modifier selon les préoccupations soulevées par l'investigation. Aussi, il vous appartient de faire de cette grille l'outil de travail pertinent qui vous permettra d'atteindre vos objectifs. Il s'agira alors d'y consigner vos observations, en fonction des indicateurs que vous aurez retenus, et ce, sans laisser le moindre détail de côté.

Prenons comme exemple une étude portant sur les codes vestimentaires adoptés par les adolescents et qui cherche à mesurer l'influence de la culture hip-hop sur ces codes au Québec. Comme le montre le tableau 5.2, la grille d'observation susceptible d'être utilisée pour un tel sujet de recherche pourrait contenir des indicateurs tels que les types de vêtements portés, la longueur des vêtements ou leur couleur.

		Tableau 5.2	Un exemple de grille d'observation sur les codes vestimentaires des adolescents

Thème	Éléments de l'observation	Indices d'observation	Exemples
Objet de l'observation	Attroupements de garçons et de filles de 12 à 17 ans	• Types de cérémonials observés • Types d'interactions observables	• On remarque un groupe de jeunes qui entrent au cinéma ou qui en sortent.
Terrain d'observation	Description des lieux	• Disposition générale • Nombre de personnes sur place • Architecture, s'il y a lieu	• Le cinéma dispose d'une aire de détente avec un petit café et des jeux d'arcades. • Les jeunes s'attroupent auprès d'un jeu de course automobile afin de regarder la performance du joueur. Il y a six filles et trois garçons.
	Remarques faites sur l'endroit observé	• Impressions générales sur l'endroit	• L'endroit est très bruyant et peu éclairé. Aucune surveillance adulte n'est apparente.
Personnes observées	Éléments factuels (échelle d'observation)	• Âge • Sexe • Origine ethnique • Vêtements • Interactions	FILLES • Il y a six filles, quatre de race blanche et deux de race noire. • Elles sont toutes en 4e secondaire, d'après les propos échangés. • Trois filles ont un style hip-hop, et trois, un style plus classique. • Les trois filles hip-hop portent des vêtements larges qui dissimulent leur corps. Les trois filles classiques portent des chandails courts laissant apparaître le bas du ventre. Une seule fille a les épaules dénudées. Deux filles ont des jupes arrivant à mi-cuisse et les jambes dénudées. Une fille porte un jean taille basse laissant entrevoir ses sous-vêtements. GARÇONS • Etc.
	Éléments subjectifs portant sur les interactions sociales	• Attitude générale • Langage verbal et non verbal	• Les jeunes semblent détendus. • Les garçons paraissent vouloir impressionner les filles par leur performance à un jeu de course automobile.

Thème	Éléments de l'observation	Indices d'observation	Exemples
Notes de réflexion	Éléments de récurrence	• Actions les plus fréquentes	• Un des garçons monopolise le jeu pendant que les deux autres semblent surtout s'intéresser à la fille plus classique vêtue d'un jean. L'un des deux garçons est plus entreprenant et enserre la taille de la jeune fille.
	Éléments d'analyse et de procédure	• Signification des gestes	• Le garçon entreprenant manifeste un intérêt physique pour la jeune fille en jean. Ses gestes (main sur la cuisse, caresse dans les cheveux) suggèrent son intention d'avoir des rapports sexuels avec elle.
	Autres notes	• Impressions personnelles • Notes méthodologiques • Difficultés éprouvées	• Le comportement du garçon semble compatible avec la culture hip-hop telle que décrite dans les textes trouvés en bibliothèque et dans laquelle un comportement masculin entreprenant est valorisé. • La lumière tamisée rend parfois l'observation difficile.

L'échantillon de l'observation

Dans le cas de l'observation, l'échantillon utilisé est le plus souvent non probabiliste (*voir le chapitre 4*). Comme tout échantillon, celui-ci doit être suffisamment représentatif afin qu'il soit possible de généraliser le cas observé à un ensemble d'autres cas particuliers qui n'ont pas été observés. Pour ce faire, il faut s'assurer que l'échantillon retenu n'est pas marginal. Ainsi, vous serez sans doute peu tenté de choisir le Festival de la barbotte de Sainte-Aurélie, qui a attiré 43 pêcheurs en 2008, malgré l'intérêt que cet événement peut susciter. Le Festival d'été de Québec ou la Fête des neiges de Montréal, qui voient affluer des milliers de personnes chaque jour pendant la durée de ces événements, sont en effet plus susceptibles d'attirer les foules qui constitueront votre échantillon. Vous serez alors certain que votre échantillon vous permettra d'observer adéquatement des mouvements de foule, mais aussi de comparer certains éléments qui nourriront votre analyse.

Par ailleurs, afin de maximiser l'utilisation de votre terrain d'observation, vous privilégierez différents moments d'observation ; par exemple, vous visiterez le même emplacement trois jours d'affilée, mais à des heures différentes. Vous pourrez ainsi bonifier votre échantillon sans avoir à changer de terrain.

Le prétest de l'observation

Votre outil de collecte de données – en l'occurrence, la grille d'observation – se trouve au cœur de votre démarche. C'est pourquoi il convient de le tester afin d'en percevoir les failles éventuelles. La manière la plus simple de tester votre grille d'observation consiste à mener une séance d'observation qu'on appellera « 0 » et qui ne sera pas prise en compte au moment de la compilation des résultats et du traitement des données. Supposons que vous travailliez sur l'entraide en milieu scolaire et que vous observiez le déroulement des séances de tutorat qui sont offertes au centre d'aide de votre cégep. Si, en testant votre grille d'observation durant cette séance 0, deux de vos coéquipiers ne reconnaissent pas les mêmes gestes d'entraide ou donnent, sur une échelle d'observation allant de 1 à 10, une note très différente pour la même scène observée, le résultat de votre démarche d'observation sera douteux, ce qui limitera par le fait même la portée de votre analyse. Vous auriez donc dans ce cas intérêt à recomposer une grille d'observation comprenant soit une échelle d'observation modifiée, soit des éléments d'observation différents, ou encore à vous assurer qu'il y a une équivalence des jugements d'un observateur à l'autre. Il importe en effet de vous entendre en équipe sur les qualificatifs qui peuvent le mieux traduire vos observations, de manière à obtenir des résultats comparables et assurer ainsi leur fiabilité. Le prétest s'avère donc essentiel parce qu'il aide à ajuster le tir avant de mettre en pratique une méthode de recherche.

La réalisation de l'observation

Une fois votre grille d'observation testée, il vous reste à réaliser la collecte des données selon le plan que vous avez établi. Il est important de posséder certaines habiletés afin de mener une observation de façon rigoureuse et noter l'essentiel des données nécessaires à la poursuite d'une recherche. Certes, l'observation constitue une action que tout le monde peut comprendre intuitivement, puisque chacun est capable d'observer la réalité qui l'entoure. Cependant, l'observation scientifique est quelque peu différente. En effet, un observateur scientifique doit être à l'affût des moindres détails et changements qualitatifs, si infimes soient-ils. Il doit avoir une bonne mémoire visuelle et être en mesure de traduire en mots les observations qu'il effectue.

Pour commencer, vous devez noter le plus de détails possible, en sachant toutefois qu'il ne s'agit pas de tout noter intégralement. Vos observations doivent plutôt rendre compte des principaux éléments descriptifs portant sur vos objets d'observation par catégories ou par types, tels que définis dans votre grille d'observation. Ainsi, une simple tape dans le dos qu'un élève donne à un élève en difficulté est un geste d'encouragement que vous n'auriez peut-être pas perçu comme tel si votre travail de recherche n'avait pas concerné l'entraide en milieu scolaire.

Par ailleurs, avant d'entreprendre votre observation, il est primordial que vous vous posiez certaines questions sur l'aspect éthique de celle-ci. Par exemple, si votre recherche porte sur le taxage dans les cours d'écoles, vous devrez faire preuve de discernement. Supposons par exemple que, en cours d'observation, vous soyez témoin d'actes de brutalité commis envers un élève. Votre premier devoir serait alors d'intervenir, si vous en avez la possibilité, ou de faire appel aux autorités compétentes dans le cas contraire. En effet, votre statut d'apprenti chercheur ne doit pas vous empêcher de jouer votre rôle de citoyen responsable. Aussi, avant de procéder à l'observation proprement dite, réfléchissez en équipe sur le comportement à adopter dans l'éventualité où certaines situations se présenteraient. Vérifiez aussi auprès de votre enseignant s'il existe des dimensions éthiques propres à votre terrain de recherche dont vous devriez vous soucier avant de commencer votre travail.

Comme nous l'avons dit, la grille d'observation est un outil de collecte de données qui s'avère très précieux pour l'observation. Ce n'est toutefois pas l'unique façon de recueillir des données et de garder des traces du processus d'observation. La prise de notes et le journal d'enquête sont d'autres outils qu'il faut prendre en compte.

La prise de notes

La prise de notes constitue une tâche essentielle liée à l'observation. Elle permet en effet de donner une forme aux impressions et aux sensations éprouvées au cours de l'observation, et parfois même d'aller au-delà des indicateurs contenus dans la grille d'observation. En outre, cet outil aide à prendre conscience de sa propre subjectivité, ce qui est le premier pas à faire afin de tendre vers l'objectivité. La prise de notes peut s'effectuer *pendant* l'observation, mais parfois aussi *après* celle-ci.

En général, les notes concernant une observation participante dissimulée (par exemple, la participation à un rassemblement de cégépiens qui militent pour l'écologie) font énormément appel à la mémoire puisque, dans le feu de l'action, il est difficile de prendre des notes. La consignation de réflexions se fera donc surtout après l'observation. Il demeure néanmoins possible que les coéquipiers échangent leurs notes, ce qui permettra d'ajouter des perspectives différentes à l'observation. En contrepartie, une observation non participante non dissimulée (par exemple, l'observation du comportement des enfants de deux ans dans un centre de la petite enfance) est davantage propice à la prise de notes pendant l'observation.

Les notes peuvent essentiellement être de trois types :

- Les notes d'observation, qui sont surtout descriptives, approfondissent les éléments ou les indicateurs qui ont déjà été relevés au moment de l'établissement de la grille d'observation.
- Les notes méthodologiques permettent de réfléchir sur sa pratique à titre d'observateur et sur les problèmes auxquels on fait face.
- Les notes réflexives font référence à l'élaboration de la problématique et seront particulièrement utiles lorsque viendra le temps d'analyser les données recueillies.

Dans certains cas, il peut aussi être utile de prévoir un espace pour ces notes dans la grille d'observation, comme le montre l'exemple présenté dans le tableau 5.2 (*p. 103*). Il est également possible d'inclure celles-ci dans le journal d'enquête.

Le journal d'enquête

L'ensemble des observations que vous effectuez doit se retrouver le plus possible dans la grille d'observation. Néanmoins, il est aussi utile de se doter d'un autre outil, plus souple, qui se veut le reflet de la démarche d'observation : le journal d'enquête. Cet outil vous sera utile tout au long du processus d'observation, étant donné qu'il permet de témoigner des avancées et des réflexions que l'observation suscite en vous. Ainsi, le journal d'enquête est en quelque sorte le compagnon idéal de la grille d'observation. Il sera d'une aide précieuse au cours de l'analyse des données, l'étape suivante de la démarche scientifique dont il sera question dans le chapitre 6.

L'entrevue

Si vous avez choisi la méthode de l'entrevue, c'est parce qu'elle vous semble, au regard de votre objectif ou de votre hypothèse de recherche, la méthode la plus appropriée pour recueillir des renseignements. Avant même de songer à entrer en contact avec les personnes à interviewer, il convient de construire votre outil de collecte de données (en l'occurrence, le schéma d'entrevue) en fonction de votre problématique. Par la suite, vous pourrez sélectionner les éléments de la population, à savoir les individus ou les groupes d'individus, qui constitueront votre échantillon. Enfin, vous devrez régler certaines questions logistiques relatives à l'entretien. Examinons chacun de ces éléments.

Le schéma d'entrevue

Comme nous venons de le souligner, le schéma d'entrevue est l'outil de collecte de données propre à l'entrevue. Il comprend l'ensemble des questions se référant aux concepts et aux indicateurs qui ont été déterminés lors de l'élaboration de la problématique. Parfois, il peut aussi contenir des images, des sons ou des extraits de documents, en particulier si l'entrevue vise à recueillir les commentaires et les réactions provoqués par ces documents. Par exemple, dans le cadre d'une recherche visant à comprendre la représentation de l'image paternelle chez les individus âgés de 75 ans et plus, vous pourriez, afin de recueillir des commentaires, demander aux personnes interviewées d'examiner des photos ou de visionner de courtes séquences montrant différentes scènes de la vie quotidienne d'un homme et de ses enfants.

L'élaboration de ce schéma d'entrevue dépend du type d'entretien que vous désirez réaliser (*voir le chapitre 4*). Il nécessite en effet une construction plus sophistiquée dans le cas d'une entrevue semi-directive, puisque vous devrez intervenir régulièrement afin de baliser le déroulement de la discussion. En ce qui concerne l'entrevue non-directive, le schéma doit être constitué en partie avant l'entretien et en partie pendant celui-ci, selon les propos de l'informateur. Dans les deux cas, il importe de formuler adéquatement les questions.

La formulation des questions du schéma d'entrevue

Il est essentiel de respecter un certain nombre de règles dans la construction d'un schéma d'entrevue. Chaque question qui fait partie du schéma

Journal d'enquête
Recueil des notes qui accompagne le chercheur tout au long de sa démarche d'observation.

Le rôle du père a changé au fil du temps au Québec. Une photo peut ainsi servir de point de départ pour amener votre interlocuteur à partager ses impressions sur la question.

Schéma d'entrevue
Outil de collecte de données associé à l'entrevue qui contient l'ensemble des questions se référant aux concepts et aux indicateurs qui ont été déterminés lors de l'élaboration de la problématique.

Des personnes ayant vécu une période de leur vie dans une commune pourraient se remémorer leur expérience au cours d'une entrevue.

Question ouverte
Type de question qui demande au participant de construire librement sa réponse.

Question fermée
Type de question qui oblige le participant à choisir parmi une liste de réponses possibles.

d'entrevue doit en effet avoir un lien avec la problématique définie, ainsi qu'avec les indicateurs et les concepts qui s'y trouvent. De plus, vous devez formuler des questions qui permettent de circonscrire correctement l'information que vous souhaitez obtenir. Supposons que vous décidiez d'étudier le phénomène des communes au Québec dans les années 1970 – ces regroupements d'individus partageant un même lieu de vie et les mêmes valeurs de respect de la nature, de pacifisme et d'amour libre – et que votre visée de la recherche soit de comprendre les motivations des individus qui ont résidé dans une commune entre 1969 et 1975. Ici, une question de départ large du type « Parlez-moi de votre expérience des communes » ne serait pas appropriée, car elle ne permettrait pas de cerner les motivations de ce choix, motivations qui sont pourtant au cœur de votre sujet de recherche. Il faut donc veiller à éviter une formulation trop générale, laquelle risquerait de ne pas amener votre interlocuteur à aborder les aspects qui vous intéressent particulièrement.

Il existe deux formes de questions : les questions ouvertes et les questions fermées. Les **questions ouvertes** sont générales et permettent habituellement d'obtenir de nombreux détails et de stimuler la conversation, surtout lorsque l'interlocuteur est peu loquace. Voici quelques bonnes façons de lancer une question ouverte :

- « Parlez-moi de… »
- « Présentez-moi… »
- « Décrivez-moi… »
- « Pouvez-vous m'expliquer… »
- « Comment percevez-vous… »
- « De quelle manière… »

En contrepartie, les **questions fermées** requièrent une seule réponse possible ou proposent une simple énumération. Ces questions doivent compléter le schéma d'entrevue, sans pour autant en constituer la base puisqu'elles ne permettent pas d'aller au fond de la pensée de l'interlocuteur quant à l'objet de la recherche.

Qu'il s'agisse de questions ouvertes ou de questions fermées, les questions qui font partie du schéma d'entrevue doivent rendre compte de tous les indicateurs qui ont été relevés lors de l'élaboration de la problématique, de manière que les divers concepts à l'étude puissent être cernés. Vous trouverez dans la section de ce chapitre portant sur le sondage des conseils judicieux pour agencer ces questions et éviter certaines formulations.

Le schéma de l'entrevue semi-directive

Le schéma de l'entrevue semi-directive est constitué de questions ouvertes portant sur les différents concepts ou variables que vous avez dégagés lors de l'élaboration de votre problématique et que vos entretiens doivent éclairer.

Si l'on reprend l'exemple d'une recherche portant sur les motivations des gens ayant choisi de vivre dans une commune, il est probable que vos lectures vous ont amené à considérer différents types de motivations dans l'élaboration de votre problématique, dont la motivation socioéconomique. Si tel est le cas, votre schéma d'entrevue devrait normalement inclure une question assez générale touchant à la motivation socioéconomique – question ouverte, afin de laisser le participant s'exprimer –, ainsi que des questions plus précises, ouvertes ou fermées, se rapportant à des indicateurs socioéconomiques (revenu du participant à cette époque, emploi occupé, etc.). Vous devrez alors faire de même pour tous les autres types de motivations envisagés, de manière à couvrir l'ensemble du sujet.

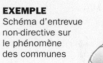

EXEMPLE
Schéma d'entrevue
semi-directive sur
le phénomène
des communes

Le schéma de l'entrevue non-directive

Dans une entrevue non-directive, l'intervieweur doit laisser le sujet s'exprimer librement. Dans ce cas, le rôle de l'intervieweur consiste à amorcer la discussion et, au besoin, à résumer certains propos de l'interlocuteur pour s'assurer que la compréhension est mutuelle. Ici, l'intervieweur essaie de démontrer à la personne interviewée qu'il l'écoute ; c'est pourquoi il doit intervenir le moins possible dans son récit. En ce sens, il n'est généralement pas nécessaire de poser de questions requérant des précisions. Si l'on se reporte à l'exemple des communes, vous pourriez dire à chacun de vos interlocuteurs : « Parlez-moi de ce qui vous a amené à aller vivre dans une commune. »

EXEMPLE
Schéma d'entrevue
non-directive sur
le phénomène
des communes

Afin d'éviter d'interrompre le récit de votre interlocuteur, il peut aussi être utile, à l'occasion du premier contact, de lui demander si vous pourrez éventuellement effectuer une seconde entrevue semi-directive plus courte, afin de compléter votre collecte des données et de vous assurer de couvrir tous les aspects qui, à la suite de votre analyse, n'auraient pas été abordés lors du premier entretien.

Pour aller plus loin   Le récit de vie

Le récit de vie, qui a été intégré à la recherche en sciences sociales par l'école de Chicago dans les années 1920 (notamment par les travaux de William Isaac Thomas et de Florian Znaniecki), représente une variante de l'entrevue non-directive. Il consiste à laisser un individu s'exprimer librement sur son vécu à travers un récit, c'est-à-dire une histoire construite, en suivant un cadre temporel plus ou moins linéaire. Étant donné qu'il donne lui-même un sens à son expérience, l'informateur constitue le détenteur d'un savoir.

Le rôle du chercheur consiste alors à déconstruire ce récit pour ensuite le reconstruire, c'est-à-dire à passer du concret à l'abstrait, du récit à la théorie, du sens commun à la connaissance[1]. Au Québec, l'école de Laval, avec Fernand Dumont et Gérald Fortin, a exploré cette méthode singulière, propre aux sciences humaines.

---

1. Gilles HOULE, « L'histoire de vie ou le récit de pratique », dans Benoît GAUTHIER, dir., *Recherche sociale : de la problématique à la collecte des données*, 4e éd., Québec, Presses de l'Université du Québec, 2003, p. 330.

L'échantillon de l'entrevue

Maintenant que vous avez choisi votre outil de collecte de données, il est temps de constituer votre échantillon en fonction de la population étudiée et du contexte de votre recherche (*voir le chapitre 4*). La taille de cet échantillon doit correspondre au nombre de personnes à interviewer dont vous avez besoin en vue d'obtenir juste assez de renseignements pour couvrir l'ensemble des aspects à l'étude. Cela signifie que la collecte de renseignements supplémentaires n'apporterait rien de nouveau à votre recherche. Ainsi, la taille de l'échantillon est appelée à varier selon le sujet de la recherche, la problématique définie ou les informateurs ciblés. En somme, assurez-vous que le nombre d'individus interrogés vous permettra de recueillir suffisamment de données pour pouvoir analyser leurs propos et dégager les éléments significatifs pour l'interprétation, ce que le chapitre 6 vous aidera à faire.

La plupart du temps, votre échantillon sera constitué de façon non aléatoire, c'est-à-dire que ses unités ne seront pas toutes sélectionnées au hasard. En effet, vous pourriez, par exemple, mettre une petite annonce dans le journal du cégep afin de trouver des volontaires qui participeront à votre recherche sur les motivations des étudiants qui pratiquent un sport et choisir comme échantillon les cinq premières personnes qui répondront à cette petite annonce. Vous pourriez également prendre contact avec un regroupement d'anciens combattants de la Seconde Guerre mondiale en vue d'en apprendre davantage sur la vie de soldat pendant cette guerre et de créer votre échantillon à partir des personnes qui accepteront de se confier à vous.

Pour que l'échantillon soit au contraire constitué de façon aléatoire, vous devez d'abord détenir la liste des personnes faisant partie de la population à l'étude, puis sélectionner au hasard dans cette liste les éléments de l'échantillon. Par exemple, si l'objet de votre recherche consiste à comprendre l'engagement étudiant au sein de votre cégep, vous pourriez vous adresser à votre association étudiante afin d'obtenir la liste de tous les membres de l'exécutif et de tous les membres des différents comités, puis sélectionner au hasard quelques noms parmi cette liste.

La préparation du premier contact

Une fois que les types de schéma d'entrevue et d'échantillon ont été déterminés, vous serez amené à l'étape suivante, qui consiste à vous présenter et à présenter votre recherche aux personnes que vous désirez interviewer, dans l'objectif de susciter leur intérêt. Il ne faut pas prendre ce premier contact à la légère, car il est souvent garant de la qualité de la relation qui s'établira entre l'intervieweur et la personne interviewée. Dans certains cas, plus d'un contact s'avérera nécessaire avant que votre demande ne soit acceptée, étant donné que la personne sollicitée voudra peut-être prendre le temps de réfléchir avant de s'engager.

Ce premier contact peut être établi par téléphone, en personne ou encore par courriel. Dans toutes les situations, un texte ou un aide-mémoire est essentiel à la présentation, puisqu'il permet de s'assurer qu'on n'omet rien.

Au cours du premier contact que vous établissez avec vos informateurs potentiels, le mot-clé de votre présentation doit être le respect. En effet, afin qu'ils
puissent se confier à vous en toute confiance, vous devez insister sur le fait
que leur vie privée sera respectée. Ce respect implique de ne dévoiler aucune
information qui permettrait d'identifier ces personnes (leur nom, leur adresse, le
lieu d'exercice de leur profession, etc.). Si toutefois l'une d'entre elles consent
à rendre son identité publique, vous devrez alors lui faire signer un formulaire
de consentement. Une fois ce formulaire signé, vous devrez quand même vous
assurer qu'elle est à l'aise face à l'ensemble du processus, et l'informer qu'elle
peut à tout moment se rétracter et demander de conserver son anonymat.

Par ailleurs, afin de faciliter le travail de transcription de l'entrevue, il peut être
très utile d'enregistrer les propos d'un informateur ou encore de filmer l'entrevue
que celui-ci vous accorde. Aussi, prenez soin d'évoquer cette possibilité dès le premier contact et, s'il n'apprécie pas cette idée, n'insistez pas. La personne que vous
sollicitez est tout à fait en droit d'accepter ou non les conditions de l'entrevue que
vous lui proposez ; encore une fois, c'est une question de respect envers les gens qui
consentent à se confier à vous.

Enfin, le respect fait référence à l'intégrité de la personne que vous souhaitez
interviewer. Ainsi, si votre population cible est constituée d'étudiants éprouvant des
difficultés de rédaction en français, les termes qui ont une connotation péjorative
ou qui comportent un jugement de valeur (« nul », « mauvais », « anormal », etc.)
doivent être proscrits. Vous devrez donc étudier attentivement les valeurs de ces
étudiants qui vivent une situation difficile, afin de déterminer le moment approprié
pour aborder explicitement le sujet et gagner graduellement leur confiance grâce à
l'usage de mots acceptables pour eux.

Selon le contexte de votre recherche, vous pourrez décider d'entrer directement en contact avec les personnes à interviewer, mais parfois vous n'aurez
pas le choix de passer par un ou plusieurs intermédiaires. Par exemple, si
votre recherche vise à comprendre les motivations des étudiants de votre
cégep à faire partie d'une équipe sportive, il pourrait être judicieux de joindre
les différents entraîneurs de votre cégep, puisque ces derniers ont généralement déjà établi un lien de confiance avec ces étudiants. Dans un premier
temps, une rencontre avec ces entraîneurs vous permettra de déterminer
vos besoins. Dans un deuxième temps, s'ils acceptent de vous soutenir dans
votre démarche, ils pourront faciliter votre introduction auprès des membres
de l'équipe.

Le prétest du schéma d'entrevue

Il est essentiel de faire un prétest du schéma d'entrevue avant de procéder aux entrevues. Grâce à ce prétest, vous pourrez valider votre schéma et
vous assurer que celui-ci permet de recueillir toutes les données nécessaires

à la poursuite de votre recherche. Il est possible, en effet, que vos questions d'entrevue ne tiennent pas compte de l'ensemble des composantes de votre sujet de recherche, que l'ordre des questions ne soit pas logique ou que leur formulation prête à confusion malgré toutes les précautions que vous avez prises lors de leur rédaction. Le fait de soumettre votre schéma d'entrevue à un prétest vous offrira la possibilité de le corriger s'il y a lieu.

Pour réaliser ce prétest, effectuez l'entrevue avec un ou plusieurs individus qui ne composent pas votre échantillon, mais qui font tout de même partie de la population visée. À la suite de ce prétest, prévoyez un moment où vous recueillerez les impressions de vos interlocuteurs sur l'entrevue et leur demanderez s'il est nécessaire d'ajuster des éléments ou d'ajouter des questions. Cela pourrait vous amener à reformuler des questions imprécises ou à prendre conscience de certains aspects qui auraient été négligés et qui pourraient faire l'objet de questions supplémentaires dans la version finale de votre schéma.

La réalisation de l'entrevue

Pour recueillir des informations pertinentes et exhaustives, il est essentiel de prendre en compte un certain nombre d'éléments, que ce soit avant, pendant ou à la fin de l'entrevue. Le tableau 5.3 résume l'ensemble des attitudes à adopter lorsque vous effectuez une entrevue en face à face, que ce soit en personne ou par webcaméra.

| Tableau 5.3 | Des conseils pour la réalisation d'une entrevue en face à face |

Déroulement	Attitude à adopter	Conseils pratiques
Avant l'entrevue	Faire bonne impression.	• Soyez ponctuel. • Soignez votre apparence grâce à une tenue vestimentaire appropriée.
	Briser la glace et détendre l'atmosphère.	• Saluez courtoisement la personne interviewée. • Parlez-lui de son trajet jusqu'au lieu de rendez-vous ou abordez la météo du jour.
	Respecter le protocole de recherche préétabli.	• Faites un rappel de votre sujet de recherche et remerciez la personne pour sa participation. • Expliquez-lui que vous prendrez des notes tout au long de l'entrevue ou, le cas échéant, rappelez-lui que l'entretien sera enregistré. • Rappelez-lui les clauses de confidentialité de la recherche et faites-lui signer le formulaire de consentement au besoin.

▶

Tableau 5.3	Des conseils pour la réalisation d'une entrevue en face à face (*suite*)	
Déroulement	**Attitude à adopter**	**Conseils pratiques**
Pendant l'entrevue	Être bien préparé.	• Veillez à bien maîtriser votre schéma d'entrevue pour éviter de lire chacune des questions que vous posez. • Écoutez bien les réponses de votre interlocuteur pour éviter de poser une question à laquelle il aurait déjà répondu. • Observez le langage non verbal de votre interlocuteur.
	Faire preuve d'empathie.	• Faites preuve d'écoute, et adoptez la même attitude pour l'ensemble de vos interlocuteurs. Reformulez les réponses de votre interlocuteur pour l'assurer que vous saisissez bien ses propos. • Laissez parler l'interlocuteur, même si sa réponse n'est pas aussi pertinente que vous le souhaitez, et respectez ses silences si cela se produit. Ces informations seront utilisées au moment de l'analyse. • Respectez un éventuel refus de répondre à une question. • Ne portez aucun jugement de valeur sur les propos de votre interlocuteur. Cela aurait pour effet de briser le climat de confiance. • Ne pressez pas l'interlocuteur s'il met un peu trop de temps à répondre.
À la fin de l'entrevue	Récapituler le contenu de l'entrevue.	• Faites un résumé de l'entretien en proposant à votre interlocuteur de préciser certains points ou de faire des commentaires s'il le désire. • À la sortie de l'entrevue, et aussitôt que possible, complétez vos notes au moyen des éléments factuels, méthodologiques et analytiques appropriés.
	Laisser une bonne impression.	• Remerciez généreusement votre informateur en le saluant poliment. • Proposez-lui de lui envoyer une copie de la recherche lorsque celle-ci sera terminée.

Source : Lorraine SAVOIE-ZAJC, « L'entrevue semi-dirigée », dans Benoît GAUTHIER, dir., *Recherche sociale : de la problématique à la collecte des données*, 4ᵉ éd., Québec, Presses de l'Université du Québec, 2003, p. 311.

Qu'une entrevue soit enregistrée ou non, sa transcription s'avère toujours nécessaire, car elle permet de comparer plus facilement entre elles toutes les entrevues qui ont été réalisées. Si l'entrevue n'a pas été enregistrée, vous devez recopier vos notes le plus tôt possible. Si elle a été enregistrée, vous devez réaliser ce que l'on appelle un *verbatim*. Ce *verbatim* correspond à la retranscription mot pour mot de l'ensemble des propos qui ont été tenus lors de cette entrevue, incluant, s'il y a lieu, les fautes de prononciation de même que les silences et les hésitations de la personne interviewée. Ainsi, vous

Verbatim
Retranscription fidèle et exhaustive d'une entrevue.

devez, par exemple, inscrire le mot « incompréhensible » lorsqu'un propos n'est pas audible à l'écoute. Il est essentiel que vous prévoyiez du temps pour réaliser ce *verbatim*, car il s'agit d'une tâche de longue haleine. À titre d'exemple, la transcription d'un entretien de 45 minutes peut prendre de trois à quatre heures.

Le sondage

Les médias font souvent appel à des maisons de sondage pour approfondir une question, tandis que différents organismes ou entreprises y ont recours pour évaluer les besoins ou les attentes de leur clientèle. Le questionnaire de sondage est l'outil de collecte de données qui est utilisé. Cette méthode est à ce point populaire que l'on pourrait penser qu'il est facile de mettre au point un sondage, de l'utiliser et d'analyser ses résultats. Pourtant, comme c'est le cas dans n'importe quelle méthode de recherche, pour faire un sondage, il faut bien connaître son sujet de recherche, posséder un bon vocabulaire et procéder à un échantillonnage rigoureux. Ces différents aspects permettront d'élaborer un sondage ayant une valeur scientifique. Examinons-les plus en détail.

La construction du questionnaire

Un sondage s'appuie sur un questionnaire. Ainsi, sans un questionnaire construit avec soin, il sera impossible de trouver une réponse à l'hypothèse formulée ou d'atteindre l'objectif de recherche. Il importe donc d'apporter une attention particulière à la création de ce questionnaire. En outre, puisqu'on peut faire un sondage avec un échantillon comprenant de nombreuses unités, il est nécessaire d'utiliser un niveau de langue approprié, qui traduira le plus universellement possible les concepts afin que tous les participants au sondage puissent comprendre sensiblement la même chose. Enfin, comme pour les autres méthodes de recherche, il faut effectuer un prétest du questionnaire afin d'en évaluer la qualité.

Comme on le constate, il faut franchir certaines étapes avant de parvenir à la version finale du questionnaire. Tout d'abord, vous devez établir le plan du questionnaire en relevant les principaux thèmes qui seront abordés. Ensuite, vous devez décomposer ces thèmes en différents éléments ou sous-thèmes. Il est recommandé de formuler quelques questions pour chacun de ces sous-thèmes, afin de créer la liste la plus complète possible et de pouvoir par la suite choisir la formulation la plus adéquate (*voir aussi la section précédente sur l'entrevue*). Il existe divers types de questions qui permettent d'obtenir différents renseignements sur un même sujet.

Les types de questions

Un questionnaire typique se compose le plus souvent de questions fermées. Il se peut toutefois que le libellé de l'énoncé ne soit pas une question se terminant par un point d'interrogation, mais une affirmation sur laquelle le participant devra prendre position. Il est également possible d'avoir recours à des questions ouvertes, lesquelles permettent d'obtenir une grande quantité d'information et n'obligent pas la personne sondée à choisir sa réponse parmi une liste préétablie. Cependant, les questions ouvertes sont plus difficiles et plus longues à analyser, en raison de la grande variété des réponses possibles que les nombreux participants sont susceptibles de donner. Aussi, n'hésitez pas à privilégier les questions fermées, en vous autorisant une ou deux questions ouvertes à la fin du questionnaire de manière à laisser la chance aux participants qui le désirent de s'exprimer davantage.

En fonction des renseignements recherchés, il est possible d'employer un, deux ou trois types d'échelles dans un questionnaire donné :

- l'échelle nominale, qui suppose qu'il n'existe ni direction ni proportion entre les différents choix de réponse ;
- l'échelle de rapport, qui implique l'existence d'une direction *et* d'une proportion entre les différents choix de réponse ;
- l'échelle ordinale, qui suppose qu'il y a une direction mais *pas* de proportion entre les différents choix de réponse.

Chacune de ces échelles fait appel à un certain type de questions. Ainsi, l'échelle nominale regroupe le plus souvent des questions faisant référence à des faits (lieu de naissance, fréquentation d'une école publique ou privée, etc.). Le tableau 5.4 présente les différents types de questions nominales fermées que vous pourriez utiliser dans un sondage.

Échelle nominale
Caractéristique des choix de réponse offerts par un questionnaire dans lequel il n'existe ni direction ni proportion entre les niveaux de réponses.

Échelle de rapport
Caractéristique des choix de réponse offerts par un questionnaire dans lequel il existe une direction et une proportion entre les niveaux de réponse.

Échelle ordinale
Caractéristique des choix de réponse offerts par un questionnaire dans lequel il existe une direction mais pas de proportion entre les niveaux de réponses.

| Tableau 5.4 | Les types de questions nominales fermées |

Type de questions nominales	Explication	Exemples
Question dichotomique	Cette question comprend deux choix de réponse.	**Quel est votre sexe ?** ☐ Masculin ☐ Féminin **Êtes-vous étudiant ?** ☐ Oui ☐ Non
Question à choix multiple	Cette question regroupe plusieurs choix de réponse. Il peut être mentionné que le participant a la possibilité de choisir plus d'une réponse.	**Quel est votre programme d'études ?** ☐ Sciences humaines ☐ Sciences de la nature ☐ Art, lettres et communication ☐ Autre, précisez : _____ **Pour quel parti politique avez-vous voté aux dernières élections ?** ☐ Action démocratique du Québec ☐ Parti libéral ☐ Parti québécois ☐ Autre parti

Type de questions nominales	Explication	Exemples		
Énumération d'items	Cette question demande au participant d'évaluer chaque item d'une série au regard des autres items présentés.	**Parmi les capacités suivantes liées aux études, lesquelles vous semblent propres aux garçons, propres aux filles ou propres aux deux sexes?**		
			Garçons	Filles	Les deux sexes
		Rédiger un rapport	☐	☐	☐
		Faire des lectures	☐	☐	☐
		Prendre des notes de cours	☐	☐	☐
		Utiliser un agenda	☐	☐	☐
		Rencontrer un enseignant	☐	☐	☐
		S'adapter au stress	☐	☐	☐
		Être autonome	☐	☐	☐
Question de pointage	Cette question demande que l'on coche plus d'une réponse afin de connaître l'étendue d'un comportement ou d'une attitude.	**Je veux obtenir mon diplôme d'études collégiales parce que (vous pouvez cocher plus d'une réponse):**		
		Je veux faire de l'argent	☐		
		Je veux avoir un bon statut social	☐		
		Je veux parfaire mes connaissances	☐		
		Je ne veux pas travailler maintenant	☐		
		La scolarité est importante	☐		
		Mes parents l'exigent	☐		
		Autre: _____			

Dans les questions fermées propres à l'échelle de rapport, les réponses sont directionnelles et il existe une relation de proportionnalité entre les différents choix de réponse. Des questions du type « Quel est votre âge? » ou « Depuis combien de temps avez-vous terminé vos études secondaires? » sont de bons exemples de questions de rapport que l'on peut trouver dans un sondage.

Enfin, l'échelle ordinale est utile lorsqu'il s'agit de recueillir les opinions des personnes sondées. Le tableau 5.5 présente les types de questions ordinales fermées qui peuvent être intégrées au questionnaire de sondage.

Tableau 5.5	Les types de questions ordinales fermées	

Type de questions ordinales	Explication	Exemples
Question d'accord ou d'appréciation	Cette question propose au participant des énoncés avec lesquels il doit déterminer son degré d'accord ou d'appréciation.	**Appréciez-vous votre séjour au cégep?** ☐ Pas du tout ☐ Un peu ☐ Assez ☐ Beaucoup **Le programme de sciences humaines me permet de connaître plusieurs nouvelles disciplines.** ☐ Tout à fait d'accord ☐ Plutôt d'accord ☐ Plutôt en désaccord ☐ Tout à fait en désaccord
Question de classification	Cette question demande au participant de classer différents éléments selon un ordre préétabli.	**Classez ces différentes disciplines obligatoires en sciences humaines de la plus intéressante (1) à la plus ennuyeuse pour vous (8):** ____ Anglais ____ Économie ____ Éducation physique ____ Français ____ Histoire ____ Méthodes quantitatives ____ Philosophie ____ Psychologie
Question sémantique différentielle	Cette question comporte des adjectifs et leurs antonymes qui sont placés aux deux extrémités d'une échelle graduée. Le participant doit se situer par rapport à l'un ou l'autre de ces adjectifs.	**Les études au cégep sont:** Ennuyeuses 1 – 2 – 3 – 4 – 5 – 6 Intéressantes Démotivantes 1 – 2 – 3 – 4 – 5 – 6 Motivantes

La formulation des questions

D'entrée de jeu, il faut savoir que la question faisant partie d'un sondage doit comporter une seule idée. Aussi, il est préférable de rédiger plusieurs questions plutôt que de rassembler de nombreux éléments dans la même question. En outre, on doit écarter les questions tendancieuses, faussées ou connotées (que ce soit positivement ou négativement). Par conséquent, toutes les questions doivent être neutres et leur formulation ne doit pas influer sur la réponse. De plus, les questions doivent être rédigées dans un style sobre et sans ambiguïté, et il faut s'abstenir de recourir à la négation. Il est important que les termes utilisés soient compris par tous les participants au sondage – quitte à définir certains termes au besoin –, et ce, afin d'éviter toute confusion. De même, la rédaction du questionnaire doit être adaptée à l'échantillon de participants.

Ainsi, on ne devra pas rédiger un questionnaire destiné à des enfants de la même manière qu'un questionnaire s'adressant à des individus qui n'ont pas le français pour langue maternelle.

De plus, toutes les questions doivent être précises. Aussi, l'emploi de modulateurs (« moyen », « beaucoup », « très », etc.) doit être limité au minimum, car ces termes ne sont jamais univoques : le sens attribué à ces modulateurs peut être perçu différemment d'un participant à l'autre. Enfin, les questions posées doivent être plausibles et vraisemblables compte tenu de la population visée. Il y va de la représentativité et de la crédibilité du questionnaire. Le tableau 5.6 illustre au moyen d'exemples les pièges à éviter et les formulations à privilégier lorsque vous rédigez les questions d'un sondage.

| Tableau 5.6 | Des conseils pour la formulation des questions |

Conseil	Pièges à éviter	Formulations à privilégier
Poser des questions simples (une seule idée par question).	Une seule question qui contient deux ou trois idées et qui nécessite plusieurs réponses distinctes. Exemple : « Êtes-vous en faveur d'une loi interdisant la consommation de cannabis et de peines d'emprisonnement pour les utilisateurs et les trafiquants ? »	Rédiger une question par idée. • « Êtes-vous d'accord avec une loi interdisant la consommation de cannabis ? » • « Êtes-vous d'accord avec l'imposition de peines d'emprisonnement pour les utilisateurs de cannabis ? » • « Êtes-vous d'accord avec l'imposition de peines d'emprisonnement pour les trafiquants de cannabis ? »
Poser des questions neutres.	Une question qui contient un terme connoté négativement par la majorité des gens. Exemple : « Trouvez-vous qu'il est irresponsable de conduire saoul ? »	« Croyez-vous qu'il soit approprié de conduire un véhicule en état d'ébriété ? »
Poser des questions concises et claires.	Une question trop longue, qui utilise des négations et des termes complexes, et à laquelle il est donc difficile de répondre. Exemple : « Nonobstant les contradictions évidentes dans la rhétorique politique, ne croyez-vous pas qu'il ne faudrait pas le plus souvent corrompre le bien public par des élucubrations fallacieuses ? »	« Selon vous, les politiciens devraient-ils en tout temps dire la vérité à la population ? »
	Une question qui contient un ou plusieurs modulateurs pouvant être perçus différemment d'un participant à l'autre. Exemple : « Vaut-il mieux beaucoup ou peu d'actualité internationale au sein des cours au collégial ? »	« Quelle proportion (en pourcentage) de vos cours de sciences humaines doit être accordée à l'actualité internationale, selon vous ? »

Tableau 5.6	Des conseils pour la formulation des questions (*suite*)	
Conseil	**Pièges à éviter**	**Formulations à privilégier**
Poser des questions plausibles et vraisemblables.	Une question qui porte sur un comportement futur hypothétique plutôt que sur un comportement actuel. Exemple : « Combien d'argent allez-vous dépenser l'année prochaine ? »	« Quel montant économisez-vous chaque semaine en prévision de vos dépenses futures ? »

L'ordre des questions

Un bon questionnaire doit débuter par les questions les plus simples. Ainsi, les premières questions portent souvent sur des éléments factuels auxquels il est facile pour la personne sondée de répondre, comme son sexe, son âge ou son lieu de résidence. De même, les questions d'ordre public doivent précéder celles d'ordre privé, afin de ne pas brusquer le participant. Aussi, il est préférable d'insérer en premier lieu des questions concernant des sujets qui relèvent de la sphère publique et qui ne sont pas matière à controverse, puis, en second lieu, des questions plus intimes qui nécessitent un engagement émotif plus poussé. Par exemple, il vaut mieux demander à un participant s'il vit en couple (sphère publique) avant de lui demander s'il utilise des préservatifs (sphère privée).

Par souci de clarté, il importe également de passer du général au particulier, afin de permettre au participant de bien comprendre la nature du questionnaire. Il sera ainsi mieux à même de répondre adéquatement aux questions plus spécifiques et il vous sera plus facile de gagner sa confiance.

La formulation des choix de réponse

Les divers conseils que nous avons prodigués sur la formulation des questions d'un sondage s'appliquent bien entendu à la formulation des choix de réponse, lesquels doivent aussi être réalistes, crédibles, clairs et précis.

La plus grande difficulté repose toutefois sur le nombre de choix de réponse à offrir à la personne sondée. Conséquemment, il est utile de commencer par dresser, pour chaque question, la liste de toutes les réponses que l'on juge possibles ou réalistes. Par la suite, il sera plus facile de regrouper certaines réponses dans une catégorie commune, si cela est nécessaire, afin d'éviter de multiplier les réponses, ce qui allongerait indûment le questionnaire et risquerait de décourager le participant. Ainsi, pour un questionnaire s'adressant aux étudiants de votre cégep, une question portant sur le programme d'études dans lequel ils sont inscrits pourrait engendrer un choix important de réponses si votre établissement offre une vingtaine de programmes. Il sera peut-être utile de simplifier les réponses en proposant un nombre d'options plus restreint, comme « Programme pré-universitaire » et « Programme technique ». N'oubliez pas d'ajouter au besoin un choix de réponse nommé « Autre » afin de vous assurer que tous les individus interrogés seront concernés par les choix de réponse offerts.

Il faut par ailleurs veiller à ce que toutes les réponses soient mutuellement exclusives, c'est-à-dire qu'elles ne se ressemblent pas au point que le participant ne saurait plus laquelle choisir. Évitez, par exemple, de proposer « de jour » et « avant 18 h » comme choix de réponse à une même question. De plus, il est important de vérifier qu'il y ait sensiblement le même nombre d'options de réponse possibles d'une question à l'autre, toujours dans la perspective de faciliter la tâche du participant. Enfin, si vous utilisez des questions ordinales, des questions d'accord ou d'appréciation, ou encore des questions sémantiques différentielles, prévoyez toujours un nombre de choix de réponse pair, afin d'éviter que les participants n'entourent l'item du centre simplement pour se situer dans la moyenne.

L'échantillon du sondage

Comme nous l'avons dit précédemment, la méthode du sondage permet d'atteindre un très large échantillon. Elle permet aussi de constituer un échantillon aléatoire quelle que soit la population à l'étude, à la condition évidemment que le chercheur dispose d'une liste des individus faisant partie de cette population, ce qui n'est pas toujours le cas.

Le nombre d'unités composant l'échantillon doit refléter le degré de précision du sondage. Parfois, le sujet même de la recherche soulève des contraintes à cet égard. Par exemple, si vous effectuez un sondage afin de connaître l'ampleur du phénomène de la violence verbale dans les relations amoureuses, vous devrez peut-être vous contenter d'un échantillon restreint, car de nombreuses personnes refuseront de répondre à votre sondage en raison de la nature du sujet. En revanche, il vous sera plus facile de composer un vaste échantillon de participants si votre enquête porte sur les sports d'hiver préférés des étudiantes du cégep. Comme nous l'avons mentionné dans le chapitre 4 au sujet de l'échantillonnage, plusieurs possibilités s'offrent à vous en ce qui concerne la sélection de l'échantillon le plus approprié. Aussi, si vous choisissez le sondage comme méthode de recherche, n'hésitez pas à retourner à ce chapitre pour effectuer un choix d'échantillon judicieux.

Le prétest du sondage

Avant de soumettre aux participants un questionnaire de sondage, il est très important d'en tester la qualité afin d'y apporter éventuellement les correctifs nécessaires. En effet, il arrive très souvent qu'un chercheur fasse une erreur dans la formulation d'une question, n'offre pas de choix de réponse assez étendus dans une autre question ou utilise çà et là un langage ambigu. Pour mettre le questionnaire à l'épreuve une première fois, il est indispensable de constituer un échantillon initial très restreint de personnes à qui l'on présentera le sondage. Au cours de ce prétest, le chercheur devra recueillir oralement ou par écrit les commentaires des participants quant à la clarté des questions afin d'améliorer la qualité du questionnaire. Bien entendu, ces participants ne devront pas faire partie de l'échantillon final.

La réalisation du sondage

Il existe plusieurs modes de passation d'un questionnaire (par téléphone, sur Internet, par courrier, en face à face ou en groupe) et de nombreux facteurs peuvent guider votre choix en la matière. Par exemple, on ne fait pas passer un questionnaire portant sur les habitudes de consommation des utilisateurs de détergent à lessive de la même façon qu'un questionnaire s'intéressant à la vie sexuelle des célibataires. En effet, plus le sondage fait appel à des dimensions privées de la personne, plus le sujet doit sentir que l'anonymat et la confidentialité seront respectés. Si tel est le cas, il faut éviter d'entrer en contact avec vos participants par un moyen qui pourrait les amener à croire qu'ils seront identifiés (par exemple, par téléphone) et privilégier plutôt un mode de passation qui préserve totalement leur anonymat.

Pendant longtemps, le face à face était la méthode de passation la plus répandue, mais aujourd'hui les sondeurs utilisent de plus en plus l'électronique. Il n'en demeure pas moins que le face à face est une méthode simple, relativement accessible et facile d'utilisation. Il y a donc des chances pour que cette méthode soit la plus appropriée à votre recherche. Toutefois, afin de vous aider à faire un choix plus éclairé, voici quelques éléments qu'il importe de considérer pour chaque mode de passation.

Le questionnaire autoadministré

Dans le cas du questionnaire autoadministré, le chercheur regroupe les participants dans un même lieu et leur soumet le questionnaire de la même manière afin d'éviter les biais dans la collecte des données. Ainsi, les consignes doivent être les mêmes pour tous les participants. De plus, il se peut que des personnes sondées souhaitent poser des questions (par exemple, sur le contexte de la recherche). Le chercheur doit alors limiter au minimum ses interventions, de manière à éviter d'exercer une influence sur le déroulement du sondage. Enfin, puisque les participants sont rassemblés dans un même lieu (un cours d'IPMSH, par exemple), cette méthode permet d'avoir un auditoire relativement captif et d'obtenir un bon taux de réponse.

Il importe de faire précéder la passation du questionnaire par un mot de présentation et que chaque membre de l'équipe engagé dans cette tâche suive les conseils qui sont donnés ici. Ainsi, vous devez établir un plan de travail incluant des renseignements tels que les lieux, les dates et les heures où l'on soumettra le questionnaire. Vous devez aussi appliquer les règles qui ont été décrites dans la section portant sur le premier contact préparant l'entrevue, puisqu'elles s'appliquent également au sondage (*p. 110*). Enfin, les questionnaires dûment remplis doivent ensuite être placés dans une grande enveloppe, de manière à garantir l'anonymat et la confidentialité de chaque répondant.

EXEMPLE
Mot de présentation accompagnant un questionnaire

Le questionnaire par la poste, par téléphone, par courriel ou sur Internet

Le questionnaire d'un sondage peut aussi être soumis par la poste, par téléphone, par courriel ou encore au moyen d'une interface sur Internet. Grâce à ces modes de passation, il est possible de rejoindre des gens sans avoir à se déplacer, ce qui réduit considérablement les coûts et le temps de déplacement lorsque les unités de l'échantillon sont éloignées ou difficiles d'accès. En outre, l'échantillon de ce questionnaire peut être représentatif d'une plus grande population et favoriser ainsi la généralisation des conclusions à l'étape de l'analyse. Cependant, un tel mode de passation entraîne certains défis. Par exemple, dans le cas d'un questionnaire soumis par téléphone, il faut prendre le temps de lire et parfois de relire doucement et de manière audible chaque question et chaque choix de réponse à tous les participants, ce qui peut s'avérer assez long et fastidieux. On court alors le risque de devoir composer avec de nombreux désistements ou de perdre l'attention de certaines personnes sondées. Quant aux questionnaires envoyés par la poste, par courriel ou disponibles sur Internet, ils peuvent aussi générer un taux de réponse assez décevant.

EXTRA
Outils de sondage en ligne

La méthode expérimentale

Vous avez opté pour la méthode expérimentale parce que vous voulez établir un lien de causalité entre deux phénomènes. Or, pour mesurer une réalité humaine, qui est souvent une chose abstraite, il faut d'abord transformer un concept abstrait en une réalité concrète, tangible et observable, ce que l'on fait en déterminant des variables. On soumet alors ces variables, dépendantes et indépendantes, à l'expérience. Par exemple, si vous décidez de procéder à une étude concernant les effets sur l'anxiété du bébé (variable dépendante) de sa séparation de sa mère (variable indépendante), vous devrez d'abord rendre mesurables ces deux concepts pour pouvoir ensuite faire varier le degré de séparation de la mère et le degré d'anxiété du bébé. Dans les faits, la séparation pourra être mesurée lorsque la mère s'éloignera de l'enfant, changera de pièce tout en lui parlant ou quittera carrément les lieux pendant différentes durées. Parallèlement, l'anxiété du bébé pourra se traduire par une augmentation de son rythme cardiaque, de son rythme respiratoire ou tout simplement par l'intensité de ses pleurs. Ainsi, une fois que les deux variables deviendront observables et mesurables, vous pourrez procéder à votre expérience.

Pour mener à bien une expérience, vous pourrez choisir entre un plan expérimental factoriel et un plan expérimental simple. Comme avec les autres méthodes de recherche, vous devrez alors faire un prétest de cet outil et déterminer l'échantillon adéquat. Passons en revue chacun de ces éléments.

Le plan expérimental

Le plan expérimental traduit la manière dont le chercheur qui étudie une réalité sociale donnée s'y prend pour mesurer les effets d'une fluctuation de la variable indépendante sur la variable dépendante. Autrement dit, il s'agit d'une planification exhaustive de l'expérimentation dont le but est d'expliquer l'effet d'une variable sur une autre.

Si vous menez une expérimentation, vous devrez notamment constituer deux ou plusieurs groupes équivalents : un groupe contrôle et un ou plusieurs groupes expérimentaux qui subiront l'influence de la variable indépendante. À ce moment-ci, il faudra d'abord opter pour un plan expérimental simple ou pour un plan expérimental factoriel (*voir le chapitre 4*).

Le tableau 5.7 présente l'exemple d'une expérimentation concernant l'effet de la caféine (variable indépendante) sur la mémoire (variable dépendante), expérimentation abordée à travers un plan expérimental simple et un plan expérimental factoriel. Dans cet exemple, le plan expérimental simple fait appel à deux groupes de sujets (A et B), tandis que le plan expérimental factoriel nécessite quatre groupes de volontaires (1, 1.1, 2 et 2.1).

| Tableau 5.7 | L'effet de la caféine sur la mémoire selon un plan expérimental simple et un plan expérimental factoriel |

Plan expérimental simple		Plan expérimental factoriel	
Groupe contrôle	Tâche de mémorisation sans caféine (groupe contrôle A)	Tâche de mémorisation sans caféine le matin (groupe contrôle 1)	Tâche de mémorisation sans caféine le soir (groupe contrôle 2)
Groupe expérimental	Tâche de mémorisation avec caféine (groupe expérimental B)	Tâche de mémorisation avec caféine le matin (groupe expérimental 1.1)	Tâche de mémorisation avec caféine le soir (groupe expérimental 2.1)

Le plan expérimental factoriel

Comme le montre le tableau 5.7, un plan expérimental factoriel exige la création d'un plus grand nombre de groupes de sujets qu'un plan expérimental simple. Afin de schématiser notre présentation, nous ne traitons dans ce chapitre que de deux types de plans expérimentaux simples : le plan expérimental simple à groupes indépendants et celui à mesures répétées. Aussi, si vous optez pour un plan expérimental factoriel, vous devrez suivre le processus d'expérimentation décrit dans les prochaines sections, mais en l'appliquant à chacune des variables indépendantes que vous avez déterminées lors de l'élaboration de votre problématique. L'analyse des résultats sera alors plus riche, mais l'expérimentation sera aussi plus complexe à réaliser.

Le plan expérimental simple à groupes indépendants

Un plan expérimental simple à groupes indépendants implique la présence d'un groupe contrôle et d'un groupe expérimental formés d'individus différents, et ce, pour chacune des conditions de l'expérience. L'avantage de ce plan réside dans le fait que *tous* les sujets se présentent alors devant

Plan expérimental simple à groupes indépendants
Situation d'expérimentation dans laquelle le groupe contrôle et le groupe expérimental sont composés d'individus différents et où seul le groupe expérimental est soumis aux fluctuations de la variable indépendante.

l'expérience avec la même ignorance, c'est-à-dire sans avoir connaissance du contexte de l'expérimentation. Quant à sa faiblesse, elle se trouve dans le fait qu'il est possible que les deux groupes soient constitués de gens à ce point différents que les résultats de l'expérience risquent d'être influencés davantage par ces différences que par les conditions mêmes de l'expérience. On peut toutefois tenter de minimiser cette faiblesse en distribuant de façon aléatoire les participants dans chacun des groupes.

Imaginons que vous vouliez étudier les effets de la musique sur les capacités cognitives des étudiants afin d'évaluer si l'écoute de la musique durant les périodes d'étude est bénéfique ou non. Votre plan expérimental simple à groupes indépendants consisterait, par exemple, à tester individuellement les étudiants du groupe expérimental dans un local où jouerait une musique (variable indépendante) et ceux du groupe contrôle dans un local où régnerait le silence. Le test consisterait à demander aux sujets des deux groupes de réaliser une tâche cognitive simple (variable dépendante), comme mettre une liste de mots en ordre alphabétique. De façon concrète, vous pourriez alors mesurer la capacité des étudiants d'effectuer une tâche cognitive à l'aide d'indicateurs tels que le nombre d'erreurs commises et le temps nécessaire pour réaliser sans erreurs le travail demandé.

Le plan expérimental simple à mesures répétées

Plan expérimental simple à mesures répétées
Situation d'expérimentation dans laquelle les mêmes individus composent le groupe contrôle et le groupe expérimental, et sont soumis tour à tour aux fluctuations de la variable indépendante.

Un plan expérimental simple à mesures répétées implique que le même groupe de sujets est tour à tour soumis aux mêmes conditions expérimentales. Certes, les sujets qui se prêtent à l'expérience n'auront plus la même naïveté et seront parfois à même de deviner ce que vous cherchez à mesurer. Il faut donc considérer cet élément dans l'analyse des résultats. Néanmoins, cette méthode permet de neutraliser l'effet des différences dues à la composition des groupes, un problème qui peut survenir lorsqu'on procède à un plan expérimental simple à groupes indépendants.

Supposons que votre hypothèse de recherche soit que la publicité (variable indépendante) influe sur l'achat de boissons gazeuses (variable dépendante). Vous pourriez alors procéder à un test de goût sans montrer de publicité à un groupe de personnes agissant à titre de groupe contrôle, puis reprendre ce test de goût, mais en montrant cette fois une publicité invitante au même groupe d'individus, qui agira alors à titre de groupe expérimental.

EXTRA
Plan quasi expérimental

Les instruments de mesure

Selon le contexte de votre expérimentation, vous devrez faire appel à un instrument de mesure donné. Le choix de cet instrument sera conditionné par vos ressources et par la nature de votre expérimentation. Trois grandes catégories d'instruments de mesure permettent d'évaluer une réalité humaine dans le cadre de la méthode expérimentale : les appareils, les grilles d'observation et les tests ou questionnaires.

Les appareils sont des instruments permettant de mesurer directement un comportement ou une réaction physiologique. Il peut s'agir, par exemple, d'un sphygmomanomètre (qui sert à mesurer la tension artérielle) ou encore d'un logiciel informatique comme E-Prime (qui permet de programmer aussi bien des tâches neuropsychologiques que des tâches évaluant l'attention ou l'apprentissage).

Ainsi, dans le cadre d'une étude qui vise à expliquer l'impact du visionnement d'images racistes sur la réaction émotive des individus, vous pourriez mesurer l'augmentation du rythme cardiaque et de la tension artérielle de vos sujets avant et après l'expérience au moyen d'un sphygmomanomètre. Il va sans dire que certains appareils ne pourraient pas être accessibles dans votre milieu.

Par ailleurs, vous pourrez opter pour la grille d'observation comme instrument de mesure si vous souhaitez faire appel à deux de vos sens, soit la vue et l'ouïe, afin de mesurer le nombre de fois qu'un comportement se manifeste. Dans ce cas, l'information concernant la méthode de l'observation qui a été fournie précédemment dans ce chapitre vous aidera dans cette tâche. Il faudra toutefois tenir compte du fait que votre observation s'effectuera toujours en laboratoire et que l'objet de votre observation sera balisé par les buts que vous poursuivez dans votre expérimentation.

Les tests ou questionnaires, enfin, sont les instruments les plus fréquemment utilisés par les chercheurs en psychologie. Ces derniers disposent d'une grande variété de tests standardisés, c'est-à-dire de tests dont la fiabilité et la validité ont été démontrées. Ces tests mesurent des réalités psychologiques au moyen d'un certain nombre de questions ou d'exercices. Les tests les plus connus sont les tests de quotient intellectuel et les tests de personnalité. De même, certains tests permettent de mesurer d'autres réalités psychologiques comme la maladie mentale, l'anxiété, la motivation ou l'estime de soi. Dans certains cas, ces tests peuvent être autoadministrés ; autrement dit, un questionnaire est remis à un sujet qui y répond, de la même manière que pour un questionnaire de sondage. Dans d'autres cas, les tests doivent être soumis par des psychologues ou des psychométristes. La principale différence entre un questionnaire de sondage et un test réside dans le fait que le questionnaire de sondage procure un ensemble de renseignements sur un thème donné, tandis que le test donne un score global, un pointage.

Test standardisé
Test validé et fiable utilisé dans la méthode expérimentale et qui mesure une réalité humaine à l'aide d'un certain nombre de questions ou d'exercices.

Fiabilité
Caractéristique d'un instrument de mesure dans lequel il y a une constance des mesures effectuées à différents moments.

Validité
Capacité éprouvée d'un instrument de mesurer ce qu'il prétend mesurer.

L'échantillon de l'expérimentation

Étant donné la durée généralement assez longue d'une expérimentation, il peut s'avérer difficile de constituer un large échantillon et, surtout, d'avoir recours à un échantillon probabiliste. En effet, les individus qui participent à une expérimentation sont la plupart du temps recrutés à travers une annonce diffusée par courriel, dans un journal ou par le bouche-à-oreille. Pour cette raison, l'échantillon est habituellement composé de volontaires et il est, par le fait même, non probabiliste (*voir le chapitre 4*).

Les personnes qui acceptent de participer à votre recherche doivent être mises au courant des conditions de l'expérience. Il ne s'agit pas de dévoiler tout le contexte de votre travail, mais bien de renseigner et de rassurer les participants. Ainsi, veillez toujours à leur faire signer un formulaire de consentement écrit qui soit clair et complet. Par exemple, si votre expérimentation comporte le visionnement de scènes de violence, vous devrez en informer d'avance les participants, car certaines personnes pourraient ne pas vouloir se soumettre à ce genre de situation.

Le formulaire de consentement devrait aussi comprendre les éléments suivants :

- les grandes lignes de votre démarche ;
- la durée de l'expérience ;
- le caractère volontaire de la participation ;
- l'assurance d'un traitement anonyme des données.

Ces précautions vous éviteront de nombreux malentendus et problèmes qui nuiraient sûrement à la progression de votre recherche.

Comme pour toutes les méthodes de recherche, il faut garder en tête que, malgré tous les efforts qu'on peut déployer, il arrive fréquemment que plusieurs sujets refusent de participer à l'expérimentation ou ne s'y présentent pas, contrairement à ce qui avait été prévu. Pour cette raison, il serait prudent de planifier minutieusement le recrutement des sujets de manière à pouvoir compter sur une dizaine d'individus dans chaque groupe et être en mesure de réaliser l'expérience.

Au sein même de votre échantillon, vous devriez veiller à ce que la distribution des sujets soit la plus aléatoire possible, pour essayer de constituer des groupes équivalents. C'est pourquoi, à moins que les objectifs particuliers de votre expérimentation ne s'y prêtent pas, vous devriez tenter de répartir équitablement les sujets dans chaque groupe. Ainsi, assurez-vous que chaque groupe comprend un nombre équivalent d'hommes et de femmes, de jeunes et de moins jeunes, etc.

Le prétest de l'expérimentation

Parasite
Élément lié au contexte physique ou humain de l'expérimentation qui peut avoir un effet indésirable sur la mesure de la variable indépendante et qui risque de nuire à la validité de l'expérimentation.

Pour effectuer un prétest de votre expérimentation, il est important de recréer une réalité sociale le plus fidèlement possible, mais en restreignant l'effet des variables qui ne font pas partie de l'expérience. Que vous soyez ou non dans un environnement contrôlé, vous devez vous appliquer à éliminer les parasites, lesquels peuvent être liés au contexte physique ou humain de votre expérimentation. Les parasites peuvent avoir un effet indésirable sur la mesure de votre variable dépendante et risquent de nuire à la validité de l'expérimentation. Il faut vérifier notamment que le local, la température ambiante, le moment de la journée, le matériel utilisé et les consignes données sont les mêmes pour tous les sujets du groupe contrôle et du ou des groupes expérimentaux. La seule différence entre les groupes qui doit être observable met en jeu la variable indépendante. Si l'on reprend l'exemple de l'effet de la publicité sur l'achat de boissons gazeuses et le test de goût réalisé à titre d'expérimentation, les boissons gazeuses devront être servies à la même température, dans des verres identiques, non accompagnées de nourriture, etc. Ainsi, votre prétest devra servir principalement à reconnaître, à contrôler ou à éliminer tous les parasites, car plus le chercheur peut écarter les éléments extérieurs qui influent sur le déroulement de la recherche, plus il accroît la fiabilité des résultats qu'il obtiendra. En effet, si toutes les conditions de l'expérience ne sont pas identiques, il y a gros à parier que les résultats seront faussés.

Afin de réaliser ce prétest, vous devez constituer deux ou plusieurs groupes de petite taille et effectuer une expérimentation dont les résultats ne seront pas pris en compte dans la recherche proprement dite, mais qui permettra d'apporter les correctifs nécessaires. Au besoin, vous apporterez ensuite les correctifs nécessaires avant de procéder à l'expérimentation comme telle. Le prétest vous permettra donc de parfaire votre instrument de mesure. Dans tous les cas, vous devrez réfléchir aux conditions de l'expérience et analyser les résultats de votre prétest.

Supposons que votre recherche tente d'établir un lien entre les paroles d'encouragement (variable indépendante) et l'accomplissement d'une tâche difficile (variable dépendante). Afin de mesurer ces variables, vous demandez à des volontaires de compléter la tour d'Hanoï, une sorte de jeu de patience qui consiste à déplacer des cubes formant une structure pyramidale afin de reproduire la pyramide de départ. Il est prévu que, dans le groupe contrôle, l'expérience se déroule en silence, tandis que dans le groupe expérimental, des paroles d'encouragement soient prodiguées.

L'analyse des résultats de votre prétest risque de montrer une meilleure performance des garçons. En effet, les garçons obtiennent en général de meilleures performances dans des épreuves faisant appel à des habiletés visuospatiales et ils ont généralement de meilleurs résultats à la tour d'Hanoï que les filles. Le sexe des participants agit donc ici comme un parasite. Pour palier cette situation, vos groupes de sujets devront n'être composés que d'individus du même sexe si vous utilisez un plan expérimental simple ; par contre, avec un plan expérimental factoriel, le sexe pourra faire partie des variables en jeu.

Par ailleurs, imaginons qu'une expérience portant sur la musique *heavy metal* et ses effets sur la concentration se déroule en même temps dans le local voisin. Malheureusement, les murs du laboratoire ne sont pas bien insonorisés et le son se propage dans votre local, ce qui incommode vos sujets. À moins que vous ne soyez sûr que tous vos groupes de sujets entendront la même musique, vous devrez chercher un local plus tranquille lors de la véritable expérimentation afin d'éviter cette interférence.

La réalisation de l'expérimentation

Pour arriver à une expérimentation réussie, il importe de prêter attention à certains éléments avant, pendant et après celle-ci. En effet, comme nous l'avons vu, le recrutement des sujets pour une expérimentation demande beaucoup de préparation et d'organisation. En outre, il faut minimiser dès le départ l'ensemble des parasites possibles. Par exemple, pour vous prémunir de l'influence que pourrait exercer involontairement le chercheur sur l'expérimentation, vous pourriez faire appel à un camarade de classe qui ne connaît pas vos hypothèses de recherche et qui procédera au déroulement de l'expérience.

De plus, le choix de votre instrument de mesure est souvent influencé, sinon dicté, par la recherche scientifique en cours. Or, si votre recherche documentaire devrait vous avoir permis de trouver des exemples d'instruments auxquels vous pourriez avoir recours, il est nécessaire également que vous fassiez appel à votre jugement afin de déterminer l'instrument de mesure que vous utiliserez. Par exemple, si vous souhaitez mesurer les effets de la musique (variable indépendante) sur les comportements de séduction, vous devrez cerner les différentes facettes de la séduction. Vous pourrez ainsi examiner la séduction d'un point de vue physiologique en mesurant la fréquence cardiaque, la capacité électrodermale et le rythme respiratoire du sujet. D'un point de vue physique, la fréquence et la durée des contacts, le regard de l'un à l'endroit de l'autre ou le ton de la voix pourront notamment être mesurés. Enfin, d'un point de vue comportemental, vous pourrez par exemple faire passer un questionnaire où chaque participant pourra donner son appréciation des autres participants sur le plan de l'attirance physique. Vous aurez le choix de procéder à toutes ces mesures, de ne retenir que certaines d'entre elles, voire d'en retenir une seule. Il faut savoir cependant que plus vos mesures seront nombreuses, plus votre expérimentation sera précise mais longue.

Une fois l'expérimentation terminée, il est nécessaire de s'assurer que les sujets ne se contaminent pas les uns les autres, c'est-à-dire qu'ils ne communiquent pas entre eux à propos de l'expérience, de ce qu'ils en ont pensé (drôle, ennuyeuse, difficile, etc.) ou de ce qu'ils y ont vécu. Vous devrez sans doute demander aux premiers sujets de garder le silence sur les conditions de l'expérience pour ne pas nuire à son déroulement ultérieur. Cela vous évitera aussi d'avoir à recruter de nouveaux volontaires pour compenser la perte d'individus qui auraient eu de mauvais échos de l'expérience et décideraient de ne plus y participer...

Dans certains cas, vous devrez également prévoir un certain temps de débriefing avec vos sujets après l'expérience. En effet, si le but de votre expérimentation était de mesurer la frustration éprouvée par les hommes et les femmes devant une tâche cognitive difficile, vous aurez sans doute soumis aux sujets une tâche cognitive impossible à réaliser, simplement pour générer la situation frustrante voulue. Il serait donc important d'informer par la suite les participants de votre « mensonge » afin de ne pas affecter leur estime de soi ou subir les foudres de leur colère.

Le tableau 5.8 résume certains conseils qu'il faut prendre en compte pour réaliser une expérimentation.

| Tableau 5.8 | Des conseils pour réaliser une expérimentation efficace |

Déroulement	Actions	Conseils pratiques
Avant l'expérimentation	Recruter des volontaires.	• Affichez une annonce dans le journal étudiant ou sur un tableau d'affichage.
	Éliminer les variables parasites.	• Effectuez votre prétest convenablement et demandez à un ami qui n'est pas membre de l'équipe d'agir à titre d'expérimentateur au besoin.
	Obtenir des renseignements de base sur les volontaires.	• Créez une courte fiche d'identification contenant des données de base telles que l'âge, le sexe ou autres variables liées au contexte de votre recherche.
	Choisir l'instrument de mesure.	• Déterminez les choix possibles dans le contexte de votre recherche, certains instruments pouvant ne pas être disponibles. • Essayez de reprendre l'instrument de mesure d'une étude scientifique issue de votre état de la question.
Durant l'expérimentation	Accueillir les volontaires.	• Remerciez les volontaires de leur participation et donnez-leur des indications précises sur ce qu'ils devront faire durant l'expérience.
	Prendre note de possibles variables parasites.	• Portez une attention particulière sur des facteurs qui ne sont pas liés à l'expérience mais qui pourraient influer sur les résultats.
Après l'expérimentation	Veiller à contrer l'influence des volontaires sur les conditions de l'expérience.	• Dans le cas d'une expérience à mesures répétées, demandez aux volontaires de ne pas communiquer entre eux à la fin de la première expérience. • Dans le cas d'une expérience à groupes indépendants, demandez aux volontaires de ne pas parler de l'expérience avant que la phase d'expérimentation de votre recherche ne soit complétée.
	Prévoir un débriefing de l'expérience.	• Une fois l'expérimentation terminée, vous pouvez révéler aux participants certains aspects de l'expérimentation que vous deviez tenir cachés et répondre à leurs questions.

L'analyse de contenu écrit et visuel

L'analyse de contenu écrit et visuel s'effectue après la sélection du corpus, qui constitue votre échantillon. Pour construire votre outil de collecte de données, soit votre grille d'analyse ou vos fiches de prélèvement, vous devrez formuler des catégories d'analyse, puis des unités de signification à partir des concepts que vous aurez relevés lors de l'élaboration de votre problématique. Vous devrez également tenir compte du contexte de diffusion du corpus que vous aurez retenu. Les grilles d'analyse servent habituellement à analyser des documents visuels ou de courts extraits de textes. Quant aux fiches de prélèvement, on les utilise davantage pour des textes plus longs ou lorsqu'il y a un grand nombre de renseignements à noter. Comme dans le cas de tous les instruments de mesure, il faut soumettre à un prétest la grille d'analyse et les fiches de prélèvement afin d'avoir l'assurance qu'elles sont à la fois valides et pertinentes pour l'analyse. Voyons plus en détail chacun de ces éléments.

Les catégories d'analyse

Catégorie d'analyse
Thème ou aspect relevé dans une grille d'analyse de la méthode de l'analyse de contenu afin de procéder à la collecte de données.

Que vous utilisiez une grille d'analyse ou une fiche de prélèvement, la collecte de données est une tâche qui demande une bonne planification. En effet, il ne s'agit pas de sélectionner un document dans son entier, mais seulement les éléments marquants et porteurs de sens. Pour ce faire, vous devez tout d'abord définir des catégories d'analyse, qui font référence à une typologie, à un thème ou à un aspect qui se rattache à votre sujet et que vous avez relevé lors de votre recherche documentaire. Ces catégories sont nécessairement et étroitement liées aux questions spécifiques que vous avez formulées au moment de l'élaboration de votre problématique. Il vous reste à classer les éléments utiles à votre recherche selon les catégories définies. Par exemple, si votre objectif de recherche est de comprendre l'émergence du discours féministe au Québec lors de la Révolution tranquille, votre recherche documentaire vous aura sans doute permis de retracer des documents issus des grandes centrales syndicales, des discours prononcés au cours de rassemblements populaires, des éditoriaux de quotidiens québécois sur cette question, ainsi que des textes de Québécoises s'affichant comme féministes. Lorsque vous décortiquerez ces documents, vos catégories d'analyse pourraient alors être les suivantes: les facteurs socioéconomiques, l'influence des mouvements féministes étrangers et le contexte politique québécois de l'époque.

Assurez-vous toujours que vos catégories d'analyse sont exhaustives, c'est-à-dire qu'elles couvrent l'ensemble de la problématique à l'étude. Ainsi, si l'on reprend le même exemple, il serait impératif de prendre en compte les facteurs socioéconomiques, car vos recherches documentaires auront probablement mis au jour d'importants écarts de salaire entre les hommes et les femmes, lesquels auront nourri une bonne part des revendications féministes de l'époque. De plus, vos catégories doivent absolument être exclusives, ce qui veut dire que les données retenues ne devraient pas apparaître dans plus d'une catégorie. Si vous hésitez à insérer une information dans une catégorie plutôt que dans une autre, cela signifie que vos catégories ne sont peut-être pas mutuellement exclusives et qu'il vous faudra alors reformuler leur libellé. À l'opposé, si une catégorie donnée ne contient que très peu d'éléments, vous devrez remettre en question la pertinence de l'inclure dans votre rapport de recherche final.

À partir de ces catégories d'analyse, vous pourrez ensuite mettre au point des unités de signification.

Les unités de signification

En vue de décortiquer adéquatement les documents contenus dans votre corpus, vous devez établir, pour chacune des catégories d'analyse définies, des **unités de signification** qui vous permettront de recueillir les données de manière concrète. Ces unités peuvent se référer au contenu *manifeste*, c'est-à-dire au contenu explicite du thème abordé ou illustré, ou encore au contenu *latent*, c'est-à-dire à un contenu dissimulé et implicite qui doit être décodé.

Lorsque les unités de signification se rapportent à des éléments quantitatifs, on parle d'unités de numération, tandis que lorsqu'elles renvoient à des éléments qualitatifs, il est question d'unités d'enregistrement.

Les **unités de numération** font référence à des mesures quantitatives. Il peut s'agir de centimètres, du nombre de mots ou autres. Par exemple, dans le cadre d'une étude portant sur la violence dans la culture hip-hop, vous pourriez

avoir déterminé comme catégorie d'analyse la musique hip-hop. Votre unité de numération pourrait alors être « Mots ou expressions violents ». Il s'agirait ensuite de compter le nombre de fois où des expressions ou des mots violents apparaissent dans les paroles d'un certain nombre de chansons hip-hop. Par la suite, vous pourriez établir des comparaisons par ratios ou encore par échelles.

En ce qui concerne les **unités d'enregistrement**, elles sont constituées d'indicateurs qui précisent toujours concrètement les aspects qui ont été relevés dans chacune des catégories d'analyse, mais qui ne sont pas quantifiables. Par exemple, dans le cadre d'une recherche visant à déterminer si la population québécoise fait preuve d'un comportement raciste envers ses immigrants, une des catégories d'analyse pourrait être « Représentation dans les médias ». Vous pourriez alors déterminer une unité d'enregistrement qui serait « Nature des expressions utilisées dans le courrier des lecteurs des quotidiens qui se rapportent aux immigrants du Québec ». Il vous resterait à évaluer si des termes à connotation raciste ou péjorative s'y retrouvent.

Que vous optiez pour des unités de numération ou pour des unités d'enregistrement, ces unités doivent dans tous les cas être à la fois exhaustives, précises, concises et exclusives. À l'aide de l'exemple sur la violence dans la culture hip-hop que nous avons utilisé précédemment, le tableau 5.9, à la page suivante, présente ces caractéristiques à respecter.

Afin que les distinctions entre catégories d'analyse et unités de signification soient bien comprises et que vous puissiez définir convenablement chacune d'elles, prenons un dernier exemple sur les représentations du suicide chez les jeunes. Si votre corpus comprend des films ayant pour thème le suicide, l'analyse du contenu de ces films vous aurait permis de relever les éléments présentés dans le tableau 5.10, à la page suivante.

Unité de signification
Indicateur qui précise les catégories d'analyse dans le cadre d'une analyse de contenu.

Unité de numération
Type d'unité de signification qui permet de recueillir des données quantitatives.

Unité d'enregistrement
Type d'unité de signification qui permet de recueillir des données qualitatives.

Tableau 5.9

Les unités de signification

Caractéristique des unités de signification	Explication	Exemple
Exhaustivité	Les unités de signification doivent couvrir l'ensemble des éléments liés à une catégorie d'analyse donnée.	Pour la catégorie d'analyse «Musique hip-hop», on trouvera notamment les unités d'enregistrement suivantes : • «Mots ou expressions violents dans les textes de chansons hip-hop»; • «Images de violence dans les vidéoclips»; • «Arrestations pendant des concerts hip-hop».
Précision	Les unités de signification doivent contenir des données comparables et porter sur des éléments observables.	Il est préférable d'indiquer «Arrestations pendant des concerts hip-hop» plutôt que «Intervention des corps policiers pendant des concerts hip-hop».
Concision	Les unités de signification doivent être réduites à leur plus simple expression afin de faciliter la compréhension.	L'unité «Images de violence dans les vidéoclips» est un meilleur choix d'unité que «Représentations conflictuelles entre les personnages présents dans les vidéoclips».
Exclusivité	Les unités de signification doivent être spécifiques; ainsi, une information doit se rattacher à une seule unité.	En ayant des unités de signification comme « Textes de chansons hip-hop» et «Vidéoclips de chansons hip-hop», on s'assure que les éléments textuels et visuels sont bel et bien séparés et rapportés dans l'une ou l'autre unité.

Tableau 5.10   **Un exemple des catégories d'analyse et des unités de signification définis pour une analyse de contenu de films portant sur le suicide**

Catégorie d'analyse	Unités de signification
Types d'environnements familiaux	• Nombre de membres de la famille • Milieu défavorisé • Milieu favorisé • Présence des parents
Types de suicides présentés	• Suicide assisté • Suicide lié à la toxicomanie • Pacte de suicide
Types de réactions des proches	• Réactions très émotives • Réactions de déni • Réactions apathiques

La grille d'analyse et la fiche de prélèvement de l'analyse de contenu

La **grille d'analyse** est un des principaux outils de collecte de données associés à la méthode de recherche de l'analyse de contenu. Cet outil regroupe les catégories d'analyse et les unités de signification qui s'y rattachent. Cette grille peut être ouverte, fermée ou contextualisée. De plus, elle se prête aussi bien à l'analyse d'éléments quantitatifs qu'à l'analyse d'éléments qualitatifs. Quant à la fiche de prélèvement, elle prend toute son utilité dans le cas de documents longs ou nombreux à décortiquer. Examinons de plus près les choix possibles.

Grille d'analyse
Outil de collecte de données associé à l'analyse de contenu qui regroupe les catégories d'analyse et les unités de signification qui serviront à analyser la documentation.

La grille d'analyse ouverte

La grille d'analyse ouverte permet d'ajouter au besoin de nouvelles catégories d'analyse qui ont été déterminées lors du défrichement du corpus. Par exemple, si votre recherche vise à comprendre la représentation de la féminité au Canada au XIXe siècle à travers les témoignages d'hommes et de femmes de ce siècle issus de la bourgeoisie et de la paysannerie, vous pourriez avoir établi une catégorie d'analyse intitulée « Importance du mariage et présence sur le marché du travail ». Avec une grille ouverte, vous pourriez cependant décider d'ajouter une catégorie nommée « Position sur l'avortement » parce que vous vous êtes rendu compte, en consultant davantage de documents, qu'on faisait référence à cette question.

Il arrive souvent que, dans une grille d'analyse ouverte, les données prélevées soient qualitatives. Dans ce cas, la grille peut être présentée sous la forme d'un cahier dans lequel vous colligerez l'ensemble des extraits retenus à des fins d'analyse. Sur une même page, vous pourrez ainsi avoir recopié un extrait donné du texte à l'étude et noté les éléments qui ont un lien avec vos unités de signification. Un tel modèle vous sera fort utile à l'étape suivante, celle de l'analyse, qui sera présentée dans le chapitre 6.

EXEMPLE
Grille ouverte d'analyse visuelle

La grille d'analyse fermée

La grille d'analyse fermée implique que vous avez déterminé des catégories d'analyse que vous ne modifierez pas en cours de route. Par exemple, si vous cherchez à expliquer la position des partis politiques québécois sur la question des biocarburants et que vous avez établi des unités d'enregistrement concrètes (comme les types de biocarburants), il ne vous restera alors qu'à cocher dans la grille les partis qui se sont montrés favorables à l'utilisation de chacun de ces carburants.

La grille d'analyse contextualisée

On utilise une grille d'analyse contextualisée dans le cas spécifique d'une analyse de contenu de documents visuels. Étant donné qu'on s'intéresse à des productions le plus souvent artistiques, ce type de grille a tendance à intégrer en particulier des indicateurs permettant d'évoquer le contexte de production d'un document visuel pour mieux en saisir le sens. Le tableau 5.11, à la page suivante, présente les composantes typiques d'une grille d'analyse contextualisée.

Tableau 5.11	La grille d'analyse contextualisée	
Sous-section	**Explication**	**Exemple**
Description du document visuel	La grille doit permettre de présenter le document visuel, son cadre de production, sa stylistique et les formes qu'il contient. Les auteurs de l'œuvre doivent aussi être mentionnés.	Ce document représente une affiche utilisée par le mouvement Bauhaus et réalisée par Joost Schmidt en 1923. Il s'agit d'une lithographie d'un format de 60,5 cm x 48 cm annonçant une exposition de ce mouvement qui s'est tenue à Weimar, de juillet à septembre 1923[1].
Contexte de diffusion du document visuel	La grille doit permettre de dégager le contexte de la diffusion de l'œuvre, l'intention de son auteur et la réception que cette œuvre a reçue.	Le film de D.W. Griffith intitulé *La naissance d'une nation* (1915), portant en partie sur la guerre de Sécession américaine, a dépeint de manière héroïque les membres du Ku Klux Klan. À sa sortie, ce film a déclenché aux États-Unis un regain d'intérêt pour ce mouvement politique raciste.
Interprétation du document visuel	La grille doit permettre d'interpréter le document à l'égard d'un contexte plus global se référant à la problématique étudiée.	Des éléments thématiques tels que la place prépondérante de la religion dans la vie quotidienne des gens à la campagne ou encore les relations hommes-femmes ressortent de la série *Les belles histoires des pays d'en haut,* qui a connu un très grand succès au Québec puisqu'elle a été diffusée de 1956 à 1970.

1. Jeannine FIEDLER et Peter FEIERABEND, *Bauhaus*, Cologne, Könemann, 2000, p. 489.

Les fiches de prélèvement

Fiche de prélèvement
Outil de collecte de données associé à l'analyse de contenu et qui est utile pour noter de longs extraits ou des schémas.

Il est possible que l'utilisation de fiches de prélèvement soit plus adaptée à votre recherche, notamment si votre corpus est abondant ou si vous devez recueillir des extraits écrits plus longs. En effet, en plus des extraits, les fiches de prélèvement peuvent contenir des schémas favorisant la compréhension du texte ou du document visuel analysé. On peut ensuite classer ces fiches pour faciliter la suite du travail.

La fiche de prélèvement peut ressembler au modèle de fiche présenté dans le chapitre 3. Toutefois, vous devez y inclure aussi, dans le coin supérieur droit, la catégorie d'analyse à laquelle elle se réfère.

Par ailleurs, si votre analyse de contenu implique la construction de tableaux ou de graphiques à partir de données numériques existantes, vous pourrez recourir à des fiches de prélèvement statistique, qui renfermeront l'ensemble des statistiques utiles à votre analyse. Il pourra s'agir de données chiffrées qui serviront à la construction de vos propres tableaux ou graphiques, ou bien, ce qui est plus rare, de tableaux ou de graphiques déjà produits. Si vous utilisez différents documents pour ces fiches, assurez-vous que les unités sont les mêmes d'un document à l'autre ou qu'elles ont la même valeur. Par exemple, un tableau ne devrait pas inclure des données financières provenant de deux pays tels que le Canada et les États-Unis, à moins qu'il ne soit spécifié quelles données sont en dollars canadiens et lesquelles sont en dollars américains, puisque le dollar n'a pas la même valeur dans ces deux pays.

 **Astuces TIC** Les pourcentages avec Excel 2007

La construction d'un tableau statistique dans Excel peut être un processus de longue haleine si vous ne maîtrisez pas bien les fonctions susceptibles de vous faciliter la tâche. Or, il se peut que vous ayez besoin des pourcentages pour mettre en forme et analyser vos données. Voici un exemple fictif commenté qui pourrait vous aider.

Tableau A   La répartition des exportations européennes vers le Canada en 1998 (en millions d'euros, en pourcentage)

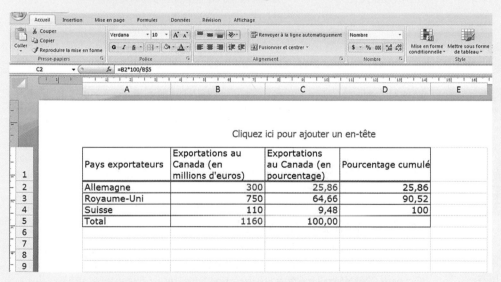

Selon cet exemple, lorsque vous avez transcrit les données colligées dans la première colonne de votre tableau, vous avez la possibilité de créer une formule permettant de calculer automatiquement ces données en pourcentages dans les colonnes adjacentes. Par exemple, si vous prenez la cellule correspondant aux exportations de l'Allemagne vers le Canada (300 millions d'euros), votre formule sera : 300 millions d'euros multipliés par 100 et divisés par la cellule correspondant au total des exportations européennes (1 160 millions d'euros), formule que vous fixerez au moyen de la touche F4 ou à l'aide des signes $. Ainsi, votre formule sera =B2*100/B5. Par la suite, vous n'aurez qu'à descendre votre curseur du coin inférieur droit de la cellule où se trouve la formule de la cellule sélectionnée vers les cellules de la même colonne afin que cette formule s'applique à l'ensemble de vos données.

L'échantillon de l'analyse de contenu : le corpus

Comme nous l'avons souligné dans le chapitre 4, l'échantillon de productions ou d'ouvrages que requiert une analyse de contenu est appelée le corpus. Il faut constituer ce corpus en fonction de la population à l'étude, qui correspond ici à l'ensemble des documents écrits ou visuels disponibles qui se rapportent à votre problématique. Vous devez donc déterminer quels documents sont susceptibles d'être soumis à l'analyse de contenu. Comme nous l'avons dit, il ne s'agit pas nécessairement de sélectionner un grand nombre de documents, mais d'être en mesure de cibler de manière pertinente les exemples à analyser. C'est ce que l'on nomme un échantillonnage au jugé (*voir le chapitre 4*).

Le choix de la méthode permettant de sélectionner les documents qui composeront le corpus dépend aussi de la disponibilité de ceux-ci. En effet, si votre visée de la recherche est de comprendre les raisons de la mission canadienne en Afghanistan sous le gouvernement de Stephen Harper, il se peut que certains documents sur le sujet émanant du ministère de la Justice ne soient pas accessibles au grand public pour des raisons de sécurité nationale. Vous devrez donc trouver un corpus différent, comprenant des journaux, des débats parlementaires, des textes d'opinion provenant de groupes d'intérêts, etc.

EXTRA
Sélection du corpus selon le type de document

Erving Goffman et l'analyse publicitaire des modèles de la féminité

Le sociologue canadien Erving Goffman (1922-1982) a procédé à une analyse des images publicitaires qui illustrent la division des sexes en faisant ressortir les catégories sociales qui structurent nos comportements[1]. À partir d'un échantillon composé de quelque 500 photographies et publicités, il a proposé une classification en six thèmes, tels que la division masculin/féminin, la touche féminine ou les fonctions sociales, correspondant à une série de clichés sociaux (la femme cachée, la femme lointaine, la femme soumise, la femme docile, la femme enfant, la femme jouet, etc.)[2]. Il a ainsi démontré que le marketing publicitaire utilise sciemment, afin d'atteindre ses objectifs de vente ciblés, des mises en scène de la vie quotidienne dans lesquelles la distinction sexuelle est mise en évidence.

1. Erving GOFFMAN, *Gender Advertisements,* New York, Harper Torchbooks, 1987.
2. E. GOFFMAN, «La ritualisation de la féminité», dans *Les moments et leurs hommes,* Paris, Éditions du Seuil et Éditions de Minuit, 1988.

Le prétest de la grille d'analyse ou de la fiche de prélèvement

Comme pour tout instrument de mesure, il est nécessaire d'exécuter un prétest afin de vérifier que les catégories d'analyse et les unités de signification définies s'appliquent bien à la série de documents écrits ou visuels qui ont été choisis préalablement.

Dans un premier temps, afin d'évaluer vos catégories d'analyse et vos unités de signification, vous devez sélectionner certains documents que vous soumettrez au prétest. Le nombre de documents peut varier en fonction de la taille de votre corpus; habituellement, une proportion de 5 % à 10 % de ce dernier devrait suffire. Pour ce faire, vous devez passer en revue ces documents à l'aide de votre grille d'analyse ou de votre fiche de prélèvement, de façon à vérifier si les catégories et les unités qui ont été définies vous permettent effectivement d'obtenir des données utiles à votre recherche. Cette vérification vous conduira au besoin à ajouter ou à modifier des catégories d'analyse ou des unités de signification. Ce prétest est particulièrement important dans le cas d'une grille d'analyse fermée, laquelle ne pourra plus être ajustée par la suite.

Il se peut que votre prétest révèle qu'il est nécessaire non pas d'ajuster votre grille d'analyse ou vos fiches de prélèvement, mais d'enrichir votre corpus. Dans ce cas, vous pourrez changer les œuvres ou les textes que vous aviez sélectionnés, de manière à préciser votre tir ou parce que certains éléments du corpus ne correspondent pas au contenu prévu.

Dans un second temps, vous devez vous assurer que les grilles d'analyse ou les fiches de prélèvement sont toujours utilisées de la même façon et permettent d'obtenir des résultats comparables d'un membre de l'équipe à l'autre. Pour ce faire, vous devez soumettre un même document à l'ensemble de vos coéquipiers pour qu'ils effectuent une collecte des données à l'aide de votre grille ou de vos fiches. Si tous obtiennent alors un résultat similaire, cela signifiera que votre outil de collecte de données est fiable et que vous pouvez donc le mettre en application. Si tel n'est pas le cas, il vous faudra revoir en équipe votre grille ou vos fiches et procéder ensuite à un nouveau prétest. Cette opération s'avère essentielle, car un résultat uniforme augmentera la fiabilité de votre outil de collecte de données.

La réalisation de l'analyse de contenu

Après avoir soumis votre grille d'analyse ou votre fiche de prélèvement au prétest, vous pouvez entreprendre l'analyse de contenu proprement dite. Tout d'abord, accordez-vous suffisamment de temps pour réaliser cette analyse, car elle demande de nombreuses lectures et nécessite par conséquent un travail minutieux.

Comme nous l'avons dit précédemment, les données à recueillir se rapportent directement à vos unités de numération ou à vos unités d'enregistrement. Ainsi, il ne s'agit pas de relever tout le contenu des documents, mais d'effectuer un tri des éléments pertinents. Avant de sélectionner un extrait dans un document écrit ou visuel, vous devez donc vous demander s'il est pertinent à l'égard des unités qui ont été définies préalablement. Pour ce faire, il vous suffit de cocher les éléments contenus dans votre grille d'analyse ou de transcrire des extraits de textes et d'ajouter des notes sur vos fiches.

Gardez toujours à l'esprit, au cours de la sélection des données, que les renseignements que vous recueillez doivent répondre à l'hypothèse ou à l'objectif que vous avez défini lorsque vous avez élaboré votre problématique.

EXEMPLE
Grille d'analyse d'une
émission télévisée

En outre, n'oubliez pas que vous devez viser à atteindre une saturation de l'information. Cela implique que l'ensemble des unités de signification retenues doit être étudié en fonction des documents faisant partie de votre corpus.

Conclusion

La méthode de recherche que vous avez sélectionnée oriente grandement votre démarche scientifique. Chaque méthode exige en effet que vous construisiez votre outil de collecte de données de façon rigoureuse et imaginative, en continuité avec votre problématique, car c'est cet outil de collecte qui vous permettra de colliger vos données et d'atteindre votre visée de la recherche.

La constitution d'un échantillon ou d'un corpus représentatif de la population étudiée doit être un acte réfléchi, puisque, sans un échantillon représentatif, il sera impossible de généraliser les résultats obtenus. Par la suite, le prétest, qui sera effectué à l'aide d'éléments de la population ne faisant pas partie de l'échantillon, permettra de déceler les erreurs ou les faiblesses éventuelles de l'outil de collecte que vous avez mis au point, et donc d'y remédier. Cette préparation à la réalisation de la méthode retenue vous permettra alors de passer à l'action et de compiler les diverses données. L'ensemble de ces actions vous conduira à l'étape suivante de la démarche scientifique, qui consiste à analyser les données que vous venez de colliger, étape dont il est question dans le prochain chapitre.

Faites LE POINT

1. Ai-je construit mon outil de collecte de données de façon rigoureuse ?	☐
2. Ai-je déterminé mon échantillon en fonction de la population étudiée et de ma méthode de recherche ?	☐
3. Ai-je effectué un prétest de mon outil de collecte de données et apporté les modifications nécessaires ?	☐
4. Ai-je recueilli de manière systématique des données fiables et valides ?	☐

Prof ET Chercheur

Andrée Dufour,
chercheuse en histoire

SAINT·JEAN·SUR·RICHELIEU

Titulaire d'une maîtrise et d'un doctorat en histoire de l'Université du Québec à Montréal, Andrée Dufour est reconnue pour ses travaux en histoire de l'éducation. Appelée fréquemment à partager ses connaissances sur de multiples tribunes, elle a également été invitée à séjourner à l'Institut national de recherche pédagogique de France où elle a pu découvrir de nouvelles sources historiques.

Professeure d'histoire au Cégep Saint-Jean-sur-Richelieu depuis 1990, Andrée Dufour est aussi une chercheuse passionnée et engagée, désireuse de faire connaître le passé. Comme elle le dit : « L'histoire ne change pas, c'est la connaissance de l'histoire qui change, grâce à la découverte de nouvelles sources ou de nouvelles lectures des sources existantes ». C'est dans cette perspective qu'Andrée Dufour publie régulièrement le fruit de ses connaissances, comme dans son ouvrage intitulé *Histoire de l'éducation au Québec*[1].

L'éducation au Bas-Canada au XIXe siècle : la démystification du passé grâce aux sources

Puisque l'histoire s'intéresse à des événements du passé, Andrée Dufour utilise principalement la méthode historique pour établir la réalité passée. Grâce à cette méthode, la chercheuse a pu dégager l'importance du rôle des maîtres laïques dans l'éducation au XIXe siècle à Montréal.

Ainsi, en dépouillant deux recensements des écoles de l'île de Montréal qui ont été effectués en 1825 et 1835 par Jacques Viger, inspecteur des chemins, des routes et des ponts, puis premier maire de Montréal, l'historienne a pu dresser un portrait différent de l'enseignement dans cette cité. Contrairement à ce que l'on pouvait croire, l'Église catholique n'était pas la seule responsable de l'éducation, les sources révélant un nombre élevé d'écoles laïques privées à Montréal, tenues par des maîtres et, surtout, par des maîtresses propriétaires de toutes petites écoles, mais aussi de prestigieux pensionnats et académies.

À l'occasion de ses recherches doctorales, Andrée Dufour a dépouillé de nouvelles sources conservées aux Archives nationales à Québec, soit un corpus de lettres manuscrites qui ont été envoyées aux autorités gouvernementales et scolaires de 1826 à 1859. La découverte d'une correspondance abondante témoigne du fait que des gens ordinaires et peu instruits se donnaient la peine d'écrire pour manifester leur mécontentement et présenter leurs revendications, bref, pour manifester leur intérêt pour l'éducation.

L'ampleur du fonds d'archives, formé de milliers de lettres provenant de plus de 300 municipalités scolaires, a amené Andrée Dufour à effectuer un échantillonnage aléatoire stratifié et à dépouiller un corpus de près de 1050 lettres. Une analyse plus fine lui a permis notamment d'interpréter les revendications des collectivités rurales et le rôle de la population dans l'édification du système d'éducation québécois du XIXe siècle, et de dresser alors une cartographie d'établissements scolaires.

---

1. Andrée DUFOUR, *Histoire de l'éducation au Québec,* Montréal, Boréal, 1997, 124 p. (Coll. « Boréal express »)

Étape 3

Analyser ses données, interpréter et diffuser ses résultats de recherche

Décortiquer le travail de terrain pour analyser les données, interpréter les résultats et... décrocher un prix !

Une fois leurs 12 entrevues réalisées, il a été temps pour Marie-Ève, Christine et Marie-Christine de procéder à l'analyse de leurs données, afin de mettre en valeur les multiples renseignements recueillis, puis d'interpréter leurs résultats. Elles ont d'abord amorcé l'analyse de leurs données à partir de la retranscription des entrevues réalisées. Ayant en leur possession une quinzaine d'heures de matériel audio et des centaines de pages de *verbatim*, il leur a fallu impérativement en faire le tri, c'est-à-dire classer et organiser les éléments les plus pertinents. Leurs premières analyses portaient sur le contenu manifeste des entrevues. De manière à mieux structurer et répartir le travail d'analyse, elles se sont attribué à chacune deux ou trois thèmes relevés lors de l'élaboration de la problématique. Pour faciliter leur tâche, elles ont alors mis au point un code de couleurs. Ainsi, tous les éléments de réponses appartenant au thème de l'influence de l'entourage sur le *coming out* ont été surlignés de la même couleur, et ce, peu importe où ils se trouvaient dans les *verbatim*. Par la suite, les éléments retenus ont été regroupés dans un même document afin de cibler les aspects qui semblaient communs aux entrevues.

Une fois l'analyse des données complétée, nos jeunes chercheuses ont alors formulé leur interprétation des résultats. Comme elles disposaient de peu de documents scientifiques pour comparer leurs résultats, l'interprétation a surtout été axée sur la critique de leur démarche et de leur échantillonnage ainsi que sur la discussion des résultats.

Bien que le travail effectué à chacune des étapes de leur démarche scientifique fût évalué au fur et à mesure par leur enseignante, Marie-Ève, Christine et Marie-Christine ont procédé, au terme de la session, à la rédaction d'un rapport final de recherche. L'ensemble de leur démarche a ensuite fait l'objet d'une présentation orale devant leurs camarades de classe. Tout ce travail hors pair leur a finalement donné l'occasion de s'inscrire au concours organisé par l'ARC et d'y remporter le troisième prix. Pour Marie-Ève, Christine et Marie-Christine, cette expérience de la recherche leur a permis d'acquérir des compétences fondamentales, et toutes les étapes qu'elles ont dû franchir demeurent pour elles des moments inoubliables.

Vous serez bientôt arrivé, vous aussi, au terme de votre expérience de recherche. Cependant, ne négligez surtout pas cette dernière étape, qui inclut l'analyse des données, l'interprétation des résultats, puis leur diffusion. Soyez confiant car, comme en témoignent avec le recul nos trois jeunes chercheuses, l'initiation pratique à la méthodologie des sciences humaines permet d'intégrer une bonne méthode de travail, laquelle est nécessaire à toute forme de recherche. Qui sait, vous arriverez alors peut-être aux mêmes conclusions qu'elles : « Au début, c'était pour la note, mais plus on a avancé et plus on s'est laissé prendre à aimer ça. »

Chapitre 6

Analyser ses données et interpréter ses résultats de recherche

Objectifs d'apprentissage

Après avoir lu ce chapitre, vous devriez pouvoir :

• Vérifier, codifier et classer les données recueillies ;

• Relever des éléments de récurrence et de contradiction au sein des données ;

• Analyser les données obtenues en fonction de la problématique de recherche ;

• Interpréter les résultats obtenus tout en ciblant les limites du travail de recherche et les possibilités de recherches futures.

Plan du chapitre

Introduction

La collecte de vos données s'est effectuée dans le but de vérifier l'hypothèse spécifique de recherche ou d'atteindre l'objectif spécifique de recherche que votre problématique a mis en lumière. C'est pourquoi l'étape de la démarche scientifique qui consiste à analyser les données et à interpréter les résultats qui en découlent exige un retour continuel à votre problématique de recherche.

Bien que l'analyse des données et l'interprétation des résultats s'effectuent la plupart du temps de manière parallèle, elles constituent deux opérations distinctes qui viennent donner corps à l'ensemble du travail effectué jusqu'ici et qui permettent de faire le pont entre la théorie (issue notamment de votre recherche documentaire en bibliothèque) et la pratique (issue de vos données recueillies sur le terrain).

L'analyse des données recueillies, quelle que soit la méthode de recherche utilisée, inclut un certain nombre d'opérations incontournables. Ainsi, il faut absolument préparer vos données en les vérifiant, en les codifiant et en les classant afin d'en faciliter l'analyse proprement dite. Il vous faut aussi dégager les éléments de récurrence et de contradiction présents au sein des données émanant de votre échantillon ou de votre corpus. Il s'agit donc de « faire parler » vos données et de les mettre en valeur. Pour y arriver, vous devez les synthétiser de manière à les rendre accessibles au lecteur, qui cherchera à saisir l'analyse que vous en faites. Si certains éléments d'analyse sont communs à toute méthode, d'autres éléments se prêtent mieux à certaines méthodes de recherche qu'à d'autres.

Pour sa part, l'interprétation vous permet de confirmer ou d'infirmer votre hypothèse spécifique de recherche ou encore de démontrer que vous avez effectivement atteint l'objectif spécifique de recherche que vous vous étiez préalablement fixé. À cette étape, vous devez conserver un œil critique sur votre démarche et sur la crédibilité de vos résultats. Enfin, l'interprétation des résultats se veut aussi l'occasion de présenter une discussion sur le sens global à leur donner, en fonction des documents issus de la recherche documentaire, et d'amener des pistes de réflexion proposant des avenues pour une recherche ultérieure.

Ce chapitre vise donc à vous donner des outils et des conseils pour mettre en valeur tout le travail que vous avez accompli jusqu'à maintenant, c'est-à-dire à vous aider à bien analyser et à bien interpréter les données recueillies par votre équipe de travail.

L'analyse des données

Analyse des données
Vérification, codification et classement de l'information recueillie lors de la collecte des données.

L'analyse des données cherche à décrire le phénomène à l'étude à partir de la collecte des données. Ce travail ne se conduit pas nécessairement de la même façon selon la méthode de recherche retenue, chacune d'elles présentant des particularités à cet égard. C'est pourquoi nous présenterons un peu plus loin dans ce chapitre des suggestions et des conseils particuliers à chaque méthode. Néanmoins, il existe des balises, c'est-à-dire des grandes lignes communes à chaque méthode de recherche. Ainsi, pour toute méthode, il est important de préparer les données recueillies, c'est-à-dire de les vérifier, de les codifier et de les classer de manière à en faciliter l'analyse. Il importe ensuite d'analyser et de décortiquer ces données pour en tirer les éléments récurrents et contradictoires. Examinons d'abord chacune de ces étapes communes à toute méthode de recherche.

La préparation des données

La crédibilité de votre analyse repose en grande partie sur une construction des données exhaustive et systématique. Vérifier, codifier et classer sont les actions nécessaires à la préparation des données. Vous aurez ainsi à faire le tri dans l'ensemble des renseignements à votre disposition et à mettre en forme les données, puis à les codifier et à les classer, de manière à pouvoir ensuite les analyser rigoureusement. L'ensemble du matériel qui aura été produit lors de l'analyse pourra alors ultimement se retrouver dans le corps du texte de votre rapport de recherche ou en annexe de ce dernier (*voir le chapitre 7*).

La vérification des données

En amorçant la préparation de vos données, vous devez prendre soin d'éliminer celles qui pourraient venir fausser votre analyse. Il peut s'agir de données mal recopiées par l'un des coéquipiers, d'une grille mal remplie qui rend votre observation inutilisable pour l'analyse ou encore de réponses à un sondage ou à une entrevue qui ne sont pas pertinentes. À titre d'exemple, le tableau 6.1 présente certaines données qui peuvent apparaître inutilisables au moment de la vérification et dont il ne faut pas tenir compte dans la compilation.

Tableau 6.1	Des exemples de données inutilisables

Donnée inutilisable	Exemple
Commentaire sur la question plutôt que réponse à cette question	Question : Selon vous, est-ce la mère ou le père qui devrait assurer l'éducation sexuelle de l'enfant ? ☐ La mère ☐ Le père ☐ Les deux ☐ Aucune opinion Réponse : Cette question est quelque peu sexiste, je refuse d'y répondre.

Tableau 6.1	Des exemples de données inutilisables (*suite*)
Donnée inutilisable	**Exemple**
Question laissée sans réponse	Question : Quel est votre âge ? Réponse : _____
Réponse farfelue	Question : Durant votre dernière année d'études au secondaire, quel était votre revenu annuel ? Réponse : 1 000 000 $
Incompréhension visible d'une question	Question : Quel est le mode de transport que vous utilisez le plus ? Réponse : ☑ Automobile ☑ Transport en commun ☐ Vélo ☑ Marche ☐ Autre, précisez : _____

Il est donc important que vous utilisiez votre jugement afin de déterminer quelles données peuvent être conservées et quelles données doivent être rejetées. De plus, avant de procéder à la codification et au classement des données, assurez-vous de les avoir au moins passé en revue rapidement pour éviter que ce type de données inutiles ne se retrouve dans votre analyse, ce qui nuirait alors à la crédibilité de vos résultats.

La codification des données

Votre méthode de recherche vous a permis jusqu'ici de recueillir soit des données qualitatives (sexe des participants, type de vêtements portés, etc.), soit des données quantitatives (nombre de fois que…, âge des participants, etc.), ou parfois les deux. Ces données peuvent être synthétisées ou simplifiées à l'aide d'un code qui facilite ensuite leur regroupement. Ce travail de codage est aussi utile pour l'élaboration des figures ou des tableaux à partir desquels les données peuvent être analysées puis interprétées.

Ainsi, entreprendre la codification des différents niveaux de réponses de chacune des variables, c'est identifier numériquement ou nominalement les différentes données associées à chaque variable ou concept à l'étude. Les données quantitatives sont généralement entrées comme telles dans la matrice ou le tableur d'un logiciel qui offre une telle fonction. Les deux principaux logiciels permettant de codifier vos données numériques sont Excel et SPSS. Dans certains cas, vous devrez toutefois codifier numériquement certaines variables afin de pouvoir les analyser convenablement. C'est généralement le cas des données qualitatives, qui nécessiteront d'être associées

Codification
Attribution d'un code alphabétique, numérique ou de couleur aux données recueillies, afin d'en faciliter l'analyse.

EXTRA
Avantages et inconvénients d'Excel et de SPSS

à un nombre qui agira à titre de code, bien que parfois un terme spécifique peut aussi être utilisé.

La figure 6.1 présente la codification des données issues d'un sondage dans le tableur Excel. Dans cet exemple, les données recueillies sont autant quantitatives que qualitatives.

Figure 6.1 **Un exemple de codification des données d'un sondage**

	A	B	C	D	E	F	G	H	I	J	K	L
1	Sujet	Collège	Sexe	Âge	Programme	Vous servez-vous de votre téléphone portable souvent ?	Temps moyen passé au téléphone portable en minutes / jour	Nombre moyen de personnes contactées par téléphone portable / jour	Nombre de contacts enregistrés sur le téléphone portable	Nombre d'amis importants		
2	1	1	M	16	1	a	15	8	37	12		
3	2	1	F	17	2	b	20	7	33	10		
4	3	1	M	20	2	a	15	14	53	20		
5	4	1	F	21	1	c	30	13	47	17		
6	5	1	F	20	3	a	30	20	73	30		
7	6	1	F	19	4	a	15	6	47	17		
8	7	1	M	18	2	b	20	13	45	16		
9	8	1	M	17	3	c	10	15	52	16		
10	9	1	F	17	2	c	5	14	43	15		
11	10	1	F	18	3	a	10	18	73	30		
12	11	1	M	18	3	b	30	10	51	19		
13	12	1	M	20	3	b	Plus de 30	12	49	18		
14	13	1	F	19	4	a	25	11	53	20		
15	14	1	F	19	3	c	25	14	45	16		
16	15	1	M	17	1	a	10	11	51	19		
17	16	1	F	19	2	a	30	8	57	22		
18	17	1	F	18	3	c	5	7	33	10		
19	18	1	F	17	2	a	5	19	59	23		
20	19	1	M	19	1	a	20	7	41	14		
21	20	1	F	18	2	b	15	11	37	12		

Comme on le voit, dans la colonne C, la donnée qualitative sur le sexe est codifiée par un terme spécifique, M (pour Masculin) ou F (pour Féminin). Les programmes d'études (autres données qualitatives), dans la colonne E, sont cette fois codifiés numériquement : le chiffre 1 représente les sciences humaines, le chiffre 2, les sciences de la nature, et ainsi de suite. Quant aux données quantitatives, elles sont simplement enregistrées telles quelles dans les autres colonnes.

Cet exercice de codification et d'entrée de données est crucial et mérite d'être fait avec sérieux, car une simple erreur peut vous conduire à des analyses erronées ou à des conclusions hasardeuses. Le tableau 6.2 présente quelques suggestions qui vous permettront de simplifier votre travail de codification et d'entrée de données.

Tableau 6.2	Des conseils pour le codage des données

Conseil	Explication
Utiliser une codification simple.	Vous devez vous assurer de choisir la codification la plus simple possible et de respecter une certaine logique dans vos choix. Ainsi, si le choix de réponses dans votre questionnaire se décline de a) à e), vous pouvez, par exemple, reprendre ces mêmes lettres pour les utiliser comme codes.
Utiliser des noms de variables explicites.	Évitez des noms du type « Variable01, Variable02 », qui vous forceraient à recourir fréquemment à votre questionnaire ou à votre grille. Prenez le temps de réfléchir, et de choisir un nom simple et pertinent.
Inscrire les participants en abscisse et les variables en ordonnée.	Il est toujours plus facile pour la lecture d'une base de données d'inscrire les résultats d'un participant sur une ligne, ceux du participant suivant sur la ligne suivante, et ainsi de suite. De cette façon, on peut mieux voir les différentes données pour chaque sujet et selon les différentes variables à l'étude.
Regrouper certaines données.	Si votre recherche porte sur les étudiants du collégial inscrits dans de nombreux programmes d'études, vous pouvez simplifier la codification et faciliter ensuite votre analyse en codifiant seulement deux types de programmes : les programmes préuniversitaires et les programmes techniques.
Sauvegarder fréquemment le fichier contenant vos données et en faire une copie de sécurité.	Ces opérations toutes simples permettent d'éviter certains déboires. Il serait en effet dommage que la somme de vos efforts de compilation disparaisse à cause d'un pépin informatique.

Le classement des données par thèmes ou par sous-thèmes

La codification telle que présentée dans la section précédente peut s'avérer insuffisante pour permettre de bien mettre en valeur le travail de terrain effectué. Il s'agira alors de regrouper les données à partir des principaux thèmes et sous-thèmes déterminés à l'étape de l'élaboration de la problématique. C'est à partir de ce nouveau matériau que vous pourrez effectuer votre analyse.

Dans ce contexte, la préparation des données repose sur le repérage des éléments significatifs, repérage qui comporte des particularités selon la méthode de recherche choisie. Néanmoins, pour toute méthode, vous pouvez utiliser un système de classement manuel ou informatisé.

▪ Le classement manuel

Il s'agit de reprendre l'ensemble des données recueillies sous formes d'extraits de *verbatim*, de notes d'observation, d'extraits de corpus d'œuvres ou de réponses nominales en format papier, de repérer les éléments de signification, et de les classer par thèmes et par sous-thèmes.

■ Le classement informatisé

La prise de notes avec un logiciel Si vous avez utilisé un logiciel tel que Scribe (*voir le chapitre 3*), vos données sont déjà classées, puisque vous les avez alors organisées selon les thèmes sélectionnés afin de procéder à la collecte de vos données. Au cours de l'analyse, il ne vous restera qu'à procéder à une recherche par mots-clés afin de repérer les notes correspondant à vos thèmes.

Les grilles ou les fiches informatisées Si vous avez recueilli vos données sous forme de fiches ou de grilles informatisées, vous pouvez utiliser la fonction « Rechercher » du logiciel Word pour repérer des mots-clés et classer ensuite vos données par thèmes et par sous-thèmes.

Quoi qu'il en soit, la préparation des données se fait d'une manière à la fois souple, c'est-à-dire en fonction de chaque méthode et de chaque objet de recherche, et minutieuse, en démontrant une qualité d'horloger dans le traitement de l'information brute.

Le repérage des éléments significatifs, des récurrences et des contradictions

Pour analyser des données quantitatives, vous devrez être capable de lire les tendances et de faire ressortir des mesures descriptives significatives, en établissant des statistiques (par exemple, mode, moyenne, écart-type), des tableaux ou encore des figures. Peu importe le type de données, il s'agit de mettre en relation celles qui peuvent s'avérer semblables et de faire ressortir les contradictions susceptibles d'exister entre elles. Ces éléments constitueront alors la base de l'interprétation que vous effectuerez une fois votre analyse complétée.

L'analyse principale et l'analyse secondaire

Vous pourrez réaliser une analyse principale ou une analyse secondaire. Une **analyse principale** est une analyse qui implique les variables de la question spécifique de recherche, laquelle découle de l'objectif spécifique ou de l'hypothèse spécifique de recherche (*voir le chapitre 3*). Une **analyse secondaire** se fait à partir des autres variables qui peuvent permettre de mieux cerner les résultats de l'analyse principale. Il est essentiel de toujours effectuer une analyse principale, alors que le choix de réaliser ou non une analyse secondaire reste à la discrétion du chercheur.

Prenons l'exemple d'une étude portant sur les utilisateurs de réseaux sociaux en ligne tels que Facebook. Votre analyse principale portera dans ce cas sur le profil des différents utilisateurs. Par contre, une analyse secondaire intéressante pourrait se pencher sur les différentes applications sous forme de jeu-questionnaire que les membres de ces réseaux peuvent utiliser. Bien que cette analyse secondaire ne soit pas primordiale pour analyser le profil des utilisateurs, elle peut permettre une description plus riche des diverses pratiques ludiques au sein d'un réseau comme Facebook. Le tableau 6.3 propose quelques exemples d'analyses principales et secondaires appliquées à différents sujets et à diverses méthodes de recherche.

Analyse principale
Analyse des données en fonction des variables de la question spécifique de recherche.

Analyse secondaire
Analyse des données qui implique des variables pouvant permettre de mieux cerner les résultats de l'analyse principale.

Tableau 6.3 Des exemples d'analyses principales et secondaires

Sujet de recherche	Méthode de recherche	Analyse principale	Analyse secondaire
L'utilisation du temps libre chez les cégépiens	Sondage	Portrait des habitudes de loisirs des cégépiens	Portrait des habitudes de loisirs des cégépiens selon le sexe ou l'importance accordée aux études
La préparation aux examens chez les cégépiens	Entrevues semi-directives	Portrait des différents rituels d'étude des cégépiens	Portrait des rituels d'étude des cégépiens selon leur programme d'études ou selon le fait d'avoir étudié à l'école secondaire privée ou publique
Impact de l'autorité sur l'accomplissement d'une tâche selon le sexe	Méthode expérimentale	Mise en relation de la présence d'une autorité et du sexe du volontaire	Mise en relation de la présence de l'autorité et du niveau de difficulté de la tâche

Qu'elle soit principale ou secondaire, votre analyse doit s'en tenir strictement aux données recueillies. Si ce n'est pas le cas, vous risquez de spéculer et de compromettre la validité scientifique de votre recherche. Dans les exemples présentés dans le tableau ci-dessus, il était question de décrire un phénomène donné. L'analyse doit donc s'en tenir à une description des comportements observés en fonction des variables retenues. Si, toutefois, vous croyez avoir détecté une explication ou compris un phénomène dans son ensemble sans en avoir la preuve empirique, vous pourrez vous y référer plus tard, au moment de l'interprétation.

Enfin, sachez que votre travail d'analyse peut vous amener à vouloir reprendre certains renseignements qui ont été écartés lors de l'étape de la préparation des données. Vous pourriez, par exemple, vouloir modifier en conséquence un tableau-synthèse des données recueillies afin de réaliser une analyse secondaire qui n'était pas prévue au départ. C'est la raison pour laquelle il est toujours sage de conserver tout le matériel qui a été recueilli lors de votre travail de terrain, et ce, jusqu'à la complétion de l'ensemble de votre démarche scientifique. En outre, il se peut que votre enseignant vous demande de consulter vos données après avoir lu votre rapport de recherche. Aussi, conservez précieusement le tout au moins jusqu'à la toute fin de la session.

L'analyse des données selon les méthodes de recherche

Après avoir pris connaissance des caractéristiques de l'analyse des données communes à l'ensemble des méthodes de recherche, les sections qui suivent vont vous permettre de reconnaître les particularités de la méthode choisie ou des méthodes que vous avez combinées dans le cadre de votre recherche.

La période des Fêtes est associée à un fort achalandage dans les commerces, ouvrant la porte à plusieurs occasions de conduire une observation.

Vous pouvez, si vous le souhaitez, vous rendre directement à la section qui est pertinente pour vous, mais, au besoin, des renvois vous sont aussi proposés.

L'observation

De façon générale, vos observations ont été recueillies à l'aide de grilles souvent accompagnées d'un journal d'enquête. Bien que les grilles d'observation aient été conçues afin de générer autant que possible des renseignements standardisés, notamment grâce à une sélection judicieuse des indicateurs observables, la préparation et la transformation des données sont nécessaires afin de permettre de traduire efficacement l'expérience d'observation de chacun des équipiers, et de communiquer par la suite ces résultats sous la forme de statistiques, de figures ou de tableaux clairs et précis. Vous devez donc codifier les divers renseignements recueillis.

Imaginons que votre travail d'observation consistait à observer, dans un centre commercial, les comportements de la foule pendant la cohue du temps des fêtes. Ici, la tâche est de compiler les grilles des différents observateurs, lesquelles ont peut-être été remplies dans des contextes spatiaux quelque peu différents (par exemple, à deux endroits du même centre commercial ou dans deux centres commerciaux différents). Pour ce faire, il vous faut d'abord effectuer une codification des comportements observés selon qu'ils montrent, par exemple, de l'impatience, de l'agressivité, de l'indifférence, etc. Cette codification simplifiera grandement la compilation des données. Pour faciliter l'analyse et repérer les récurrences et les contradictions, vous devrez aussi vous assurer que la compilation des données issues de votre observation dresse une liste exhaustive des comportements observés, du lieu et du moment où ils se sont manifestés, de leur fréquence (combien de fois ont-ils été observés ?) et de la durée de leur déroulement. Afin de réaliser ensuite votre analyse principale portant sur la description des comportements de la foule en situation de fort achalandage, vous devrez également faire en sorte de conserver la trace des liens qui vous semblent pertinents entre les comportements relevés, leur relative intensité et les types de personnes qui les ont adoptés (*voir le tableau 6.4*).

| Tableau 6.4 | Un exemple de codification des données d'une observation |

Réaction observée	Récurrence	Type de personne	Lieu	Temps	Observateur	Durée	Intensité et qualité
Signes d'indifférence	1	Homme d'âge mûr	Entrée n° 1	Début de la journée	N° 1	2 s	Faible, lève les yeux en l'air
Signes d'empathie	1	Jeune homme	Caisse	Période du midi	N° 2	2 s	Regard compréhensif

Réaction observée	Récurrence	Type de personne	Lieu	Temps	Observateur	Durée	Intensité et qualité
Signes d'impatience	3	Femme âgée	Entrée n° 1	Début de la journée	N° 1	2 s	Faible
		Jeune homme	Caisse	Période du midi	N° 2	5 s	Moyenne, continue son chemin
		Femme d'âge mûr	Caisse	Période du midi	N° 2	6 s	Forte, les yeux complètement détournés
Signes d'agressivité	2	Jeune femme	Entrée n° 1	Début de la journée	N° 1	10 s	Forte, prend le temps de s'arrêter
		Adolescente	Entrée n° 1	Début de la journée	N° 1	6 s	Forte, pousse des soupirs

Après avoir complété votre analyse principale, vous pourriez ensuite, si vous le souhaitez, reconstruire le même tableau en tenant compte de l'âge des personnes observées, dans le but de réaliser une analyse secondaire cherchant à mettre en lumière un lien possible entre l'âge des personnes et les comportements manifestés.

Les données issues de vos grilles peuvent aussi se prêter à la création de mesures statistiques descriptives. Vous pouvez vous référer à la section de ce chapitre portant sur le sondage pour vous informer des différentes mesures possibles. Prenons l'exemple d'une recherche sur le terrain destinée à décrire les comportements de mendicité des itinérants à Montréal et qui a utilisé l'observation non participante autour d'une station de métro pour relever les interactions entre un itinérant et les usagers du métro. Il serait alors possible de chiffrer les types d'interactions relevés qui semblent être en lien avec la réussite de la sollicitation financière de l'itinérant ou avec l'échec de celle-ci. Le tableau 6.5, à la page suivante, donne un aperçu de cet exemple de traitement statistique des données établissant un taux de réussite (dernière colonne du tableau).

Vous devrez également mettre de l'ordre dans les entrées des journaux d'enquête des membres de l'équipe en effectuant une synthèse des principaux éléments notés. Pour ce faire, vous devez respecter les trois types d'entrées possibles lorsqu'il est question de l'observation : les notes méthodologiques (notes à propos de l'outil d'enquête), les notes réflexives (notes sur la démarche d'ensemble et sur les visées de votre recherche) et les notes

personnelles (notes sur l'expérience vécue par vous en tant qu'observateur).
Le tableau 6.6 présente la compilation exhaustive des différents types de
notes effectuée dans le cadre d'une observation participante portant sur le
travail des mascottes.

Tableau 6.5   **Un exemple de traitement statistique des données
d'une observation**

Sujet	Total des sollicitations	Réussite de la sollicitation à la première tentative	Réussite après plusieurs tentatives	Taux de réussite total
Nº 1	3	1	0	33 %
Nº 2	13	2	1	23 %
Nº 2	10	1	1	20 %

Tableau 6.6   **Un exemple de compilation exhaustive des notes sur le travail d'une mascotte**

Observateur	Notes méthodologiques	Notes réflexives	Notes personnelles
Nº 1	• «Difficultés à voir le contexte général de mes interactions.» • «Doute sur ma capacité à bien saisir l'attitude des enfants face à moi.» • «Pas de recul, c'est difficile.»	«Le concept d'aliénation de la tradition marxiste repéré lors des lectures pourrait être intéressant afin de décrire la sensation d'être une mascotte.»	«Quel travail peu intéressant, malgré que les enfants nous trouvent amusants!»
Nº 2	• «Je dois me souvenir de cet enfant qui me percevait comme un simple serviteur.»	«La notion de satisfaction personnelle telle qu'on l'avait définie dans la problématique devra être repensée.»	«Comment transmettre clairement cette expérience aux autres étudiants du cours?»

En somme, le traitement de l'information qui a été recueillie lors de votre
observation permet de la dépouiller, d'en extraire les aspects marquants, et
de jeter ainsi les bases d'une analyse de qualité.

L'entrevue [1]

Vous avez réalisé des entretiens avec divers individus dans le but d'éclairer
un objectif de recherche ou de tester une hypothèse de recherche. Pour préparer et analyser vos données, vous devez d'abord, en utilisant vos *verbatim*,

---

1. Bien qu'il soit également possible de faire l'analyse et l'interprétation de vos entretiens
en utilisant la méthode de l'analyse de contenu, nous proposons ici une méthode qui ne
s'applique qu'à l'entrevue.

décortiquer les propos recueillis, ce qui facilitera le repérage des récurrences et des contradictions présentes dans les propos de vos interviewés. Cette préparation s'effectue en deux étapes.

■ Étape 1 : la codification des *verbatim*

La première étape de codification consiste à identifier les différents *verbatim* par des lettres distinctes et à numéroter les lignes qui s'y trouvent. Par exemple, dans le cadre d'une étude portant sur la consommation de biens et de services par les cégépiens, vous pourriez avoir huit *verbatim* identifiés de A à H, reflétant les huit entrevues que vous aurez menées (*voir la figure 6.2*). Par la suite, chacune des lignes des *verbatim* est numérotée jusqu'à la fin. Cette numérotation va permettre, que ce soit pendant l'analyse ou l'interprétation, de repérer beaucoup plus facilement tel ou tel passage d'un entretien ou de s'y référer. Cette numérotation se fait facilement dans un fichier Word.

| Figure 6.2 | Un exemple de numérotation d'un *verbatim* |

Verbatim de l'entrevue numéro C réalisée avec Jonathan F., étudiant en sciences humaines, âgé de 18 ans

1 Intervieweur : En général, est-ce que tu planifies tes achats à
2 l'avance ?

3 Jonathan : Je fais pas de plan quand je vais magasiner. J'achète ce
4 que je veux, pis j'en parle à ma mère après pour qu'a m'aide si j'ai
5 besoin plus de *cash (rire)*. Il y a des fois des bons *deals* mais c'est
6 plus une affaire que je fais avec mes amis, le samedi. Mais souvent
7 j'achète rien pour super longtemps, à part la bouffe car la caf, c'est
8 pas fort.

9 Intervieweur : En général, tes achats sont-ils payés comptant, avec
10 une carte de débit ou avec une carte de crédit ?

11 Jonathan : Toujours par débit, c'est beaucoup plus rapide. Même
12 ma grand-mère prend sa carte de débit tout le temps *(rire)*. C'est
13 accepté presque partout, c'est pas de problème.

L'étape de codification exige ensuite, comme on l'a vu, d'attribuer un nombre, une couleur ou une lettre à vos indicateurs se référant à un thème ou à un aspect des concepts à l'étude. Ainsi, pour reprendre l'exemple précédent du *verbatim,* vous pourriez adopter un système où chaque indicateur sera associé à une couleur précise. Un tel code permet de repérer plus rapidement les données communes, en plus de faciliter les croisements au moment de la vérification de l'hypothèse. De plus, vous serez en mesure de reconnaître clairement les éléments du contenu latent, c'est-à-dire les réactions non verbales que vous aurez notées (hésitations, soupirs, silences, gestes, rires nerveux, etc.), indications qui sont très importantes puisqu'elles permettent de marquer le rythme de l'entrevue et de mieux en comprendre le déroulement. Ainsi, dans la figure 6.3, à la page suivante, qui reprend l'exemple précédent, l'influence des parents est codée par la couleur verte, celle des pairs par la couleur jaune, et les normes sociétales par la couleur rose.

Figure 6.3	Un exemple de codification du texte d'un *verbatim*

Verbatim de l'entrevue numéro C avec Jonathan F., étudiant en sciences humaines, âgé de 18 ans

1 Intervieweur : En général, est-ce que tu planifies tes achats à
2 l'avance ?

3 Jonathan : Je fais pas de plan quand je vais magasiner. J'achète ce
4 que je veux, pis j'en parle à ma mère après pour qu'a m'aide si j'ai
5 besoin plus de *cash (rire)*. Il y a des fois des bons *deals* mais c'est
6 plus une affaire que je fais avec mes amis, le samedi. Mais souvent
7 j'achète rien pour super longtemps, à part la bouffe car la caf, c'est
8 pas fort.

9 Intervieweur : En général, tes achats sont-ils payés comptant, avec
10 une carte de débit ou avec une carte de crédit ?

11 Jonathan : Toujours par débit, c'est beaucoup plus rapide. Même
12 ma grand-mère prend sa carte de débit tout le temps *(rire)*. C'est
13 accepté presque partout, c'est pas de problème.

■ Étape 2 : le classement des extraits

La dernière étape consiste à trouver un système de regroupement des extraits à des fins d'analyse. Vous devez alors procéder à un classement manuel en découpant les extraits préalablement identifiés pour chaque indicateur, puis les classer dans un cartable ou dans un dossier cartonné.

Cette étape de classement complétée, vous serez en mesure d'analyser les entretiens avec comme objectif de repérer, après votre relecture des extraits retenus, les récurrences, les contradictions ou les éléments qui vous apparaissent significatifs. Bien qu'il soit possible d'analyser chacun des entretiens individuellement, l'analyse de l'ensemble de l'échantillon est souvent plus pertinente, car elle permet justement de bien dégager les récurrences et les contradictions présentes dans le contenu des diverses entrevues.

Il importe que vous prêtiez attention tant au contenu manifeste qu'au contenu latent des propos tenus par vos informateurs. En effet, si vous avez réalisé des entretiens portant sur l'engagement politique chez les jeunes, il est possible que leur motivation et leurs objectifs professionnels en politique se soient manifestés de façon directe (« Mon objectif principal est de m'assurer un poste au Parti XY »), mais aussi de façon indirecte (« J'espère consacrer ma vie à défendre mes idées au sein du Parti YZ »). L'analyse du contenu latent peut en outre vous renseigner sur le malaise des interviewés ou bien sur leur possible autocensure. Ainsi, une affirmation telle que « Le chef du parti appuie cette idée. Je me rallie donc à son expertise » laisse penser que l'interviewé ne partage pas nécessairement l'idée en question, mais qu'il ne désire pas contredire le chef du parti publiquement. Votre analyse pourra alors permettre de suggérer que l'unanimité n'est pas aussi totale qu'il y paraît sur ce sujet au sein du parti en question.

En suivant ces étapes, l'analyse de l'entrevue vous permettra ainsi de vous centrer sur les relations manifestes entre les divers indicateurs que vous avez relevés lors de l'élaboration de la problématique, et de mettre au jour les motivations, les représentations et les autres renseignements en lien avec ces indicateurs.

EXEMPLE
Analyse d'un entretien de groupe de discussion

Pour aller plus loin   L'analyse de l'entretien d'un groupe de discussion

L'analyse de l'entretien d'un groupe de discussion se fait généralement avec la même méthode que l'analyse d'entrevues individuelles. Par contre, vous devez tenir compte d'un certain nombre d'éléments supplémentaires en raison de la nature de ce type d'entretien, qui implique des interactions sociales entre les participants. Paul Geoffrion suggère de prendre en considération certains éléments qui marquent la dynamique des relations interpersonnelles :

- Qu'est-ce qui cause la réaction d'un participant, quelle est la raison de cette réaction ?
- Qu'est-ce qui permet d'expliquer les changements d'opinion ?
- Quelles sont les opinions minoritaires ?
- Quelles sont les déductions ?
- Quel est le degré d'émotivité et de rationalité des propos ?
- Quel est le niveau d'expérience des participants ?
- Quel est le degré d'importance des participants dans le groupe ?

Source : Adapté de Paul GEOFFRION, «Chapitre 13 : Le groupe de discussion», dans Benoît GAUTHIER (dir.), *Recherche sociale : de la problématique à la collecte des données*, 2ᵉ éd., Québec, Presses de l'Université du Québec, 1992, p. 331-332.

Le sondage

L'instrument de mesure du sondage qu'est le questionnaire génère parfois des donnés qualitatives, lesquelles, comme nous l'avons vu au début de ce chapitre, exigent une codification. Néanmoins, de manière générale, un sondage permet de rassembler le plus souvent des données quantitatives, à savoir de nombreuses données chiffrées qu'il faut ensuite analyser pour dresser le portrait des résultats issus de votre échantillon. Plusieurs outils d'analyse s'offrent alors à vous tels que les mesures descriptives, les indices, le tableau à simple entrée ou les outils de comparaison de variables. Examinons d'un peu plus près ces outils d'analyse.

■ Les mesures descriptives

Comme leur nom l'indique, les mesures descriptives servent à faire la description de l'échantillon, c'est-à-dire à en tracer le portrait. À partir de ce portrait, vous pourrez proposer une estimation de résultats se rapportant à la population totale, en gardant bien en tête que ces résultats ne peuvent être tout à faits sûrs puisque votre échantillon ne reflète jamais parfaitement l'ensemble de la population.

Mesure descriptive
Mesure statistique qui sert à tracer le portrait d'un échantillon.

Mesure de tendance centrale
Mesure statistique qui permet d'observer la direction que prennent les résultats d'un échantillon.

Mesure de dispersion
Mesure statistique qui permet de voir la distribution des sujets en fonction de la moyenne des résultats.

Mesure de position
Mesure statistique qui permet de donner un rang aux différents résultats.

Indice
Valeur numérique de rapport entre au moins deux séries de données.

Les mesures descriptives les plus importantes sont les mesures de tendance centrale (moyenne, mode, médiane), qui permettent d'observer la direction que prennent les résultats d'un échantillon, les mesures de dispersion (écart-type, variance), qui permettent de voir comment se distribuent les sujets en fonction de la moyenne des résultats, et les mesures de position (quartile, centile), qui permettent de donner un rang aux différents résultats. Toutes ces mesures peuvent être effectuées facilement grâce à des logiciels comme Excel et SPSS.

Les indices

Dans certains cas, il est possible et pertinent de construire ce que les chercheurs appellent des indices. Ces indices sont obtenus par un score, qui est le résultat de combinaisons de réponses à plusieurs questions.

Prenons l'exemple d'un questionnaire portant sur les intérêts artistiques des étudiants dans lequel trois questions se lisent comme suit :

Question	Choix de réponse			
J'aime le théâtre.	☐ Pas du tout	☐ Un peu	☐ Beaucoup	☐ Énormément
J'aime le cinéma.	☐ Pas du tout	☐ Un peu	☐ Beaucoup	☐ Énormément
J'aime la musique.	☐ Pas du tout	☐ Un peu	☐ Beaucoup	☐ Énormément

Vous pouvez accorder un pointage aux réponses. Par exemple, « Pas du tout » se verrait attribuer 0 point, « Un peu », 1 point, « Beaucoup », 2 points et « Énormément », 3 points. Ainsi, en additionnant les chiffres attribués aux réponses, vous pourriez alors parler d'un indice d'appréciation des arts dont le résultat s'établirait entre 0 et 9. Plus le résultat sera élevé, plus le sujet semblera apprécier les arts; inversement, plus le résultat sera faible, moins le sujet semblera apprécier les arts.

Attention, il faut toutefois être très prudent avec l'utilisation de ce type d'indice. En effet, comme dans une enquête policière, un indice signifie une piste de réflexion exprimant la tendance d'un résultat, et non une réponse précise. Calculer un indice à partir de différentes échelles ordinales ou même continues ne représente donc qu'une approximation de la réalité, et non pas une donnée fiable et valide comme le score d'un test psychométrique ou sociométrique. Ainsi, dans l'exemple présenté ci-dessus, un score de 8 pour un individu, comparé avec un score de 4 pour un autre individu, ne signifie pas du tout que le premier aime les arts deux fois plus que le second. Cependant, vous pourriez affirmer que le premier participant apprécie davantage les arts que le second. Ces indices permettent ainsi de regrouper différentes questions du sondage afin de donner la tendance des réponses de l'échantillon.

■ Le tableau à simple entrée

Comme nous l'avons dit en début de chapitre, il est possible de créer, à partir des matrices offertes par certains logiciels, des tableaux à simple entrée (à une seule variable) qui serviront à l'analyse des données. Le tableau 6.7 est un exemple de tableau à simple entrée qui peut être construit dans le cadre d'une recherche portant sur la comparaison des revenus familiaux chez les étudiants d'un cégep public et chez ceux d'un cégep privé. Il permet de voir que 50,83 % des étudiants sont issus d'une famille dont le revenu annuel est supérieur à 60 001 $ (ce qui est de 38 000 $ supérieur au seuil de pauvreté établi en 2003 pour une famille de deux adultes et deux enfants) et inférieur à 90 000 $.

| Tableau 6.7 | Un exemple de tableau à simple entrée sur la répartition des étudiants du cégep privé selon le revenu familial annuel (en nombre et en pourcentage) |

Revenu familial annuel	Nombre d'étudiants	Pourcentage
Moins de 30 000 $	14	11,67 %
Entre 30 000 $ et 60 000 $	27	22,50 %
Entre 60 001 $ et 90 000 $	61	50,83 %
90 001 $ et plus	18	15,00 %
Total	120	100 %

Il vous est bien sûr possible de transformer ce genre de tableau en figure ou en histogramme. Le logiciel Excel, par exemple, contient des fonctions utiles à cet égard.

EXTRA
Construire une figure et un histogramme avec Excel

■ Les outils de comparaison des variables

Vous pouvez également comparer des variables entre elles, notamment celles qui ressortent de votre problématique. Il existe quatre types principaux d'analyses de ce genre : le tableau croisé, la différence de moyenne, la corrélation et le test d'hypothèse. Ces analyses permettent de faire ressortir les données significatives de votre étude. Le choix de l'une ou l'autre de ces analyses dépend essentiellement du type de variables que vous comparez.

EXTRA
Outil de comparaison des variables

Le tableau croisé Contrairement au tableau à simple entrée, le tableau croisé vous permet de comparer plus d'une variable entre elles, qu'il s'agisse de variables nominales ou ordinales. Ainsi, vous pourriez, par exemple, construire un tableau croisé pour comparer les réponses à une question d'un sondage portant sur les préférences télévisuelles des filles et des garçons (*voir le tableau 6.8, à la page suivante*).

Tableau 6.8	Un exemple de tableau croisé illustrant les préférences télévisuelles selon le sexe (en pourcentage)	
Préférences télévisuelles	**Émissions de sport**	**Téléromans américains**
Garçons	63 %	37 %
Filles	6 %	94 %

Ce tableau permet d'observer que, dans votre échantillon, les garçons préfèrent les émissions sportives alors que les filles préfèrent les téléromans américains. Il permet également de noter que les filles préfèrent les téléromans américains de façon très majoritaire (à 94 %, contre 6 % pour les émissions sportives), tandis que bon nombre de garçons (37 %) apprécient tout de même les téléromans américains.

EXTRA
Construire un tableau croisé avec Excel

La différence de moyenne La différence de moyenne est utilisée pour comparer une variable nominale ou ordinale avec une variable mesurée par une échelle continue. Par exemple, si votre recherche porte sur le clavardage et que, à partir de la question « Combien de temps consacrez-vous quotidiennement au clavardage ? », vous vouliez rendre compte des différences entre les garçons et les filles (variable nominale) quant au temps passé à clavarder (variable à échelle continue), vous pourriez utiliser la différence de moyenne pour créer un tableau semblable au tableau 6.9. Vous pourriez alors affirmer que, dans votre échantillon, les filles clavardent en moyenne plus longtemps que les garçons.

Tableau 6.9	Un exemple de différence de moyenne de temps de clavardage par jour selon le sexe (en minutes)
Sexe	**Temps moyen de clavardage par jour**
Garçons	38 min
Filles	53 min

La corrélation La corrélation est utilisée pour comparer deux variables mesurées par une échelle continue. Le coefficient de corrélation représente la direction et la force du lien qui unit ces deux variables. Ce coefficient se situe entre −1 et +1. Plus le coefficient s'approche de 1, plus il s'agit d'une corrélation positive (par exemple, plus je conduis vite sur l'autoroute, plus je risque d'avoir un accident). Au contraire, plus le coefficient s'approche de −1, plus il s'agit d'une corrélation négative (par exemple, plus je mange de fruits et de légumes, moins je risque de souffrir d'un excès de poids). Un coefficient qui s'approche de 0 signifie quant à lui une faible relation ou une absence de relation.

EXEMPLE
Utilisation de la fonction coefficient. correlation dans Excel

Le test d'hypothèse Le test d'hypothèse est utile lorsque votre recherche propose une hypothèse spécifique de recherche, puisqu'il permet d'offrir une réponse claire à la question spécifique de recherche. Comme nous l'avons vu, la rigueur scientifique dont vous devez faire preuve vous empêche de conclure que les réponses de votre échantillon aux questions du sondage auraient été les mêmes si elles avaient été effectuées auprès de la population en général. Vous pouvez toutefois *estimer*, mais sans certitude, qu'il en aurait été ainsi pour l'ensemble de la population. Or, pour pouvoir faire cette estimation, il vous faut recourir aux tests d'hypothèse.

Le test d'hypothèse va vous permettre de savoir si les résultats obtenus par le moyen de votre sondage sont le fruit du hasard (hypothèse nulle ou H_0) et ne peuvent donc pas être généralisés, ou s'ils peuvent au contraire être jugés comme étant représentatifs de la population (hypothèse alternative ou H_1). Prenons l'exemple d'une recherche portant sur le lien entre la loyauté dans les relations amoureuses des étudiants et leur pratique religieuse. Comme il vient d'être dit, vous devez utiliser les résultats de votre sondage pour mettre à l'épreuve votre hypothèse spécifique de recherche quant au lien entre ces deux variables. Votre hypothèse nulle (H_0) stipule que la pratique religieuse n'a aucun impact sur la loyauté, alors que votre hypothèse alternative (H_1), qui correspond à votre hypothèse spécifique de recherche, stipule que plus un étudiant pratique avec sérieux une religion, plus il envisage les relations amoureuses avec loyauté.

C'est le seuil de signification qui permet de tirer une conclusion. Grâce à ce seuil, on peut connaître le pourcentage de risque que vos résultats soient le fruit du hasard. Ainsi, pour la plupart des chercheurs en sciences humaines, la convention veut que, lorsqu'il y a moins de 5 % de possibilités ($p < 0,05$) que les résultats soient le fruit du hasard, on puisse en déduire que ceux-ci s'appliquent à la population en général. On peut alors rejeter H_0 et conserver H_1.

La méthode expérimentale

Lorsque vous êtes rendu à l'étape de la codification des données d'une recherche expérimentale, vous devez vous assurer que vos sujets sont bien numérotés (et non nommés) et que, pour chacun des sujets, vous avez également indiqué l'appartenance au groupe expérimental ou au groupe contrôle.

La figure 6.4, à la page suivante, renvoie à une expérience portant sur les effets de la distraction sensorielle sur le temps de complétion d'un test de mémoire et sur le nombre d'erreurs commises. Sachant que l'échantillon compte 40 sujets, chacun codé de 1 à 40 (colonne A), on peut voir que les filles et les garçons (colonne C) issus de différents programmes d'études (colonne E) ont été soumis à trois conditions (colonne B) : une condition expérimentale avec distraction sonore, une condition expérimentale avec distraction visuelle, et une condition contrôle sans distraction. On voit aussi que l'ensemble des sujets était soumis au même test standardisé et qu'on mesurait le rythme cardiaque moyen des participants durant la passation du test (colonne H) afin de pouvoir contrôler leur niveau d'anxiété. Enfin, le temps de complétion (colonne F), le nombre d'erreurs commises (colonne G) et le score obtenu au test (colonne I) servent d'indicateurs quant aux effets de la distraction sur la mémorisation.

Test d'hypothèse
Mesure statistique permettant de déterminer si les différences mathématiques observées sont statistiquement significatives.

Hypothèse nulle (H_0)
Hypothèse qui suppose qu'il n'existe aucun lien significatif entre deux variables.

Hypothèse alternative (H_1)
Hypothèse qui décrit de manière précise la relation entre deux variables.

Seuil de signification
Seuil statistique permettant de connaître le pourcentage de risque que des résultats mathématiques soient en fait le fruit du hasard.

Le niveau de concentration d'un individu est influencé par les conditions de son environnement, par exemple la présence d'un fond sonore.

Figure 6.4 — Un exemple de codification des données issues d'une expérimentation

Sujet	Condition	Sexe	Âge	Programme	Durée	Nombre d'erreurs	Rythme cardiaque	Score
1	Sonore	M	16	1	00:21:32	4	76	22,42
2	Visuelle	F	17	2	00:16:54	5	87	28,09
3	Contrôle	M	20	2	00:17:44	6	78	32,00
4	Sonore	F	21	1	00:17:16	5	90	30,85
5	Contrôle	F	20	3	00:17:05	7	92	28,15
6	Contrôle	F	19	4	00:15:57	8	85	29,41
7	Contrôle	M	18	2	00:17:38	6	91	26,77
8	Sonore	M	17	3	00:13:06	12	75	28,13
9	Visuelle	F	17	2	00:10:58	3	66	28,45
10	Visuelle	F	18	3	00:29:09	2	78	27,65
11	Contrôle	M	18	3	00:28:47	6	95	23,05
12	Contrôle	M	20	3	00:16:03	8	102	29,95
13	Contrôle	F	19	4	00:11:47	9	78	33,79
14	Contrôle	F	19	3	00:13:28	8	76	27,51
15	Contrôle	M	17	1	00:23:05	10	75	25,44
16	Sonore	F	19	2	00:14:59	11	70	32,68
17	Visuelle	F	18	3	00:17:10	3	81	31,88
18	Contrôle	F	17	2	00:19:33	5	86	24,90
19	Visuelle	M	19	1	00:19:36	3	93	27,69
20	Contrôle	F	18	2	00:14:00	9	88	33,80

Grâce à ces données, vous pourrez réaliser une différence de moyenne en comparant la moyenne de temps de passation (colonne F) avec la moyenne du nombre d'erreurs commises au test (colonne G), et ce, pour chacun des groupes de sujets, afin d'obtenir des chiffres que vous pourrez comparer. De plus, vous devrez procéder à un test d'hypothèse afin de vérifier si la différence observée est le fruit du hasard ou si elle est causée par les différentes conditions expérimentales.

Ici, des analyses secondaires des données recueillies permettraient d'observer que les filles ont un rythme cardiaque moyen plus élevé que celui des garçons, que les étudiants en sciences de la nature mettent plus de temps à compléter le test mais font moins d'erreurs, ou encore que les plus jeunes réalisent le test plus rapidement que les autres.

Comme c'est le cas dans l'exemple présenté plus haut, les données recueillies à l'aide de la méthode expérimentale sont principalement de nature quantitative. Pour mettre en lumière les résultats de votre expérimentation, il peut donc être aussi très utile d'avoir recours aux mesures descriptives évoquées dans la section précédente portant sur le sondage. Toutefois, n'oubliez pas que la méthode expérimentale propose de mesurer un lien causal entre deux variables, soit l'effet d'une variable indépendante sur une variable dépendante. Ainsi, l'élément central de l'analyse des données de la méthode expérimentale demeure la comparaison de variables, ne serait-ce que pour rendre compte de la variation des effets de la condition expérimentale sur chacun des groupes de sujets. C'est pourquoi il vous faudra toujours procéder à un test d'hypothèse (*voir la section sur le sondage*).

L'analyse de contenu

L'analyse de contenu amène essentiellement à recueillir des données qualitatives. En ce sens, même s'il vous faut décortiquer vos données, l'analyse des données ne nécessite ici que peu de codification, contrairement aux autres méthodes de recherche.

Pour vous permettre de conduire votre analyse, vous devez procéder d'abord au classement par thèmes ou par sous-thèmes. Lorsque vos données sont classées, l'analyse proprement dite peut commencer. Comme nous l'avons vu au début de ce chapitre, il s'agit alors de relever les récurrences et les contradictions présentes dans ces données. Pour ce faire, vous devez vous référer à la fois à vos catégories d'analyse et à vos unités de signification, tout en tenant compte de l'ensemble de votre problématique. Cette analyse doit porter aussi bien sur le contenu manifeste que sur le contenu latent. Le tableau 6.10 résume les trois étapes de l'analyse des données qui s'appliquent à l'analyse de contenu.

| Tableau 6.10 | Les trois étapes de l'analyse des données d'une analyse de contenu |

Étape	Explication	Exemple
Classement des données par thèmes ou par sous-thèmes	Regrouper les données qui se rapportent aux mêmes thèmes, selon les catégories d'analyse et les unités de signification de votre grille d'analyse.	Dans une étude visant à décrire les facteurs influant sur la plateforme électorale du Parti libéral du Québec, vous pourriez regrouper les positions du parti sur l'économie, la santé et l'éducation, soit sur les aspects ayant été reconnus comme des catégories d'analyse.
Relevé des récurrences et des contradictions dans le contenu manifeste	Repérer au sein des données recueillies dans les documents écrits ou visuels les éléments communs et les éléments contradictoires, ce qui est en continuité ou ce qui constitue une rupture.	Dans une étude cherchant à comprendre l'engagement politique chez les cégépiens, vous relevez dans plusieurs documents des passages qui révèlent l'attachement à un certain modèle social (récurrence), tandis que d'autres ressources documentaires suggèrent l'idée que cette génération est unique et anti-conformiste (contradiction).
Relevé des récurrences et des contradictions dans le contenu latent	S'attarder au contenu qui n'est pas explicite pour repérer les récurrences et les contradictions en concentrant l'analyse sur la recherche : • de «visions du monde»; • d'analogies de situations; • de types de raisonnements; • d'attitudes; • de codes, de valeurs culturelles; • de savoirs sociaux communs[1].	Le film *L'auberge espagnole*, de Cédric Klapisch, présente les interactions entre différents jeunes issus de plusieurs pays européens. Son contenu manifeste porte sur les relations parfois complexes entre ces jeunes (amour, rivalité, domination, etc.). Toutefois, ces relations pourraient aussi être vues comme une métaphore des difficultés d'intégration de ces pays dans l'Union européenne. Le contenu latent de ce film pourrait donc être utilisé comme référence dans une recherche portant sur la dynamique des relations politiques entre les pays de l'Union européenne.

1. Alex MUCCHIELLI, *Les méthodes qualitatives*, Paris, Presses universitaires de France, 1991, p. 59 (Coll. « Que sais-je ? », n° 2591)

Ces trois étapes de l'analyse des données se prêtent aussi bien à une analyse de type théorique qu'à une analyse de discours ou à une analyse statistique. Afin d'illustrer encore mieux ce qu'est l'analyse des données dans le cadre d'une analyse de contenu, attardons-nous à ces trois types précis d'analyse.

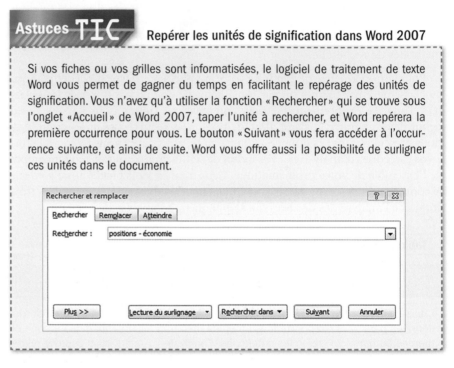

Astuces TIC — Repérer les unités de signification dans Word 2007

Si vos fiches ou vos grilles sont informatisées, le logiciel de traitement de texte Word vous permet de gagner du temps en facilitant le repérage des unités de signification. Vous n'avez qu'à utiliser la fonction « Rechercher » qui se trouve sous l'onglet « Accueil » de Word 2007, taper l'unité à rechercher, et Word repérera la première occurrence pour vous. Le bouton « Suivant » vous fera accéder à l'occurrence suivante, et ainsi de suite. Word vous offre aussi la possibilité de surligner ces unités dans le document.

■ L'analyse théorique

L'analyse théorique consiste à faire une lecture active des extraits écrits ou des documents visuels que vous avez retenus et préalablement classés selon votre théorie. Il s'agit donc de mettre les « lunettes » théoriques qui correspondent à votre angle d'analyse. Même s'il existe certaines particularités, la façon de conduire une analyse théorique est assez semblable, qu'il s'agisse de documents écrits ou visuels.

Supposons, par exemple, que vous ayez travaillé sur la propagande soviétique durant la première phase de la Guerre froide (1945-1949) à partir d'affiches issues du réalisme socialiste, le courant artistique officiel de l'URSS de 1918 à 1991, un courant particulièrement virulent sous le régime stalinien, mais plus souple à partir de 1955. Il va donc vous falloir chercher des récurrences et des contradictions à la lumière de la théorie qui aura retenu votre attention lors de la recherche documentaire. Le tableau 6.11 présente l'analyse de deux affiches de propagande soviétique.

EXTRA
Particularités de l'analyse de documents visuels

Tableau 6.11

Un exemple d'analyse comparée de deux affiches de l'ère soviétique selon l'analyse de contenu

Éléments de comparaison	Affiche n° 1	Affiche n° 2	Éléments d'analyse
	\n\nLégende : «Ne fais pas de bêtises!»	\n\nLégende : «Les peuples du monde ne veulent pas d'une autre guerre dévastatrice» (citation de Staline)	
Conditions de création, de diffusion et de réception du document	Contexte :\n\n1. Durcissement de l'ère stalinienne après la Seconde Guerre mondiale\n\n2. Phase de consolidation de la Guerre froide\n\n3. Soviétiques ne détenant pas encore la bombe atomique	Contexte :\n\n1. Durcissement de l'ère stalinienne après la Seconde Guerre mondiale\n\n2. Phase de consolidation de la Guerre froide\n\n3. Partis communistes des autres États organisant des manifestations prosoviétiques	1. Ère stalinienne\n\n2. Guerre froide (à son apogée)\n\n3. Soviétiques (présentés comme des pacifistes à la population de l'URSS)
Contenu manifeste du document	1. Utilisation de la couleur rouge\n\n2. Soldat de l'Armée rouge à l'apparence jeune et angélique ; Américain vieux et proportionnellement plus petit\n\n3. Doigt moralisateur du soldat suggérant à l'Américain belliqueux de ne pas utiliser la bombe atomique	1. Utilisation de la couleur rouge\n\n2. Paysan français à l'air jeune et déterminé ; Américain gros et proportionnellement plus petit\n\n3. Main ferme et bras levé du paysan qui démontrent le refus de la guerre proposée par l'Américain belliqueux	1. Couleur rouge (symbole du communisme)\n\n2. Communistes (présentés comme étant jeunes, grands et pacifiques) et Américains (présentés comme étant vieux, laids et belliqueux)\n\n3. Refus de la guerre (qui provient unilatéralement des communistes)
Contenu latent du document	Référence à la sagesse des Soviétiques dans le titre du document	Banderoles et foule nombreuse qui suggèrent un soutien des peuples des autres pays occidentaux aux Soviétiques	Image positive des communistes

Sources : Affiche n° 1 : Viktor Govorkov (1948) ; affiche n° 2 : auteur inconnu.

■ L'analyse de discours

L'analyse de discours vise à faire ressortir les éléments manifestes et latents des écrits ou des discours de personnes, d'organisations ou de gouvernements. Supposons que vous meniez une recherche visant à décrire l'évolution des budgets associés aux projets culturels dans la région de Québec ces cinq dernières années. La problématique de votre recherche pourrait inclure une dimension politique, qui serait alors analysée en fonction des différentes unités de signification qui la caractérisent. Vous pourriez ainsi analyser les discours des différents paliers de gouvernement afin de souligner certaines contradictions entre le discours officiel sur la politique culturelle et la pratique réelle de cette politique. Votre analyse des textes officiels pourrait mettre en évidence un soutien clair aux initiatives culturelles, alors que d'autres textes émanant d'organismes indépendants pourraient indiquer que, en pratique, les budgets associés à la culture dans la région de Québec n'ont pas augmenté depuis cinq ans. Votre analyse permettrait par conséquent de mettre en lumière cette contradiction.

■ L'analyse statistique

L'analyse statistique demande d'abord de dégager les statistiques qui sont significatives pour votre problématique, en plus de signaler les constances et les éléments de rupture dans le temps. Par exemple, si vous menez une recherche portant sur le choix du programme d'études de premier cycle universitaire chez les étudiants canadiens entre 2002 et 2007, vous pourriez présenter un tableau révélant la répartition des effectifs universitaires canadiens selon le niveau d'études et le programme d'enseignement, et ce, de l'année scolaire 2002-2003 à l'année 2006-2007 (*voir le tableau 6.12*).

| Tableau 6.12 | Un exemple d'analyse de données statistiques |

Programmes d'enseignement	Effectifs universitaires de premier cycle par année					
	2002-2003	2003-2004	2004-2005	2005-2006	2006-2007	Augmentation des effectifs 2007 a/b 2002 (en %)
Éducation	53 001	56 145	51 702	52 851	53 034	**0,06 %**
Arts visuels et d'interprétation, et technologie des communications	26 616	29 826	32 616	33 156	33 339	**25,26 %**
Sciences humaines	127 119	142 740	141 948	150 237	144 729	**13,85 %**
Sciences sociales et de comportements, et droit	131 064	141 990	153 873	156 018	159 591	**21,77 %**

| Tableau 6.12 | Un exemple d'analyse de données statistiques (*suite*) |

Programmes d'enseignement	Effectifs universitaires de premier cycle par année					
	2002-2003	2003-2004	2004-2005	2005-2006	2006-2007	Augmentation des effectifs 2007 a/b 2002 (en %)
Commerce, gestion et administration publique	121 089	129 702	133 281	135 873	139 614	**15,30 %**
Sciences physiques et de la vie, et technologies	65 976	70 692	74 610	76 587	75 582	**14,56 %**
Mathématiques, informatique et sciences de l'information	38 181	35 901	32 361	28 209	25 512	**−33,18 %**
Architecture, génie et services connexes	63 387	66 345	66 702	65 637	65 883	**3,94 %**
Agriculture, ressources naturelles et conservation	9 933	10 047	10 170	10 500	10 632	**7,04 %**
Santé, parcs, récréation et conditionnement physique	65 409	71 277	75 666	78 876	81 942	**25,28 %**
Services personnels, de protection et de transport	984	945	1 461	1 332	1 803	**83,23 %**
Autres programmes d'enseignement	16 359	15 096	14 358	14 100	20 157	**23,22 %**
Total	**719 118**	**770 706**	**788 748**	**803 376**	**811 818**	**12,89 %**

Note : Pour les établissements du Québec et de l'Alberta, Thompson Rivers University et University of Northern British Columbia, les codes de la Classification des programmes d'enseignement (CPE) 2000 attribués aux programmes sont sujets à révision. Pour les établissements du Québec, Brandon University, University of Winnipeg, University of British Columbia, University of Northern British Columbia, Simon Fraser University : les domaines d'étude ont été mis à jour pour 2000-2001 à 2005-2006. Les effectifs universitaires de 2002-2003 ont augmenté en raison de l'ajout des inscriptions de l'Ontario College of Art and Design. Dernières modifications apportées : 2009-05-25.

Source : Adapté de STATISTIQUE CANADA, « Effectifs universitaires selon le niveau d'études et le programme d'enseignement (premier cycle) », [En ligne], www40.statcan.gc.ca/l02/cst01/educ54c-fra.htm (Page consultée le 9 juillet 2009)

Comme le montre le tableau 6.12, aux pages 164 et 165, vous pourriez même ajouter une dernière colonne qui rend compte de l'augmentation des effectifs de chaque programme entre ces deux périodes, question de faire ressortir des tendances ou des faits saillants en lien avec votre recherche.

Une fois un tel tableau dressé, il s'agira ensuite de faire l'analyse descriptive de ces résultats en rédigeant un texte qui pourrait ressembler à ceci :

Nous pouvons dénoter une croissance des effectifs universitaires de 12,89 % pour l'ensemble des programmes d'études. Un seul programme d'enseignement a connu une régression, soit les mathématiques, informatique et sciences de l'information, qui a vu ses effectifs diminuer de 33,18 % entre 2002-2003 et 2006-2007. Le programme ayant connu la plus forte augmentation (83,23 %) est celui des services personnels, de protection et de transport. Par contre, en nombre absolu, il ne s'agit que de 819 étudiants supplémentaires puisque ce secteur se classe 12ᵉ sur 12 quant au nombre d'étudiants en chiffres absolus. [...]

Pour aller plus loin — **La construction d'indices statistiques**

Afin de suivre l'évolution dans le temps d'une donnée statistique telle que le taux de fécondité ou l'indice des prix à la consommation, il est possible de construire un tableau constitué d'indices statistiques.

Pour ce faire, vous devez d'abord choisir une année de référence significative par rapport aux données de votre recherche. La donnée associée à cette année de référence devient alors ce qu'on appelle la base 100. Par exemple, selon Statistique Canada, l'année 2002 est l'année de référence de l'indice des prix à la consommation (IPC). L'IPC de 2002 a donc une valeur de 100. Pour calculer la valeur de l'IPC pour 2009, il vous faudra prendre la valeur absolue en argent des prix à la consommation en 2009, la diviser par la valeur absolue en argent des prix à la consommation en 2002 et multiplier ensuite ce résultat par 100. Si votre IPC pour 2009 est plus grand que celui de 2002, vous pourrez ainsi affirmer que les prix ont augmenté en 2009 par rapport à 2002. Inversement, si l'IPC pour 2009 est plus petit que celui de 2002, cela implique une baisse des prix entre ces deux périodes.

Vous pouvez aussi calculer les différences entre les indices statistiques au moyen d'un calcul de pourcentages. Vous rapportez alors ces indices et pourcentages dans un tableau que vous présentez dans votre rapport de recherche, en prenant soin, bien sûr, de citer les sources qui vous auront permis de faire vos calculs.

Interprétation des résultats
Étape de la démarche scientifique qui comporte un regard critique méthodologique, une discussion à propos des résultats issus de l'analyse des données, une vérification de l'objectif spécifique ou de l'hypothèse spécifique de recherche, ainsi que des pistes de réflexion.

L'interprétation des résultats

L'interprétation vise à donner un sens aux résultats obtenus après la collecte des données. Votre enseignant vous a peut-être déjà fourni des indications précises sur ce que doit contenir l'interprétation des résultats, mais sachez quand même qu'on y trouve généralement quatre composantes : un regard critique, une discussion des résultats, la vérification de l'objectif spécifique ou de l'hypothèse spécifique de recherche, et des pistes de réflexion.

Vous devez commencer par faire état de vos réflexions par rapport à l'ensemble de votre démarche et, le cas échéant, mentionner les possibles lacunes méthodologiques. Vous devez ensuite discuter des éléments de votre analyse qu'il est intéressant de souligner. Pour ce faire, vous devez proposer une lecture originale de vos résultats en vous appuyant à la fois sur des arguments provenant de l'état de la question et sur des arguments logiques ou encore mathématiques que vous aurez préalablement formulés. Dans un troisième temps, vous devez vous prononcer sur l'objectif spécifique (a-t-il été atteint?) ou sur l'hypothèse spécifique de recherche (a-t-elle été vérifiée?) qui a clos votre problématique et orienté la suite de votre démarche. Enfin, vous devez proposer des pistes de réflexion pour une recherche ultérieure. Voyons plus en détail comment aborder ces quatre aspects de l'interprétation.

Le regard critique

Avant d'entreprendre la discussion des résultats proprement dite, il vous faut faire une rétrospection de l'ensemble de votre démarche scientifique. Cette rétrospection va en effet vous permettre de relever les lacunes ou les limites de votre recherche afin de nuancer au besoin les résultats obtenus. Sachez que même les plus grands chercheurs critiquent leur propre démarche. Le moment est donc venu de considérer certaines critiques méthodologiques que l'on pourrait adresser à votre recherche. Le tableau 6.13, à la page suivante, illustre les types d'erreurs les plus courantes dans le travail de recherche.

Tableau 6.13	Les types d'erreurs fréquentes commises au cours de la démarche scientifique	
Étape de la démarche scientifique	Types d'erreurs commises	Exemple
Élaboration de la problématique	• Questionnement trop pointu • Hypothèse mal formulée • Concepts mal définis	L'analyse des données issues des entrevues menées auprès de membres des équipes sportives de votre cégep révèle que le concept d'estime de soi n'a pas été compris de la même façon par tous les interviewés, ce qui limite la portée de l'analyse.
Échantillonnage	• Échantillonnage peu représentatif • Choix d'un type d'échantillon inadapté • Sélection discriminatoire (consciente ou non) des éléments du corpus	Alors que la recherche visait à comparer l'importance des études selon la religion des étudiants, la création de données statistiques a été rendue difficile par la sélection d'une trop grande proportion d'étudiants chrétiens.
Collecte des données	• Outil de collecte de données inadapté à la problématique • Manque de professionnalisme de la part d'un des coéquipiers	Un des coéquipiers n'a rempli que partiellement ses grilles d'observation, ce qui limite la quantité et la qualité des données recueillies.

Une fois que vous avez relevé les erreurs commises, vous devez juger de leurs conséquences sur votre travail de recherche, mais aussi les partager avec votre lectorat par souci éthique, afin de faire preuve de transparence. Parfois, ces erreurs pourront être corrigées aisément, par exemple en excluant un des entretiens réalisés avec un manque de professionnalisme de la part d'un des coéquipiers. Vous devez toutefois vous assurer de bien expliquer dans votre rapport les raisons qui vous font agir de la sorte. L'honnêteté est donc de mise, car on vous pardonnera plus facilement vos fautes si vous avez su vous-même les reconnaître et que vous ayez été capable d'en mesurer l'impact, voire de l'atténuer. Dans d'autres cas, les lacunes seront peut-être trop importantes pour être corrigées à ce stade-ci de votre démarche et elles viendront alors nuire à la représentativité de vos résultats. Supposons, par exemple, que vous ayez réalisé un sondage auprès d'étudiants du collégial afin de savoir s'ils appuient ou non divers aspects de la politique étrangère canadienne et que la compilation de vos données montre que la majorité des participants ont avoué avoir une connaissance très limitée des enjeux politiques sur lesquels ils étaient sondés. Votre analyse des données sera alors forcément limitée par rapport à votre objectif de départ.

La discussion des résultats

La discussion des résultats est basée sur l'analyse des données qui a été effectuée préalablement. Elle est la partie centrale de l'interprétation et consiste à dégager le sens des résultats obtenus en ayant recours à la problématique de départ, et particulièrement à l'hypothèse spécifique ou à l'objectif spécifique

Faire d'une faiblesse méthodologique une force

Ce qui est considéré comme une faiblesse méthodologique pour les uns peut parfois, dans d'autres perspectives, devenir une force. Ainsi, un sociologue américain du XXᵉ siècle est parvenu à donner un caractère scientifique au fait d'être très proche de ses sujets d'observation, alors qu'en général on suggérait plutôt au chercheur d'avoir une certaine distance par rapport aux personnes observées, et ce, dans le but de favoriser une observation qui soit la plus neutre possible. William Foote Whyte a ainsi réussi, en 1937, à se faire accepter au sein des gangs criminels d'origine italienne de Boston alors qu'il se livrait en réalité à une démarche d'observation.

De même, l'école de Chicago poussait ses étudiants en sociologie à travailler sur des sujets très proches de leur vie quotidienne en utilisant des sources liées fortement au milieu étudié, comme les *hobos* chez Nels Anderson ou encore les musiciens de jazz chez Howard S. Becker. De nos jours, cette approche de la science rappelle le journalisme d'investigation où une journaliste peut, par exemple, se faire passer pendant quelques mois pour une travailleuse immigrante illégale afin de faire le portrait des conditions de vie de ces travailleurs souvent isolés socialement et peu disposés à partager leur expérience difficile avec un étranger.

de recherche, à l'état de la question et aux disciplines des sciences humaines qui ont inspiré tout le questionnement de la recherche.

Votre enseignant vous a peut-être déjà proposé un modèle pour réaliser la discussion des résultats, mais sachez au moins qu'elle se fait généralement en cinq étapes (*voir la figure 6.5*). En premier lieu, pour bien situer le lecteur, la première étape consiste à citer l'objectif spécifique ou l'hypothèse spécifique de recherche qui sous-tend l'ensemble de votre démarche scientifique. En deuxième lieu, vous devez rappeler les grandes lignes de votre analyse des résultats, soit les éléments les plus marquants en lien avec l'objectif ou l'hypothèse. En troisième lieu, vous devez réaliser l'interprétation comme telle. Que veulent dire vos résultats ? Que faut-il en comprendre ? Vous pouvez y aller de vos propres explications et des conclusions issues de l'analyse de vos données. En quatrième

Figure 6.5   **Les étapes de la discussion des résultats**

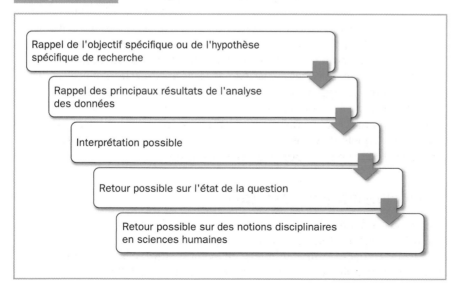

lieu, vous devez appuyer vos dires sur votre recherche documentaire. En effet, l'état de la question vous a déjà permis de découvrir des recherches antérieures en lien avec votre sujet de recherche (*voir le chapitre 3*). Vos propres résultats vont-ils dans le même sens? Enfin, en cinquième lieu, vous devez nourrir votre interprétation, mais à partir cette fois des notions, des concepts ou des théories associés aux disciplines des sciences humaines qui vous ont servi lors de l'élaboration de votre problématique.

Abordons, à l'aide du tableau 6.14, deux exemples complets, un premier basé sur des données qualitatives et un second basé sur des données quantitatives, afin d'illustrer ces étapes de la discussion de manière plus concrète.

Tableau 6.14 — Deux exemples de discussion des résultats de recherche

Étape de la discussion	Exemple basé sur des données qualitatives (issues d'une entrevue)	Exemple basé sur des données quantitatives (issues d'une méthode expérimentale)
Rappel de l'objectif spécifique ou de l'hypothèse spécifique de recherche	Le choix du réseau amical d'un individu dépend de la catégorisation sociale de ses amis.	Les interactions sociales facilitent la découverte et la résolution d'un conflit cognitif.
Rappel des principaux résultats de l'analyse des données	Votre analyse des données a révélé que, à l'adolescence, le style vestimentaire prévaut lorsqu'il s'agit du choix de ses amis, alors que, à l'âge adulte, c'est le métier qui prime.	Vous avez soumis une illusion d'optique à des élèves du secondaire qui travaillaient seuls ou en équipe de deux. Vous avez relevé, lors de votre analyse des données, que le conflit cognitif, soit la complexité de l'image, a été reconnu 1,4 fois plus souvent chez les élèves travaillant en duo. Par ailleurs, cette découverte s'est faite en 5 minutes 33 secondes en moyenne chez ces mêmes groupes d'élèves, comparativement à 12 minutes chez les élèves qui travaillaient seuls.
Interprétation possible	L'adolescent, qui est en quête identitaire, recherche un sentiment d'appartenance qui se fonde sur des codes communs aux siens. Toutefois, à l'âge adulte, le statut socioéconomique est plus important en raison de la présence des réseaux de socialisation que sont les milieux d'éducation ou de travail.	L'interaction sociale contribue à l'apprentissage puisque la présence d'autrui entraîne une multiplication des raisonnements et déclenche un processus d'autoévaluation des apprentissages (métacognition).

Tableau 6.14	Deux exemples de discussion des résultats de recherche (*suite*)	
Étape de la discussion	Exemple basé sur des données qualitatives (issues d'une entrevue)	Exemple basé sur des données quantitatives (issues d'une méthode expérimentale)
Retour possible sur l'état de la question	Votre interprétation précédente pourrait être complétée en précisant que, « aux âges les plus élevés, la sociabilité extrascolaire prend donc le relais de la sociabilité scolaire[1] ». Cette affirmation, tirée d'un document trouvé lors de votre recherche documentaire, soutiendra alors votre propre argumentation quant à un changement dans l'établissement d'un réseau amical.	Votre interprétation pourrait être complétée par l'affirmation selon laquelle ce nouvel apprentissage crée un « conflit cognitif », et que les élèves devront atteindre un « nouvel équilibre » et donc résoudre ce conflit[2]. Cet argument, mis en lumière grâce à un article scientifique trouvé dans une base de données, étayera alors votre explication selon laquelle la connaissance est construite par les étudiants.
Retour possible sur des notions disciplinaires en sciences humaines	En faisant référence à la psychologie sociale, vous pourriez opter pour une théorie de l'identification sociale qui affirme que « la seule catégorisation en deux groupes distincts entraîne la discrimination à l'encontre de l'exogroupe, dans le but de différencier son groupe[3] ». Vous pourrez ainsi relever la représentation de l'identité du groupe (les amis portant le même genre de vêtements ou ceux qui sont du même domaine professionnel) et les motivations des comportements discriminatoires de ce groupe envers l'exogroupe (les gens extérieurs au cercle d'amis).	En faisant appel à la psychologie, vous pourriez mettre en relation vos résultats avec ceux des recherches de Doise, Mugny et Perret-Clermont, qui affirment qu'une « opposition entre deux sujets, lors de situations d'interaction sociale, permet d'engendrer un conflit sociocognitif dont la résolution – qui implique pour le sujet une décentration et une reconsidération de son propre point de vue grâce à des phénomènes d'argumentation et de communication entre apprenants – permettra de générer un progrès cognitif[4] ». Ici, le fait que les duos d'élèves aient reconnu le conflit 1,4 fois plus souvent que les élèves seuls et qu'ils aient réalisé un progrès cognitif en 6 minutes 56 secondes de moins qu'eux en moyenne révèle la pertinence de l'argumentation et de la communication dans une situation d'apprentissage.

1. Nicolas HERPIN, « Les amis de classe : du collège au lycée », *Économie et statistique*, n° 293 (mars 1996), p. 128.
2. Jacques TARDIF, « La construction des connaissances. 1. Le consensus », *Pédagogie collégiale*, vol. 11, n° 2 (décembre 1997), p. 18.
3. Frédérique AUTIN, « La théorie de l'identité sociale de Tajfel et Turner », *Préjugés et stéréotypes,* projet à l'initiative de l'AFPS et de www.psychologie-sociale.org, réalisé avec le concours du Ministère de la Recherche de la France, [En ligne], www.prejuges-stereotypes.net/main.htm (Page consultée le 10 juillet 2009)
4. Laurent DUBOIS, « Les modèles de l'apprentissage et les mathématiques », [En ligne], http://home.adm.unige.ch/~duboisl/didact/theories.htm (Page consultée le 4 décembre 2009)

La vérification de l'objectif spécifique ou de l'hypothèse spécifique de recherche

La troisième étape de l'interprétation des résultats, après le regard critique et la discussion des résultats, consiste à vérifier l'objectif spécifique ou l'hypothèse spécifique de recherche. Cette étape permet de faire le pont entre la problématique, l'analyse et l'interprétation afin de dégager le contexte global de la recherche. En ce sens, cette étape vient synthétiser et clore l'étape précédente, soit la discussion des résultats. Autrement dit, il s'agit, sur la base de votre recherche, de mettre en valeur votre contribution à la connaissance en vérifiant si votre objectif spécifique a bel et bien été validé ou non, ou encore si votre hypothèse spécifique de recherche a été confirmée ou infirmée. Cette vérification de l'objectif ou de l'hypothèse de départ est la pierre d'assise de toute démarche scientifique puisqu'elle constitue la base des découvertes qui jalonnent l'avancement des connaissances. En effet, une hypothèse confirmée permet, par exemple, de mieux comprendre un phénomène humain donné, de relier la théorie (mise en valeur par votre état de la question) à la pratique (issue de votre travail de terrain qui a permis la collecte des données). À cette étape, vous devez donc retourner en arrière afin de déterminer la cohérence de votre perspective d'enquête avec le projet de départ et être capable de percevoir si vous vous êtes ou non éloigné du chemin tracé.

Prenons l'exemple d'une recherche portant sur les valeurs de deux générations différentes, soit la génération X et la génération Y, et qui vous a amené à poser comme hypothèse spécifique de recherche que le travail est la valeur la plus importante pour la génération X, tandis que la famille est la valeur prédominante chez la génération Y. Votre méthode de recherche vous conduit à colliger diverses données, que vous avez analysées selon les suggestions présentées dans ce chapitre. Vous avez alors pu, au cours de l'étape de la discussion des résul-

Le réseau amical se constitue de différentes façons tout au long de la vie.

tats, repérer la valeur prédominante pour chaque génération. Or, si votre discussion des résultats va bien dans le même sens que votre hypothèse, cette étape-ci de vérification est le moment d'en faire mention et de l'exprimer clairement à votre lecteur. Il est toutefois possible que vos données viennent plutôt contredire votre hypothèse de départ. Il ne faut pas s'en cacher pour autant ni envisager votre travail de recherche comme un échec.

Si vous poursuiviez un objectif spécifique plutôt qu'une hypothèse spécifique de recherche, cette étape de la vérification exige que vous commentiez l'atteinte (ou non) dudit objectif. Par exemple, si votre recherche visait à mieux comprendre le phénomène de l'itinérance chez les jeunes femmes dans la région de Montréal, cette étape sera le moment de révéler si votre compréhension s'est effectivement améliorée à la lumière de votre recherche sur le terrain et, si oui, d'expliquer pourquoi.

EXTRA
Vérification de l'hypothèse spécifique ou de l'objectif spécifique de recherche selon la méthode de recherche

Les pistes de réflexion

La dernière étape de l'interprétation des résultats consiste à dégager de votre recherche des pistes de réflexion. Ces pistes sont cruciales pour l'avancement des connaissances, car bon nombre de connaissances scientifiques sont le fruit de chercheurs ayant repris ou poursuivi les travaux de leurs collègues.

Il s'agit ici de relever les questionnements soulevés par votre recherche et qui n'ont pas trouvé de réponse, mais qui pourraient néanmoins être abordés dans une nouvelle recherche. Vous pouvez orienter votre réflexion vers le même sujet de recherche ou bien esquisser un sujet de recherche connexe.

Un même sujet, mais une approche différente

Si votre objectif spécifique de recherche n'a pas été atteint ou que votre hypothèse spécifique se trouve infirmée à cause d'une ou plusieurs erreurs méthodologiques, vos pistes de réflexion peuvent alors être dirigées vers des propositions de recherches ultérieures qui feront référence à la même recherche. Vous pouvez donc proposer de mener une nouvelle fois la recherche, mais en suggérant d'autres avenues afin d'éviter les mêmes écueils. Par exemple, si votre recherche visait à expliquer les facteurs de la violence chez les adolescents du secondaire et que vous n'ayez pas eu un échantillon assez large à cause de votre accès restreint à cette population, ce qui ne vous a pas permis d'effectuer convenablement vos tests d'hypothèse, vous pourriez proposer de reprendre cette recherche, mais en utilisant une autre méthode, comme l'analyse de contenu, ou encore suggérer aux futurs chercheurs de négocier d'avance le terrain avec des intervenants en centres d'accueil ou des écoles reconnues pour leur fort taux d'incidents violents.

Un sujet différent, mais connexe

Vos pistes de réflexion peuvent aussi vous amener à suggérer d'autres recherches possibles, qui seraient néanmoins connexes à celle que vous avez menée. Ainsi, si l'on reprend l'exemple que nous venons tout juste de citer, vous pourriez choisir de vous intéresser aux conséquences sociales ou individuelles de la violence chez les adolescents ou encore à l'analyse comparative des politiques gouvernementales provinciales en matière de criminalité chez les jeunes contrevenants.

Conclusion

Même si chaque méthode de recherche a des particularités qui lui sont propres et dont il faut absolument tenir compte, il existe une démarche globale permettant de réaliser l'analyse des données et d'en faire ensuite l'interprétation.

Dans un premier temps, cette analyse exige de préparer les données en vérifiant qu'elles sont utilisables, puis de procéder à leur codification et à leur classement par thèmes ou par sous-thèmes. Les données ainsi traitées peuvent alors faire l'objet d'une analyse principale, voire secondaire, qui va chercher à repérer d'éventuelles récurrences et contradictions.

Une fois l'analyse complétée, il vous faut enfin lui donner un sens global en interprétant ses résultats. Il s'agit donc de faire preuve d'esprit critique à l'égard de votre méthodologie, de souligner les lacunes qui ont pu limiter la portée de votre analyse, mais surtout de discuter des résultats en faisant notamment référence à l'état de la question et aux perspectives disciplinaires des sciences humaines qui sous-tendent l'ensemble de votre démarche. Cela vous conduira ainsi à vérifier l'atteinte de votre objectif spécifique ou la vérification de votre hypothèse spécifique de recherche, et à proposer de nouvelles pistes pour de futures recherches.

Votre recherche complétée, il vous restera alors à franchir une dernière étape de la démarche scientifique, soit la diffusion des résultats de votre recherche, qui fait l'objet du chapitre 7.

Faites LE POINT

1. Ai-je vérifié, codifié et classé mes données de manière à pouvoir en faire l'analyse ? ☐

2. Mon analyse des données a-t-elle fait ressortir des éléments communs et des éléments de contradiction entre elles ? ☐

3. Ai-je produit une discussion de mes résultats, à la suite de l'analyse, pour faire le point sur ma problématique de recherche ? ☐

4. Mon interprétation des résultats est-elle en lien direct avec mon objectif spécifique ou mon hypothèse spécifique de recherche ? ☐

5. Mon interprétation inclut-elle un regard critique sur ma méthodologie de recherche et des pistes de réflexion pour de futures recherches ? ☐

Prof ET Chercheur

Mathieu Gattuso,
psychologue clinicien

Mathieu Gattuso est psychologue depuis plus de 35 ans. Fasciné par les processus mentaux, et plus particulièrement par la possibilité de les quantifier, il constate très jeune que les différents laboratoires de psychologie qui ont vu le jour dans l'Occident d'après-guerre offrent la possibilité de marier nouvelles technologies et comportement humain. Il veut alors être de ceux qui étudient empiriquement la nature humaine. Quelques années plus tard, Mathieu Gattuso devient ainsi l'un des premiers étudiants de l'Université de Montréal à utiliser des test non paramétriques pour le traitement des données et à recourir au logiciel de calcul statistique SPSS.

D'abord psychologue clinicien, il est recruté par les Jésuites du Collège Brébeuf pour mettre sur pied un laboratoire de psychologie, dont il va assumer la direction jusqu'en 2008. Certifié de recherche à Harvard, il devient ensuite professeur au Collège Jean-de-Brébeuf, puis chargé d'enseignement à la Faculté de médecine de l'Université de Montréal, praticien en clinique privée et expert légal.

Au fil des ans, sa carrière l'a ainsi amené à participer à de nombreux projets de recherche, comme en témoigne son imposante bibliographie. Pionnier des mesures statistiques pour l'analyse de données et de l'imagerie mentale dans le domaine de la recherche expérimentale, Mathieu Gattuso a rédigé des travaux importants dans son domaine, dont certains pour l'Ordre des psychologues du Québec[1]. Plus récemment, il s'est penché sur les déterminants de la réussite scolaire[2]. Ces travaux ont notamment permis d'élaborer des stratégies d'encadrement, entre autres chez les garçons risquant de présenter des difficultés d'adaptation au cours de leur première session en sciences humaines au collégial[3].

Durant sa carrière de professeur, Mathieu Gattuso s'est toujours fait un devoir de transmettre des valeurs de rigueur scientifique à ses étudiants, d'abord à l'intérieur du cours de psychologie empirique, puis dans le cours d'initiation pratique à la méthodologie des sciences humaines. Ses étudiants se sont d'ailleurs vu remettre plusieurs prix dans des concours à l'échelle locale et provinciale. Pour Mathieu Gattuso, il est fondamental que les travaux empiriques reposent sur de solides analyses. C'est pourquoi, afin de s'assurer de la validité de ses mesures, il a toujours su s'entourer de spécialistes en analyse quantitative, de statisticiens ou de chercheurs. Aux yeux de ses collègues, il demeure un modèle de curiosité, de persévérance et d'amour de la recherche.

1. Mathieu GATTUSO, *L'expertise psycholégale*, congrès de l'Ordre des psychologues du Québec, 1997.
2. M. GATTUSO, *Profil motivo-psychologique des étudiants à risque : une recherche exploratoire*, rapport interne de recherche pédagogique, Montréal, Collège Jean-de-Brébeuf, 2006.
3. Christiane CINQ-MARS, Mathieu GATTUSO et François PAQUET, *Évaluation quantitative de l'impact du tutorat maître-élève sur la réussite académique (validation du projet Odyssée)*, Montréal, Collège Jean-de-Brébeuf, 2007.

Chapitre 7

Diffuser ses résultats de recherche

Introduction

Tout chercheur doit, à un moment donné, présenter par écrit l'ensemble de son travail, afin de communiquer à d'autres personnes le fruit de ses efforts. Cette diffusion des résultats peut en effet permettre à d'autres chercheurs de poursuivre le questionnement scientifique et contribuer ainsi à l'avancée des connaissances. Par la suite, le chercheur devra aussi diffuser oralement ses résultats de recherche, afin de rejoindre un public plus large et de partager avec la communauté scientifique ses connaissances nouvellement acquises.

En fin de parcours de votre propre recherche en sciences humaines, vous aurez donc, vous aussi, à assurer la communication écrite et orale de vos résultats de recherche. Bien que cette étape de la démarche scientifique coïncide le plus souvent avec une fin de session chargée, elle mérite toute votre attention, car elle représente l'aboutissement d'un long parcours. Votre enseignant est là pour vous donner plusieurs précisions à cet effet, mais sachez que vous aurez généralement à présenter vos résultats de recherche sous la forme d'un rapport écrit, puis à en faire la présentation orale.

Pour commencer, vous allez devoir élaborer et rédiger un rapport final, qui va représenter la somme des avancées effectuées tout au long de votre travail de recherche. Ce rapport doit reprendre les principaux éléments de votre problématique, à savoir le problème de recherche, qui comprend l'état de la question, et votre objectif spécifique ou votre hypothèse spécifique de recherche. En outre, le rapport doit faire état de la méthodologie employée, en plus de présenter la plupart des données recueillies et mises en forme que vous avez analysées et dont vous vous êtes servi pour l'interprétation des résultats. La présentation orale va vous permettre, quant à elle, d'organiser vos propos, dans le but de présenter, dans le temps imparti, une synthèse de votre travail. Examinons donc de plus près les différents aspects à considérer pour permettre une communication écrite et orale efficace de vos résultats de recherche.

La structure du rapport de recherche

EXEMPLE
Composantes d'un rapport de recherche

Avant de commencer la rédaction de votre rapport de recherche, vous devez avoir bien en tête les différentes composantes qui vont le constituer pour mettre au point un plan détaillé qui vous permettra d'organiser vos propos. De façon générale, un rapport de recherche, comme la majorité des publications, comporte les composantes suivantes : une page titre, un résumé, des tables et des listes de références (table des matières, liste de sigles et d'abréviations, liste des tableaux et des figures), des remerciements, un texte principal réparti en plusieurs parties (introduction, problématique, méthodologie, analyse des données et interprétation des résultats et conclusion), une médiagraphie et des annexes.

Pour aller plus loin — La présentation par affiche

Ce chapitre présente les façons les plus classiques de diffuser des résultats de recherche, à savoir au moyen d'un rapport de recherche et d'une présentation orale devant un auditoire. Toutefois, de plus en plus de congrès scientifiques prévoient aussi une diffusion des connaissances par affiche, utilisée souvent en parallèle avec des communications plus traditionnelles où le présentateur expose oralement ses résultats devant un public de spécialistes.

La présentation par affiche consiste à résumer sur une seule affiche l'ensemble de sa démarche scientifique en y incluant généralement quelques tableaux, figures ou illustrations, de manière à fournir en un coup d'œil les résultats obtenus. Le chercheur se tient alors près de son affiche et accueille les visiteurs qui déambulent dans une salle réservée à ce type de présentation. Il est donc à même de discuter directement, soit individuellement, soit en groupe restreint, du fruit de ses travaux avec des gens dont la curiosité a été piquée par l'affiche en question. Ce format a l'avantage de permettre aux participants d'un congrès de prendre rapidement connaissance des travaux existants, sans devoir assister à une conférence qui peut parfois être longue et ne pas correspondre tout à fait à leurs attentes.

EXTRA
Diffusion de la recherche par conférence et article scientifique

La page titre

Qui dit page titre, dit aussi titre. Or, étant donné que le titre de votre rapport a pour objectif de présenter l'ensemble du travail de recherche, mais aussi de susciter la curiosité d'un lecteur potentiel, vous devez d'abord soigneusement le choisir. Ce titre doit être à la fois concis et précis, en plus de faire ressortir les concepts-clés de la recherche. La rigueur scientifique exige aussi d'éviter les titres trop sensationnalistes, que l'on réserve davantage pour des articles de vulgarisation scientifique. Le lecteur doit ainsi être en mesure de comprendre précisément le sujet de la recherche juste en lisant le titre du rapport. Par exemple, dans le cadre d'une recherche dont l'objectif est de décrire les comportements des enfants hyperactifs dans une classe qui favorise l'apprentissage par résolution de problèmes, un titre approprié pourrait être

La recension des comportements des enfants hyperactifs dans un contexte d'apprentissage par résolution de problèmes. Au contraire, un titre tel que *Les hyperactifs peuvent aussi résoudre des problèmes*, même s'il est plus accrocheur, ne rend pas compte d'une part de la visée de la recherche (soit la description des comportements), en plus d'être trompeur puisque le fait de «résoudre un problème» n'est pas synonyme d'un «apprentissage par résolution de problèmes».

Enfin, en ce qui a trait à la présentation visuelle de la page titre, votre enseignant exigera peut-être que vous suiviez un modèle bien spécifique. Sachez néanmoins que la page titre d'un rapport de recherche effectuée dans le cadre d'un cours d'IPMSH comporte généralement les éléments suivants : le titre de la recherche, les noms des auteurs de la recherche, la date où le rapport est présenté, le nom du cégep et, souvent, le nom de l'enseignant qui a supervisé votre travail. Somme toute, une page titre doit permettre au lecteur de situer en un coup d'œil le contexte et le contenu général de ce dont il va être question dans le document qu'il a entre les mains.

Le résumé

Le résumé est un texte qui a pour objectif de rendre brièvement compte de la recherche. Ce texte doit comporter des références aux différents éléments suivants, retraçant l'ensemble de la démarche scientifique, soit :

- une courte définition du problème de recherche ;
- l'objectif spécifique ou l'hypothèse spécifique de recherche ;
- la méthode de recherche utilisée ;
- la population étudiée ;
- les principales conclusions de la recherche.

N'oubliez pas qu'un bon résumé se doit d'être bref (environ 200 mots), clair et fidèle aux propos tenus au sein du rapport de recherche. Aussi, avant de remettre votre rapport final à votre enseignant, relisez bien votre résumé afin de vous assurer d'une bonne concordance entre les deux. Il est même souvent conseillé de ne rédiger le résumé qu'après avoir complété la rédaction du rapport.

Les tables et les listes de références

Les tables et les listes de références permettent au lecteur de se repérer à l'intérieur du rapport qu'il est en train de lire. Elles offrent donc des indices quant à la structuration du contenu, aux conventions utilisées de même qu'à l'emplacement des données et des éléments visuels du rapport. Outre la table des matières, vous devez produire une liste des sigles et des abréviations utilisés dans le rapport, ainsi qu'une liste des tableaux et des figures qui y apparaissent. Il est généralement plus prudent de produire ces tables ou ces listes après avoir fini de rédiger le texte du rapport ou, à tout le moins, de bien vérifier leur concordance avec ce texte avant de remettre le rapport final à l'enseignant.

La table des matières

La table des matières est un outil de repérage très important au sein de votre rapport de recherche. Elle présente en effet en un coup d'œil toute la structure du rapport. Elle se doit donc de comprendre tous les niveaux de titres qui composent votre rapport de recherche (titres principaux et sous-titres des composantes ou des parties). En plus de refléter l'ensemble du contenu du rapport, elle doit indiquer les pages auxquelles il faut se référer. Vous ne pourrez donc finaliser la table des matières qu'à la toute fin de votre travail de rédaction du rapport de recherche. Évidemment, plus les titres et les sous-titres seront précis, plus le lecteur pourra s'orienter rapidement dans le rapport.

Astuces TIC — **Générer une table des matières dans Word 2007**

Les logiciels de traitement de texte comme Word ont été conçus dans l'objectif de vous faire épargner du temps et de vous faciliter la tâche dans un travail de rédaction d'un rapport. Ainsi, il existe notamment dans Word une fonction qui permet d'insérer automatiquement une table des matières dans votre document.

Auparavant, vous devez d'abord vous assurer, au fur et à mesure de la rédaction de votre rapport, de bien établir tous les niveaux de titres. Cela se fait en sélectionnant un titre et en indiquant, par le moyen de la fonction « Style » de l'onglet « Accueil » de Word, le niveau à appliquer à ce titre. Par exemple, pour un titre de composante, vous choisissez un niveau de titre 1, pour un titre de partie, un niveau de titre 2, et ainsi de suite. Lorsque vous avez terminé la rédaction d'une section du rapport, vous devez ensuite délimiter la ou les pages qui font partie de cette section en insérant des sauts de section entre chaque nouvelle section. Pour ce faire, placez d'abord votre curseur à la fin de la section où vous voulez insérer ce saut, puis allez sous l'onglet « Mise en page », cliquez sur la fonction « Sauts de pages » et choisissez l'option désirée sous la rubrique « Sauts de section ».

La dernière étape consiste à créer et à insérer votre table des matières proprement dite. Pour ce faire, vous devez aller sous l'onglet « Références » et cliquer sur la fonction « Table des matières ». Vous n'aurez qu'à choisir le modèle qui convient aux normes de présentation de votre collège. Pour mettre à jour cette table des matières, vous devez ensuite double-cliquer sur celle-ci et une icône de mise à jour apparaîtra. Il ne vous reste alors plus qu'à indiquer si vous désirez mettre à jour seulement les numéros de pages ou la table des matières complète.

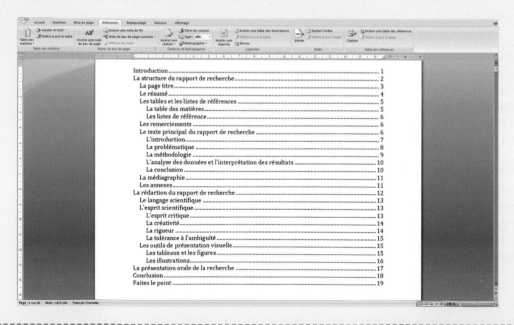

Les listes de référence

Toujours dans l'esprit de faciliter le repérage de l'information pour votre lecteur, vous devez également présenter différentes listes au début de votre rapport, soit une liste des sigles et des abréviations utilisées ou encore une liste des tableaux et des figures présents dans le rapport. Le tableau 7.1 contient les différents renseignements qui se retrouvent dans ce type de listes de référence.

| Tableau 7.1 | Les renseignements contenus dans les listes de références |

Information	Exemple
Sigle ou acronyme	PLC Parti libéral du Canada PIB Produit intérieur brut
Abréviation	Tél. Téléphone Ex. Exemple
Tableau	Tableau 1.1 La répartition des participants selon leur situation matrimoniale .... p. 7 Tableau 1.2 La répartition des participants selon la pratique religieuse .... p. 9
Figure	Figure 1.1 La théorie de la guerre totale de Maurice Vaïsse et de Jean-Louis Dufour........................ p. 14
Illustration	Illustration 2.3 La reproduction d'une affiche de propagande nazie... p. 10

Les remerciements

Les remerciements constituent la dernière composante du rapport avant le texte principal. Vous devez en effet remercier les gens, les organismes et/ou les institutions qui ont contribué au bon déroulement de votre recherche. Commencez par ceux qui furent déterminants pour la poursuite de votre étude, par exemple, les étudiants de votre collège qui ont participé volontairement à votre recherche en répondant à votre sondage ou la technicienne de votre bibliothèque qui vous a guidé lors de la recherche documentaire nécessaire à votre état de la question. Vous pouvez également inclure dans ces remerciements votre enseignant ainsi que les membres de votre famille ou les amis qui vous ont apporté leur soutien tout au long de votre démarche. Toutefois, soyez plutôt bref, afin de ne pas alourdir le texte inutilement.

Le texte principal du rapport de recherche

Le texte principal du rapport de recherche en est l'élément central ; il se veut en quelque sorte le miroir de l'ensemble de votre démarche scientifique. Il s'articule autour de différentes parties distinctes, soit l'introduction, la problématique, la méthodologie, l'analyse des données et l'interprétation des résultats ainsi que la conclusion. Voici donc quelques conseils et suggestions pour chacune de ces parties.

L'introduction

L'introduction s'organise selon une division précise : sujet amené, sujet posé et sujet divisé. Il s'agit donc de la structurer en suivant les règles d'usage selon lesquelles vous devez commencer votre introduction de manière plutôt large, puis raffiner votre questionnement, avant de clore votre propos sur la question spécifique de recherche qui sera développée dans tout votre rapport. Attention cependant : l'introduction doit aussi inclure certains éléments de contenu car elle n'est pas qu'une simple structure logique, mais bien un condensé organisé de votre recherche qui présente la trajectoire du texte qui va suivre.

■ Le sujet amené

En amorce de votre texte d'introduction, vous pouvez reprendre en partie l'introduction que vous avez produite lorsque vous avez présenté votre problématique. Vous pouvez également utiliser un événement ou un fait divers récent afin d'illustrer votre propos de façon concrète. Par exemple, si votre sujet de recherche portait sur les groupes de femmes sous le régime de Duplessis, vous pourriez entreprendre votre introduction en relatant un événement plutôt récent ayant fait l'objet d'une diffusion médiatique suffisamment importante pour devenir un sujet de discussion potentiel. Dans ce cas-ci, il pourrait s'agir du révisionnisme de certains historiens à l'égard de cette période. De cette manière, il y a de fortes chances que vous reteniez l'attention de votre lecteur. Enfin, vous pouvez aussi inclure vos motivations personnelles à vous pencher sur un sujet précis. Veillez toutefois à maintenir un juste équilibre entre la personnalisation, qui fera peut-être en sorte que votre travail se démarque, et la neutralité, qui donnera à votre introduction comme à votre rapport un ton scientifique et rigoureux.

■ Le sujet posé

Il s'agit ensuite d'exposer de façon claire et succincte, votre problème de recherche (*voir le chapitre 3*). Vous devez l'énoncer simplement, en démontrant les enjeux qu'il recèle et en présentant son importance ainsi que son actualité pour la communauté scientifique et pour la société en général.

■ Le sujet divisé

Pour terminer votre introduction, vous devez énumérer les différentes parties du texte principal, de manière à présenter ce qui va suivre. Pour ce faire, il est préférable d'utiliser pour chacune de ces parties une phrase succincte, mais représentative de son contenu.

La problématique

Cette partie doit reprendre essentiellement les éléments produits lors de l'élaboration et de la rédaction de votre problématique, soit la question générale de recherche, le problème de recherche (incluant l'état de la question), l'objectif général ou l'hypothèse générale de recherche, la question spécifique de recherche ainsi que l'objectif spécifique ou l'hypothèse spécifique de recherche.

Cependant, avant de commencer la rédaction du rapport final, il est essentiel de vous assurer que ce que vous avez produit en début de parcours est toujours aussi pertinent maintenant que votre recherche est terminée. Ainsi, vous devez revoir l'état de la question afin de l'actualiser, c'est-à-dire y intégrer les documents dont vous avez pris connaissance après la rédaction de votre problématique, de manière à être certain que tout ce qui a servi à l'analyse et à l'interprétation des résultats est bel et bien traité dans le rapport final. Enfin, vérifiez que le libellé initial de votre objectif spécifique ou de votre hypothèse spécifique de recherche reflète bien l'objectif ou l'hypothèse qui vous a effectivement servi dans la réalisation de votre travail de recherche.

La méthodologie

Cette partie doit faire état des choix méthodologiques que vous avez faits pour réaliser la collecte de vos données. Il vous faut ainsi discuter de trois aspects en particulier : le choix de la méthode de recherche utilisée, le choix de l'échantillonnage et le déroulement de la collecte des données.

Dans un premier temps, il s'agit donc de justifier le choix de votre méthode de recherche en faisant des liens avec votre problématique, et notamment avec votre objectif ou votre hypothèse spécifique de recherche. Vous devez en profiter pour présenter votre outil de collecte de données, en indiquant comment cet outil vous a permis de recueillir, au regard de votre problématique, les données nécessaires à l'analyse et à l'interprétation. Vous devez ensuite revenir sur la composition de votre échantillon ou de votre corpus, d'abord en énonçant les caractéristiques de la population étudiée, puis en évoquant votre méthode d'échantillonnage. Justifiez toujours ce choix en faisant un lien avec votre problématique et votre méthode de recherche. Enfin, la dernière section de cette présentation de la méthodologie doit permettre d'informer le lecteur quant au déroulement de la collecte des données proprement dite. C'est pourquoi vous devez préciser les principaux lieux ou terrains de recherche, les moments où celle-ci a été effectuée, de même que le temps consacré à la collecte des données, le matériel utilisé et toute autre information liée à la collecte que vous jugez pertinente.

L'analyse des données et l'interprétation des résultats

Cette partie du texte principal permet de mettre en valeur les résultats de votre recherche. En ce qui a trait à l'analyse des données, l'important ici est de faire une présentation simple et synthétique de vos données ou de vos analyses. En effet, celle-ci doit être comprise facilement par quelqu'un qui ne connaît pas votre sujet de recherche aussi bien que vous. Dans un premier temps, il vous faut présenter clairement vos analyses sous forme de texte, de tableau ou de figure (*voir le chapitre* 6). Toutefois, vous devez éviter de rapporter un même résultat sous plus d'une forme (par exemple, à la fois sous forme de tableau et de figure). De plus, avant d'insérer un tableau ou une figure, vous devez toujours l'annoncer par une phrase de présentation ou par un renvoi. Par exemple, avant d'introduire la figure ci-dessous, vous pourriez signaler que la figure 7.1 indique, sous forme d'histogramme, la répartition des participants selon leur religion.

Figure 7.1 **La répartition des participants selon la pratique religieuse (en pourcentage)**

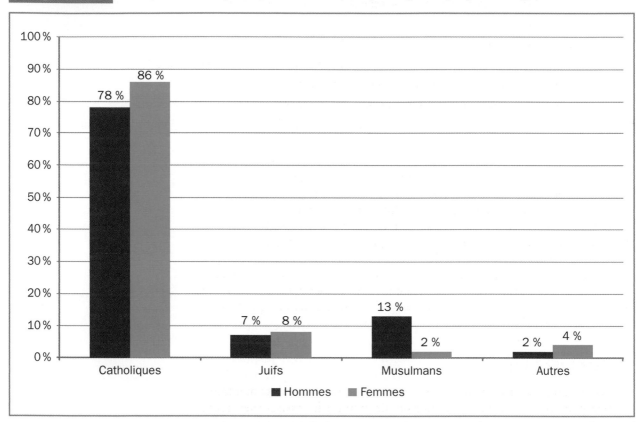

Dans un second temps, vous devez aussi présenter l'interprétation des résultats. Comme il en a été question dans le chapitre 6, l'interprétation des résultats comporte quatre sections : un regard critique, une discussion des résultats, la vérification de l'objectif spécifique ou de l'hypothèse spécifique de recherche et des pistes de réflexion. À moins d'indications contraires de votre enseignant, vous devez donc vous assurer ici de couvrir tous ces éléments.

Il est parfois difficile de prendre du recul par rapport au texte qu'on écrit. A-t-on donné assez ou trop de détails ? Le texte est-il clair ? Pour vous assurer que votre rapport de recherche est aussi limpide que possible, il est fortement recommandé de le faire lire par quelqu'un qui ne connaît pas votre sujet de recherche. Cette personne devrait en effet pouvoir, à la seule lecture du rapport, être en mesure de comprendre ce qu'elle a sous les yeux. Si ce n'est pas le cas, prenez alors note de ses commentaires pour retravailler le texte en conséquence.

Voici quelques questions que vous pouvez poser à la personne qui agit comme premier lecteur, pour l'aider à faire une lecture active du texte :

- Quel est le sujet de la recherche ?
- Quels sont les principaux concepts de la recherche ?
- Quelle est la question spécifique ?
- Quelle est la population ?
- Combien de participants, de sujets ou d'œuvres font partie de l'échantillon ou du corpus ?
- Quel instrument de mesure a été utilisé pour recueillir ces résultats ?
- Quelles sont les principales conclusions qui émergent de cette recherche ?

La conclusion

La conclusion doit reprendre très brièvement les conclusions générales tirées de l'analyse des données et de l'interprétation des résultats, en particulier en ce qui a trait à l'objectif spécifique ou à l'hypothèse spécifique de recherche. Il s'agit ici, en quelque sorte, de porter un regard d'ensemble sur la recherche et de dévoiler au lecteur les grandes lignes qu'il doit en retenir. Par ailleurs, vous devez aussi vous assurer de la concordance entre, d'un côté, ce qui a été annoncé dans l'introduction et synthétisé dans le résumé et, de l'autre, ce qui est maintenant présenté dans la conclusion. Vous mettrez ainsi en valeur la cohérence de l'ensemble de votre démarche scientifique et démontrerez de la rigueur dans l'organisation de vos propos.

La médiagraphie

La médiagraphie doit comporter l'ensemble des ressources documentaires utilisées pour votre travail. Elle a pour but de montrer les assises théoriques de votre démarche scientifique. En outre, tout lecteur pourra s'en inspirer pour amorcer sa propre recherche. La médiagraphie doit donc être complète et inclure tous les livres, articles scientifiques, articles de journaux, sites Internet et autres documents écrits ou visuels que vous avez consultés. Vous devez toutefois en exclure les documents qui n'auront été consultés que brièvement et n'auront pas été retenus pour la suite de vos travaux.

Afin de respecter les normes et les conventions associées à la présentation des ressources documentaires, vous pouvez vous référer à des manuels en méthodologie du travail intellectuel, ou encore consulter des sites universitaires comme *InfoSphère*. Toutefois, n'oubliez pas que votre enseignant doit vous

EXTRA
Présentation des
normes biblio-
graphiques

indiquer les normes méthodologiques en vigueur dans votre établissement et que ce sont ces normes qui s'appliquent. Enfin, le personnel de votre bibliothèque peut aussi vous aider à résoudre des problèmes particuliers liés à la façon de citer une ressource précise.

Pour aller plus loin — *InfoSphère*

Il existe plusieurs guides méthodologiques très complets publiés par les maisons d'édition. Si vous n'avez pas la chance d'avoir accès à l'un d'eux, sachez que l'Université du Québec à Montréal propose un guide méthodologique en ligne à l'intention des étudiants en sciences humaines, nommé *InfoSphère*. Ce guide est une bonne source d'information pour tout chercheur débutant en sciences humaines. Il contient en effet des renseignements allant de l'élaboration d'un travail de recherche à la rédaction d'une médiagraphie. Il offre notamment des capsules permettant de rédiger une médiagraphie à partir d'exemples. Vous pouvez consulter *InfoSphère* à l'adresse suivante : www.bibliotheques.uqam.ca/InfoSphere/sciences_humaines

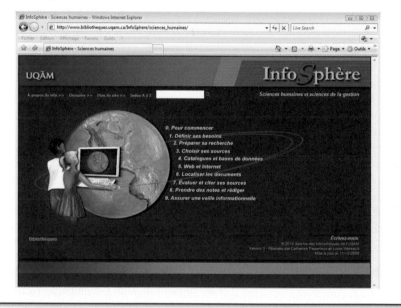

Les annexes

L'annexe sert à présenter au lecteur le matériel qui a été utilisé pour la recherche et dont on a parlé dans le texte principal du rapport. Elle n'inclut cependant pas ce matériel intégralement, afin d'éviter d'alourdir et d'allonger inutilement le rapport. Il peut s'agir d'un exemplaire d'un instrument de mesure (questionnaire, grille d'observation, etc.) ou de matériel utilisé pour l'analyse, comme le *verbatim* d'une entrevue. N'hésitez pas à présenter en annexe tout document que vous jugerez pertinent.

Comme nous venons de le voir, le rapport de recherche doit donc inclure un certain nombre de composantes et respecter certaines règles. Le tableau 7.2 résume les éléments-clés associés à chacune de ces composantes et parties d'un rapport.

Tableau 7.2   Les éléments-clés du rapport de recherche

Composante ou partie du rapport de recherche	Éléments-clés
Page titre	• Éléments de présentation qui identifient et situent le travail (noms des chercheurs, nom du collège, etc.) • Titre informatif, précis et qui suscite la curiosité
Résumé	Une ou deux phrases pour chacun des éléments suivants : • Objectif général ou hypothèse générale de recherche • Problème de recherche • Objectif spécifique ou hypothèse spécifique de recherche • Méthode de recherche • Population étudiée • Principales conclusions issues de l'analyse des données et de l'interprétation des résultats
Liste des sigles et des abréviations	• Sigles et abréviations utilisés, ainsi que leurs noms intégraux
Liste des tableaux, des figures et des illustrations	• Titres des tableaux, des figures et des illustrations • Numéros des tableaux, des figures et des illustrations • Pages correspondantes
Table des matières	• Titres de toutes les composantes du rapport, incluant les parties du texte principal • Sous-titres de chacune des sections • Pages correspondantes
Remerciements	• Courtes phrases de gratitude envers les personnes, les organismes ou les institutions qui ont facilité votre recherche
Introduction	• Courte amorce faisant référence à l'actualité ou à une controverse • Brève présentation du problème de recherche • Explication de l'importance scientifique et sociale du sujet • Bref tour d'horizon du contenu du rapport
Problématique	• Question générale de recherche • Problème de recherche (incluant l'état de la question) • Objectif général ou hypothèse générale de recherche • Question spécifique de recherche • Objectif spécifique ou hypothèse spécifique de recherche
Méthodologie	• Élaboration de l'instrument de recherche • Échantillonnage • Déroulement de la collecte des données

Tableau 7.2 | Les éléments-clés du rapport de recherche (*suite*)

Composante ou partie du rapport de recherche	Éléments-clés
Analyse et interprétation	Analyse : • Présentation des données regroupées • Faits marquants Interprétation : • Regard critique • Discussion des résultats • Vérification de l'objectif spécifique ou de l'hypothèse spécifique de recherche • Pistes de réflexion
Conclusion	Bref rappel sur les éléments suivants : • Problème de recherche • Objectif spécifique ou hypothèse spécifique de recherche • Principales conclusions de la recherche
Médiagraphie	• Présentation standardisée des ressources documentaires utilisées pour la recherche
Annexes	• Matériel utilisé lors de la recherche • Liste des personnes rencontrées ou des lieux visités • Tableaux ou figures supplémentaires • Copie de l'instrument de mesure • Toute autre information pertinente

La rédaction du rapport de recherche

EXTRA
Gabarit pour la présentation d'un rapport de recherche

Maintenant que le contenu des différentes composantes de votre rapport de recherche a été quelque peu clarifié, il vous faut chercher à établir une façon efficace de réaliser en équipe le travail de rédaction. Les sections suivantes vont donc vous offrir quelques conseils à cet effet, de même que des suggestions permettant d'assurer la production d'un rapport de recherche de qualité, rapport sur lequel, dans le contexte de votre formation collégiale, vous serez évalué, parfois par vos pairs, mais assurément par votre enseignant.

Mais avant tout, il faut d'ores et déjà savoir que la production d'un bon rapport de recherche ne se fait pas par un simple « copier-coller », c'est-à-dire en reprenant les notes rédigées plus tôt dans la session par des coéquipiers différents. Outre le ton, qui doit être approprié et uniforme tout au long du document, votre rapport doit contenir des éléments visuels réalisés avec soin et démontrer que vous avez bien intégré ce qu'est l'esprit scientifique. Voyons plus en détail les trois principales qualités d'un bon rapport de recherche, à savoir l'utilisation d'un langage scientifique, la démonstration d'un esprit scientifique et le recours efficace à des outils de présentation visuelle.

Le langage scientifique

Tout d'abord, il va sans dire que toute communication écrite, pour être efficace, doit s'appuyer sur un langage correct. Aussi, vous devez vous assurer que votre rapport de recherche ne comporte aucune faute d'orthographe, que la ponctuation est appropriée, autrement dit que la qualité de la langue est irréprochable. Par ailleurs, votre texte doit être écrit dans un langage scientifique, lequel est très différent du langage littéraire. En effet, alors qu'un écrivain peut tenter de varier le ton pour soutenir l'intérêt de son lecteur et faire appel à des métaphores ou à des figures de style, le chercheur doit au contraire utiliser une langue claire et précise. Le tableau 7.3 présente les différentes caractéristiques du langage scientifique ainsi que quelques conseils pour faciliter la rédaction.

| Tableau 7.3 | Les caractéristiques du langage scientifique |

Caractéristique	Explication	Conseils
Neutralité	Un ton neutre et impersonnel est approprié dans un rapport de recherche scientifique, car il suggère que le chercheur n'a pas de parti pris et aborde le phénomène étudié avec une distance critique.	• N'utilisez que la troisième personne du singulier ou du pluriel (il ou ils) : vous créez ainsi une distance appropriée entre vous et votre texte. Évitez les pronoms je, tu, on, nous et vous. • L'humour, le point d'exclamation (qui marque une émotion) et le point d'interrogation (qui marque une interaction avec le lecteur) n'ont pas leur place dans un texte scientifique.
Cohérence	Un texte cohérent permet de saisir le sens des propos sans ambiguïté. Le lecteur perçoit la fluidité des différentes composantes du texte et la continuité entre celles-ci.	• Si vous sentez que vous devez mettre un titre pour introduire un paragraphe à l'intérieur d'une section donnée, c'est qu'il y a un manque de cohésion entre ces deux paragraphes et que l'enchaînement des idées n'est pas clair. Vous pouvez généralement pallier cette difficulté grâce à une phrase de transition commençant par «Par ailleurs» ou «D'autre part». • Le sens d'un mot doit être le même du début à la fin et il doit faire référence au même concept ou à la même réalité. Évitez donc les variations qui pourraient donner l'impression au lecteur qu'il existe une différence de sens entre l'un et l'autre de ces termes. • Évitez de laisser une phrase ouverte en utilisant des termes ou des signes de ponctuations tels que «etc.» ou «...» : cela donne l'impression qu'il manque quelque chose à votre contenu.
Concision	Votre texte doit être le plus resserré possible. Il doit faire preuve de précision, ce qui tend à démontrer la maîtrise du sujet par l'auteur.	• Évitez la redondance : lorsqu'un renseignement est déjà présenté au lecteur, nul besoin de le répéter à l'intérieur d'une même section. • Évitez les phrases longues : celles-ci demandent souvent une deuxième lecture et peuvent nuire à la compréhension. • Scindez vos paragraphes de façon que chaque paragraphe ne contienne qu'une seule idée principale.

L'esprit scientifique

Votre rapport doit démontrer que vous avez intégré de manière concrète les différentes caractéristiques de l'esprit scientifique telles que nous les avons évoquées dans le chapitre 1, soit l'esprit critique, la créativité, la rigueur et la tolérance à l'ambiguïté.

L'esprit critique

Vous devez établir dans votre rapport que vous effectuez une rétroaction sur votre démarche. Vous devez donc faire preuve de recul en cherchant à relever, par exemple, les erreurs méthodologiques et théoriques que vous auriez pu commettre. Cela vous permettra de devancer les critiques éventuelles qui pourraient être formulées à votre endroit. Comme nous l'avons dit dans le chapitre 6, il est normal de commettre des erreurs. Toutefois, il faut savoir les reconnaître et acquérir un regard à la fois critique et constructif par rapport à l'ensemble de sa démarche. À cet égard, la section du rapport qui portent sur l'interprétation des résultats seront l'endroit privilégié pour partager de telles réflexions.

La créativité

Tout au long de votre recherche, vous avez dû manifester de la créativité, et donc une ouverture d'esprit. Vous devez le laisser transparaître dans votre rapport. Il y a deux moyens de le faire. D'abord, indiquez clairement ce que votre projet de recherche a d'original par rapport aux autres études portant sur le même sujet, que ce soit en ce qui concerne la méthode de recherche utilisée, la discipline des sciences humaines retenue ou quoi que ce soit d'autre. Ensuite, soyez créatif au moment de la présentation des résultats : imaginez des schémas, des figures ou des tableaux permettant de mieux saisir l'essence de votre propos. Votre rapport en sera ainsi enrichi et il pourra mieux retenir l'attention du lecteur.

Faire preuve de créativité en rédigeant son rapport, c'est sortir des sentiers battus pour piquer la curiosité du lecteur.

La rigueur

Vous devez être conscient que vous êtes dans une situation où il vous faut convaincre le lecteur de la qualité de votre démarche scientifique, et ce, à partir d'un texte ancré dans des faits présentés clairement et logiquement. Vous devez donc appuyer vos dires sur une citation, un extrait d'entrevue, une statistique ou encore une anecdote de terrain. Cela permettra en effet au lecteur de comprendre que vos conclusions sont basées sur des éléments factuels et sur une démarche scientifique, et qu'elles ne sont pas issues de votre imagination. En outre, vous devez toujours vous assurer de citer correctement vos sources.

La tolérance à l'ambiguïté

Nuancer ses propos n'est pas une preuve de faiblesse, bien au contraire. On ne fait alors que montrer qu'on est conscient de la complexité des phénomènes humains. Même si cette tolérance doit être présente dans tout votre rapport de recherche, vous devez y porter une attention particulière dans la conclusion. Il n'existe pas de vérité absolue et votre résultat peut être remis en question par un autre chercheur ; le fait de nuancer vos propos contribuera à la qualité de votre rapport. Admettez que votre recherche n'est qu'un pas de plus vers la description, l'explication ou la compréhension d'un phénomène, et que vous n'avez donc rien définitivement résolu ou démontré hors de tout doute.

Les outils de présentation visuelle

En plus d'utiliser un ton approprié et de vous assurer de démontrer un esprit scientifique tout au long de votre rapport, vous devez penser à la manière de partager votre information et vos conclusions. Le rapport final contient en effet des éléments visuels, utiles notamment à la présentation des résultats, par l'entremise de tableaux, de figures ou d'illustrations venant soutenir le propos.

Les tableaux et les figures

Les tableaux et les figures permettent au lecteur de percevoir un ensemble de renseignements de manière cohérente et en un seul coup d'œil. Ils lui offrent ainsi la possibilité de faire lui-même sa lecture des données et d'en tirer ses propres conclusions. Par exemple, si vous avez étudié la consommation de biens chez les étudiants du collégial, vous pourriez présenter votre échantillon sous la forme d'une figure illustrant la répartition des étudiants selon le sexe (*voir la figure 7.2*). Par la suite, vous pourriez exposer dans un tableau croisé les données ayant servi à un test d'hypothèse portant sur la possession d'une voiture selon le sexe (*voir le tableau 7.4, à la page suivante*).

Figure 7.2 La répartition des étudiants selon le sexe (en pourcentage)

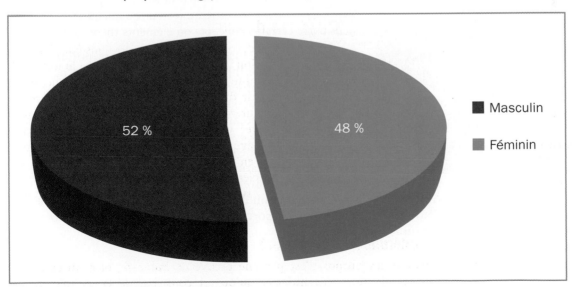

- Masculin
- Féminin

52 %   48 %

	Tableau 7.4	La possession d'une voiture chez les étudiants selon le sexe (en pourcentage)	

Possession d'une voiture	Sexe	
	Féminin	Masculin
Oui	17,39 %	80,00 %
Non	82,61 %	20,00 %
Total	100 %	100 %

Les illustrations

Les illustrations constituent un autre outil à votre disposition visant à mieux communiquer vos idées. En effet, le fait de ponctuer un texte par des illustrations facilite la transmission du contenu, tout en soutenant plus longtemps l'attention des lecteurs. À ce titre, vous pouvez utiliser les images que vous avez éventuellement déjà produites au cours de votre recherche. Il peut s'agir de photographies numériques captées lors de vos séances d'observation, de vos entretiens ou de vos expérimentations. Une autre manière d'ajouter du visuel dans votre rapport serait de numériser vos grilles d'observation ou tout autre document pertinent, à la façon des ouvrages classiques en anthropologie ou en sociologie. Vous pouvez choisir d'intégrer ces illustrations dans le texte même du rapport de recherche ou de les mettre en annexe, pour ne pas alourdir le texte et laisser au lecteur le soin de s'y référer s'il le désire. Enfin, les schémas conceptuels, qui vous ont sans doute été utiles lors de l'élaboration de votre problématique, constituent un autre exemple d'illustrations pouvant être utilisées. Cela peut permettre au lecteur de mieux visualiser des liens entre certains concepts ou éléments théoriques.

Il est possible d'utiliser différentes images pour illustrer un rapport de recherche, comme l'affiche d'un organisme de santé publique.

Par exemple, dans le cadre d'une étude portant sur la prévention de la grippe saisonnière, vous auriez pu utiliser la méthode de l'observation pour analyser les effets d'une affiche émanant des services de santé publics sur le comportement des étudiants en matière d'hygiène. Cette affiche récemment apposée sur les murs de votre collège rappellerait l'importance de tousser dans le creux de son bras pour éviter la propagation d'un virus. La figure 7.3 pourrait alors illustrer votre catégorisation des comportements possibles face à la présence ou non de cette affiche. Dans ce cas-ci, une telle figure insérée dans votre rapport serait sans doute plus facile à comprendre qu'un texte rédigé.

Figure 7.3   Les comportements possibles en matière d'hygiène

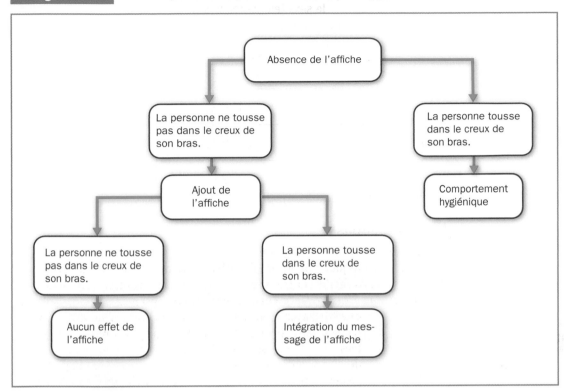

Pour aller plus loin

La distinction de Pierre Bourdieu

LE SENS COMMUN

pierre bourdieu

la distinction

critique sociale du jugement

LES ÉDITIONS DE MINUIT

Novateur à plus d'un titre, l'ouvrage *La distinction* du sociologue français Pierre Bourdieu[1], publié en 1979, constitue encore aujourd'hui un exemple remarquable de l'apport possible du contenu visuel à un ouvrage scientifique en sciences humaines. Ce livre a tenté de démontrer que les jugements esthétiques que l'on émet quotidiennement sont le produit de notre origine sociale et servent à nous distinguer les uns des autres, selon la classe sociale à laquelle nous appartenons.

Pour illustrer ses arguments, Bourdieu a eu recours à un grand nombre de sources visuelles, comme des images du salon de personnes ayant participé à ses entretiens. De même, il s'est montré novateur en faisant appel à toutes sortes de tableaux et de figures servant à présenter ses arguments de différentes manières. Bourdieu a ainsi pu démontrer que l'organisation de tout salon privé (style, disposition, etc.) met en évidence un certain nombre de choix esthétiques qui, ultimement, reposent sur des valeurs spécifiques reflétant le statut social. Ainsi, un divan toujours propre parce qu'il est conservé en permanence sous un plastique protecteur (un phénomène que l'on peut observer chez certains groupes sociaux, par exemple auprès des populations vieillissantes) témoigne de l'origine sociale modeste de ses propriétaires et de leur désir d'ascension sociale pour leurs enfants.

_____

1. Pierre BOURDIEU, *La distinction : critique sociale du jugement*, Paris, Éditions de Minuit, 1979, 670 p. (Coll. « Le sens commun »)

La présentation orale de la recherche

Cette section explique brièvement comment communiquer oralement votre travail de recherche, à l'aide d'une série de conseils et de suggestions destinés à vous permettre d'optimiser vos chances de succès. En effet, il est probable que vous serez amené à présenter oralement le fruit de vos efforts, le plus souvent devant un auditoire composé de votre enseignant et de vos camarades de classe. Pour plusieurs d'entre vous, cette présentation orale viendra clore votre travail de recherche. Cependant, il n'est pas impossible que, à l'image des trois jeunes chercheuses dont nous avons suivi le parcours en ouverture d'étape de ce manuel, vous soyez vous aussi amené à présenter vos travaux à d'autres auditoires, par exemple au jury des Prix étudiants de l'Association pour la recherche au collégial (ARC).

EXTRA
Modalités de participation aux Prix étudiants de l'ARC

EXTRA
Élaboration d'une présentation PowerPoint

Si vous le souhaitez et si vous êtes à l'aise avec le logiciel, il vous sera aussi possible d'appuyer votre communication orale sur une présentation PowerPoint. Lorsqu'elle est bien structurée, une présentation PowerPoint constitue un support visuel qui, en plus de vous fournir un point de repère, permet d'interagir avec l'auditoire. Celui-ci peut reconnaître plus facilement et rapidement les éléments-clés de la présentation et se concentrer davantage sur le discours, car il n'a pas à prendre simultanément des notes.

Quoi qu'il en soit, une bonne prestation orale consiste en une présentation qui a été bien préparée, qui demeure fidèle au rapport de recherche et au travail de terrain, qui est livrée de manière professionnelle et qui possède une bonne dose d'originalité. Pour ce faire, vous pouvez soit revoir collectivement le matériel produit, soit demander à la personne qui assume le rôle de coordonnateur de répartir certains éléments de la présentation entre les membres de l'équipe. Chacun des membres doit en effet contribuer à l'effort, malgré les difficultés que cela pourrait lui causer (stress, incapacité à exposer oralement ses idées, à se sentir à l'aise en public, à bien maîtriser le français, etc.).

La présentation orale consiste à présenter les résultats de la recherche, mais surtout à faire un compte rendu de l'ensemble de votre parcours d'investigation. Elle doit même en être le reflet quasi intégral. Elle nécessite donc un retour fréquent au choix du sujet, à la formulation d'un problème de recherche, à l'élaboration de la problématique, à l'analyse des données et à l'interprétation de vos résultats. L'ensemble des éléments de la recherche doit ainsi être énoncé, afin que votre auditoire soit à même de bien évaluer et comprendre le travail qui a été effectué ainsi que les conclusions que vous proposez.

Finalement, votre auditoire doit être en mesure de vous suivre le plus facilement et le plus naturellement possible. C'est pourquoi une bonne présentation orale doit respecter le temps alloué, exposer chacun des éléments du rapport (problématique, méthodologie, analyse des données et interprétation des résultats), et ce, à la fois dans l'ordre (pour bien faire saisir la démarche), et de manière claire (pour faire comprendre ce qui a été fait) et succincte (en évitant les détails et les éléments moins pertinents). Vous devez aussi garder en tête que votre public veut d'abord connaître vos conclusions et savoir comment vous en êtes arrivé à celles-ci. Un long exposé n'est donc pas nécessairement intéressant. Mieux vaut se préparer à une période de questions plutôt que de vouloir tout dire du premier coup.

Trousse de dépannage — Savoir maintenir l'intérêt de son auditoire

Vous ne disposerez souvent que de quelques minutes pour présenter votre rapport de recherche. De plus, votre présentation risque de n'en être qu'une parmi d'autres. Il importe donc d'être efficace et de maintenir l'intérêt de votre auditoire. Voici quelques conseils à cet égard :

- Soyez à l'heure. Rien ne brise la concentration comme de courir pour arriver à temps.

- Contrôlez votre voix. Une voix trop faible ou trop forte, un débit trop rapide, et vous courez le risque de voir vos auditeurs décrocher.

- Maîtrisez votre stress. Respirez profondément avant de commencer votre exposé ou souriez afin de vous détendre.

- Regardez l'auditoire. Un contact visuel avec vos auditeurs vous permet de vérifier si on vous suit bien. De plus, regarder au plafond ou par la fenêtre pourrait laisser croire que vous trouvez vous-même votre présentation ennuyeuse.

- Ne lisez pas votre texte. Il faut bien sûr jeter un coup d'œil à vos notes et suivre le texte à l'écran si vous utilisez le logiciel PowerPoint, mais évitez de faire uniquement une lecture. À ce stade-ci de votre démarche, vous maîtrisez normalement assez votre sujet pour pouvoir en parler librement.

Source : Adapté de Raymond Robert TREMBLAY et Yvan PERRIER, *Savoir plus : outils et méthodes de travail intellectuel*, 2e éd., Montréal, Chenelière Éducation, 2006, p. 210.

Conclusion

La diffusion de vos résultats de recherche met un point final à l'ensemble de la démarche. Comme pour toutes les étapes précédentes, celle-ci exige que vous fassiez preuve de rigueur. Vous devez donc veillez à ce que, en plus du texte principal, le rapport contienne les différentes composantes que l'on y retrouve généralement (résumé, listes et tables, médiagraphie, annexes, etc.). Le texte principal du rapport demeure néanmoins la partie la plus substantielle du document, puisqu'il comprend, en tant que reflet de l'ensemble de votre démarche, une introduction, la problématique, la méthodologie, l'analyse des données et l'interprétation des résultats ainsi qu'une conclusion.

Tout au long de la rédaction de votre rapport, vous devez aussi vous assurer que le texte utilise un langage scientifique et fait preuve d'un esprit scientifique. Dans le cas contraire, votre crédibilité sera mise à l'épreuve, et ce, quels que soient les efforts que vous ayez faits sur le terrain. De plus, la facture visuelle de votre rapport se doit d'être soignée, car des tableaux, des figures ou des illustrations viendront enrichir son contenu. Enfin, un rapport écrit s'accompagne souvent d'une présentation orale, laquelle donne une occasion souvent unique de partager le fruit de vos efforts avec un auditoire que vous devrez chercher à intéresser, sinon à captiver.

Faites LE POINT

1. Est-ce que je n'oublie aucune composante dans mon rapport de recherche ? ☐

2. Est-ce que j'utilise bien un langage scientifique ? ☐

3. Est-ce que j'ai gardé un esprit scientifique tout au long de ma rédaction ? ☐

4. Est-ce que j'ai fait un choix judicieux de tableaux, de figures ou d'illustrations pour soutenir le texte ? ☐

5. Est-ce que je suis en mesure de présenter oralement ma recherche ? ☐

Prof ET Chercheur

Yanick Labrie,
chercheur en science économique

Chercheur en économie s'intéressant essentiellement à la branche de l'économétrie, Yanick Labrie a entrepris une maîtrise à l'Université de Montréal, sous la direction de Claude Montmarquette. Curieux de nature et appréciant la science économique parce qu'elle «touche à tout», Yanick Labrie éprouve un intérêt particulier pour les politiques publiques en matière d'économie. Professionnel de recherche au Centre interuniversitaire de recherche en analyse des organisations (CIRANO) de 2004 à 2006, puis chargé de cours à l'Institut d'économie appliquée de HEC Montréal, il est actuellement professeur au Cégep Saint-Jean-sur-Richelieu et chercheur associé à l'Institut économique de Montréal (IEDM). Cette dernière fonction l'amène à vulgariser un grand nombre de recherches en science économique et à proposer des réformes, notamment sur des questions de commerce international, de finances publiques, et d'économie de la santé et de l'éducation.

La vulgarisation de la recherche, vecteur d'un débat public : l'exemple de la santé

Les sujets de recherche couverts par l'IEDM sont tributaires des enjeux économique actuels et des publications de la communauté scientifique. Ainsi, un des mandats confié à Yanick Labrie consistait à alimenter le débat public en matière de santé. Avec l'aide de Marcel Boyer, il a étudié le système de santé français, un système mixte où secteur public et secteur privé se côtoient[1]. Ce système français a été classé en première position par l'Organisation mondiale de la santé (OMS) en 2000. En outre, ce modèle de prestations de services de santé est bien perçu par les Français eux-mêmes, puisque l'accès reste universel et que 60 % des chirurgies sont effectuées sous le régime privé. À l'aide d'analyses statistiques, les deux chercheurs ont donc produit des histogrammes à partir de différents indicateurs de rendement comparant le Québec, le Canada et la France, afin de vulgariser cette information pour le grand public. Un des objectifs de l'IEDM est en effet d'informer un public qui n'a pas le temps de lire un rapport de recherche volumineux. Par conséquent, Yanick Labrie et les autres chercheurs de l'IEDM diffusent l'information au moyen de communiqués de presse, donnent des entrevues aux médias ou participent à des conférences, de manière à répondre au mandat même de l'IEDM, qui est de susciter le débat. Pour ce chercheur, malgré les analyses parfois dérangeantes qui sont produites par l'IEDM, il est primordial que les données soient transparentes. Ses publications se font malgré les attentes des donateurs qui participent au financement des recherches de l'IEDM. Pour lui, l'intégrité de la démarche scientifique est en effet un principe non négociable, même lorsqu'il s'agit de vulgarisation scientifique.

---

1. Yanick LABRIE et Marcel BOYER, «Le secteur privé dans un système de santé public : l'exemple français», *Les Notes économiques*, Institut économique de Montréal, avril 2008, 4 p. (Coll. «Santé»), [En ligne], www.iedm.org/main/show_publications_fr.php?publications_id=221 (Page consultée le 5 janvier 2010)

Glossaire

Analyse conceptuelle Modélisation d'un phénomène abstrait en ses différentes composantes.

Analyse de contenu Méthode de recherche qui consiste à organiser des données dans le but de décrire ou de comprendre un phénomène à partir d'écrits, d'images ou de données statistiques.

Analyse des données Vérification, codification et classement de l'information recueillie lors de la collecte des données.

Analyse du discours Analyse de contenu écrit et visuel dans l'objectif de déterminer la position d'un groupe ou d'un individu s'exprimant à propos d'un sujet donné.

Analyse principale Analyse des données en fonction des variables de la question spécifique de recherche.

Analyse secondaire Analyse des données qui implique des variables pouvant permettre de mieux cerner les résultats de l'analyse principale.

Analyse statistique Analyse de contenu qui vise à recueillir et à construire des regroupements statistiques, dans l'objectif de compléter les données émanant d'une autre méthode de recherche ou de suivre l'évolution d'un phénomène dans le temps.

Analyse théorique Analyse de contenu visant à vérifier une théorie et à donner un sens à un phénomène observé à partir des contenus latent et manifeste de documents écrits ou visuels.

Catégorie d'analyse Thème ou aspect relevé dans une grille d'analyse de la méthode de l'analyse de contenu afin de procéder à la collecte de données.

Codification Attribution d'un code alphabétique, numérique ou de couleur aux données recueillies, afin d'en faciliter l'analyse.

Concept Représentation abstraite d'un phénomène ou d'une réalité.

Corpus Sous-ensemble de productions, de travaux ou d'œuvres sélectionné parmi la totalité des productions réalisées sur un sujet.

Darwinisme Théorie proposant que l'évolution des espèces résulte de la sélection naturelle.

Déduction Le fait de passer du général au particulier, de tirer des conclusions particulières de lois générales.

Démarche scientifique Suite d'opérations intellectuelles détaillées et de règles opératoires reproductibles nécessaires à la production de connaissances et à la résolution de problèmes de recherche.

Dimension Dans le cadre de l'analyse conceptuelle, aspect spécifique d'un concept donné.

Dogme Élément fondamental d'une religion ou d'une philosophie qui est considéré comme incontestable.

Échantillon Nombre restreint d'unités sélectionnées parmi toutes les unités qui composent une population.

Échantillon à l'aveuglette (accidentel) Échantillon non probabiliste dont la sélection des unités est obtenue de manière entièrement arbitraire.

Échantillon aléatoire simple Échantillon probabiliste dont les unités sont prélevées de manière que tous les éléments aient les mêmes chances d'en faire partie.

Échantillon aléatoire systématique Échantillon probabiliste dont les unités sont prélevées de manière que tous les éléments aient les mêmes chances d'être choisis et dont les unités retenues sont sélectionnées de façon méthodique.

Échantillon au jugé Échantillon non probabiliste dont la sélection des unités est effectuée en fonction du jugement du chercheur.

Échantillon non probabiliste Échantillon dont la sélection des unités se fait de façon non aléatoire et sans recours à des outils mathématiques.

Échantillon par grappes Échantillon probabiliste dont les unités sont sélectionnées en divisant la population en groupes, puis en sélectionnant certains de ces groupes selon la loi des probabilités.

Échantillon par quotas Échantillon non probabiliste dont la sélection des unités est obtenue de manière arbitraire à partir d'une stratification d'unités.

Échantillon par volontaires Échantillon non probabiliste dont la sélection des unités se fait selon l'offre des unités elles-mêmes.

Échantillon probabiliste Échantillon dont la sélection des unités est systématisée à l'aide d'outils mathématiques.

Échantillon stratifié Échantillon probabiliste dont la sélection des unités se fait en fonction de la loi des probabilités parmi un regroupement des unités en strates.

Échantillon systématique non aléatoire Échantillon non probabiliste dont la sélection des unités parmi la population se fait en fonction d'une méthode systématique mais choisie arbitrairement.

Échelle de rapport Caractéristique des choix de réponse offerts par un questionnaire dans lequel il existe une direction et une proportion entre les niveaux de réponse.

Échelle des observations Mesure graduée des interactions ou des attitudes permettant de standardiser les observations effectuées.

Échelle nominale Caractéristique des choix de réponse offerts par un questionnaire dans lequel il n'existe ni direction ni proportion entre les niveaux de réponses.

Échelle ordinale Caractéristique des choix de réponse offerts par un questionnaire dans lequel il existe une direction mais pas de proportion entre les niveaux de réponses.

Empirisme Approche qui consiste à fonder sur la réalité ce qui peut être dit à partir des données issues des sens, de la perception et de l'expérience humaine.

Entrevue Méthode de recherche qui consiste à écouter un individu dans le but de dégager les éléments significatifs de son discours.

Entrevue *in situ* Entrevue réalisée dans le cadre naturel de la personne interviewée.

Entrevue non-directive Entrevue dans laquelle les individus s'expriment librement sur le sujet à l'étude, et qui comporte peu d'interventions de la part de l'intervieweur.

Entrevue par clavardage Entrevue qui se déroule sur un serveur par l'intermédiaire d'un forum de discussion.

Entrevue par courriel Entrevue dans laquelle le canevas de l'entretien est envoyé par courriel à la personne interviewée.

Entrevue semi-directive Entrevue qui consiste à interroger un ou des individus à l'aide de questions ouvertes couvrant l'ensemble des aspects et des thèmes établis lors de l'élaboration de la problématique.

Épistémologie Discipline philosophique qui traite de la manière dont la science aborde un phénomène.

État de la question Présentation structurée des recherches qui ont été considérées comme pertinentes lors de la recherche documentaire.

Éthique Principes et règles souvent informels encadrant l'action du chercheur.

Étude corrélationnelle Étude qui cherche à établir le degré d'association qui existe entre deux variables.

Étude de cas Méthode de recherche qui consiste à examiner les rouages de la culture ou les habitudes d'un lieu, d'un phénomène ou d'une organisation afin d'en faire un modèle.

Fiabilité Caractéristique d'un instrument de mesure dans lequel il y a une constance des mesures effectuées à différents moments.

Fiche de prélèvement Outil de collecte de données associé à l'analyse de contenu et qui est utile pour noter de longs extraits ou des schémas.

Grille d'analyse Outil de collecte de données associé à l'analyse de contenu qui regroupe les catégories d'analyse et les unités de signification qui serviront à analyser la documentation.

Grille d'observation Outil de collecte de données associé à l'observation qui regroupe les indicateurs qui permettront de la réaliser.

Groupe contrôle Dans le cadre de la méthode expérimentale, groupe d'individus qui n'est pas soumis à l'expérimentation.

Groupe de discussion (*focus group*) Entrevue où plusieurs informateurs sont interrogés simultanément par le même intervieweur.

Groupe expérimental Dans le cadre de la méthode expérimentale, groupe d'individus qui est soumis à l'expérimentation.

Hypothèse alternative (H$_1$) Hypothèse qui décrit de manière précise la relation entre deux variables.

Hypothèse générale de recherche Proposition de réponse à une question générale de recherche qui doit être soumise à la vérification.

Hypothèse nulle (H$_0$) Hypothèse qui suppose qu'il n'existe aucun lien significatif entre deux variables.

Hypothèse spécifique de recherche Proposition de réponse qui découle d'une question spécifique de recherche et qui doit être soumise à la vérification.

Indicateur Réalité précise, observable et mesurable d'une dimension d'un concept.

Indice Valeur numérique de rapport entre au moins deux séries de données.

Induction Le fait de passer du particulier au général, de tirer des énoncés généraux à travers une synthèse.

Interprétation des résultats Étape de la démarche scientifique qui comporte un regard critique méthodologique, une discussion à propos des résultats issus de l'analyse des données, une vérification de l'objectif spécifique ou de l'hypothèse spécifique de recherche, ainsi que des pistes de réflexion.

Journal d'enquête Recueil des notes qui accompagne le chercheur tout au long de sa démarche d'observation.

Loi Rapport constant et démontré logiquement ou empiriquement entre deux faits scientifiques.

Marge d'erreur Indicateur de la différence statistique entre la valeur associée à l'échantillon et celle de la population étudiée.

Mesure de dispersion Mesure statistique qui permet de voir la distribution des sujets en fonction de la moyenne des résultats.

Mesure de position Mesure statistique qui permet de donner un rang aux différents résultats.

Mesure descriptive Mesure statistique qui sert à tracer le portrait d'un échantillon.

Mesure de tendance centrale Mesure statistique qui permet d'observer la direction que prennent les résultats d'un échantillon.

Méthode expérimentale Méthode de recherche qui compare différents groupes d'individus soumis à une expérience afin d'isoler un lien de causalité entre une variable indépendante et une variable dépendante.

Modèle Représentation abstraite, formelle et simplifiée de relations entre des concepts ou des variables.

Mot-clé Mot qui sert à interroger les outils de recherche documentaire.

Objectif général de recherche But à atteindre en relation avec la question générale de recherche.

Objectif spécifique de recherche Objectif qui précise le but à atteindre en relation avec les questions spécifiques de recherche.

Objectivité Caractéristique de la science assurant une certaine neutralité au regard d'un sujet de recherche donné.

Objet de l'observation Liens sociaux ou productions humaines qui peuvent être observés.

Observation Méthode de recherche qui consiste à scruter une situation sociale donnée à travers les comportements des individus et leurs interactions sociales.

Observation dissimulée Observation qui se déroule sans que l'observateur soit visible ou que son rôle soit connu des personnes observées.

Observation expérimentale (contrôlée) Observation qui se fait en laboratoire ou dans un univers simulé.

Observation naturelle (directe) Observation réalisée dans le milieu habituel des personnes observées.

Observation non dissimulée Observation où les personnes observées ont connaissance de la présence d'un observateur.

Observation non participante Observation qui se déroule sans que l'observateur joue un rôle quelconque dans le déroulement de la situation observée.

Observation participante Observation où l'observateur joue un rôle actif dans le déroulement de la situation observée.

Ordre du jour Liste de tous les éléments qui doivent être abordés au cours d'une réunion.

Outil de recherche documentaire Outil visant à repérer de la documentation et pouvant prendre la forme d'une base de données, d'un catalogue ou d'un répertoire.

Parasite Élément lié au contexte physique ou humain de l'expérimentation qui peut avoir un effet indésirable sur la mesure de la variable indépendante et qui risque de nuire à la validité de l'expérimentation.

Phénomène En science, ce qui apparaît à la conscience, ce qui est perçu par un observateur et sur quoi il fonde ses connaissances.

Plan d'observation Synthèse utile à la méthode de l'observation qui relie les objectifs de recherche, la catégorie d'objets à observer et le terrain sélectionné.

Plan expérimental (schème expérimental) Stratégie employée au cours de l'expérimentation pour mesurer les effets d'une variable sur une autre variable en constituant des groupes comparables.

Plan expérimental factoriel Type de plan associé à la méthode expérimentale qui permet d'étudier l'effet de plusieurs variables indépendantes sur une variable dépendante.

Plan expérimental simple Type de plan associé à la méthode expérimentale qui permet d'étudier l'effet d'une seule variable indépendante sur une variable dépendante.

Plan expérimental simple à groupes indépendants Situation d'expérimentation dans laquelle le groupe contrôle et le groupe expérimental sont composés d'individus différents et où seul le groupe expérimental est soumis aux fluctuations de la variable indépendante.

Plan expérimental simple à mesures répétées Situation d'expérimentation dans laquelle les mêmes individus composent le groupe contrôle et le groupe expérimental, et sont soumis tour à tour aux fluctuations de la variable indépendante.

Plan quasi expérimental Plan qui s'inspire du plan expérimental, mais dont la distribution des sujets est en partie ou en totalité non aléatoire.

Population Ensemble des unités concernées par le phénomène précis dont traite une recherche.

Positivisme Approche de la réalité qui vise à décrire et à expliquer un phénomène sur des bases empiriques.

Problème de recherche Problème relevant des sciences humaines qui inclut la démonstration de son importance et la recension des écrits scientifiques existant sur le sujet.

Question fermée Type de question qui oblige le participant à choisir parmi une liste de réponses possibles.

Question générale de recherche Question formulée de manière à déterminer une préoccupation en lien avec une visée de la recherche.

Question ouverte Type de question qui demande au participant de construire librement sa réponse.

Question spécifique de recherche Question visant à préciser une question générale de recherche en fonction d'une dimension d'un concept donné.

Rationalisme Doctrine pour laquelle l'ensemble des énoncés sur la réalité doit être déduit logiquement de prémisses rationnelles.

Recherche Activité de la science visant à décrire, à expliquer et à comprendre des phénomènes de la réalité et dont les résultats sont diffusés sous la forme de rapports ou d'études.

Récit de vie Entrevue réalisée en fonction d'une histoire de vie, c'est-à-dire en laissant un individu s'exprimer librement à propos de son vécu.

Représentativité Qualité d'un échantillon ou d'un corpus qui reproduit le plus fidèlement possible les caractéristiques de la population.

Revue scientifique Publication qui fait état de recherches scientifiques validées par un comité scientifique.

Schéma d'analyse conceptuelle Représentation visuelle des liens existant entre des concepts.

Schéma d'entrevue Outil de collecte de données associé à l'entrevue qui contient l'ensemble des questions se référant aux concepts et aux indicateurs qui ont été déterminés lors de l'élaboration de la problématique.

Science Activité intellectuelle visant à rendre compte de la réalité à travers une démarche scientifique afin de produire un ensemble rationnel et organisé de connaissances vérifiables.

Seuil de signification Seuil statistique permettant de connaître le pourcentage de risque que des résultats mathématiques soient en fait le fruit du hasard.

Sondage Méthode de recherche qui utilise le questionnaire comme outil de collecte de données afin de mesurer des attitudes, des opinions ou des comportements.

Sondage d'attitude Sondage qui vise à interroger les individus afin de mesurer leurs attitudes par rapport à une thématique donnée ou leurs prédispositions à agir.

Sondage de comportement Sondage qui vise à interroger les individus afin de connaître leurs habitudes et leurs comportements.

Sondage d'opinion Sondage qui vise à connaître l'opinion des individus sur un sujet précis.

Sondage exhaustif Sondage qui compile les réponses de toutes les unités d'une population donnée.

Test d'hypothèse Mesure statistique permettant de déterminer si les différences mathématiques observées sont statistiquement significatives.

Test standardisé Test validé et fiable utilisé dans la méthode expérimentale et qui mesure une réalité humaine à l'aide d'un certain nombre de questions ou d'exercices.

Théorie Représentation abstraite et synthétique d'observations et d'énoncés généraux, logiquement cohérents entre eux, à propos d'un phénomène particulier.

Unité d'enregistrement Type d'unité de signification qui permet de recueillir des données qualitatives.

Unité de numération Type d'unité de signification qui permet de recueillir des données quantitatives.

Unité de signification Indicateur qui précise les catégories d'analyse dans le cadre d'une analyse de contenu.

Validité Capacité éprouvée d'un instrument de mesurer ce qu'il prétend mesurer.

Variable dépendante Élément ou phénomène qui évolue en fonction de la variable indépendante.

Variable indépendante Élément ou phénomène qui influe sur la variable dépendante.

Verbatim Retranscription fidèle et exhaustive d'une entrevue.

Visée de la recherche Intention théorique du chercheur concernant l'objectif global poursuivi quant à un sujet de recherche donné.

Bibliographie

ADORNO, Theodor W. *Des étoiles à la Terre : la rubrique astrologique du «Los Angeles Times». Étude sur une superstition secondaire*, Paris, Exils, 2000, 167 p. (Coll. «Essais»)

AMYOTTE, Luc. *Méthodes quantitatives : applications à la recherche en sciences humaines*, 2ᵉ éd., Montréal, Éditions du Renouveau Pédagogique, 2002, 469 p.

ANADÓN, Marta, et François GUILLEMETTE. «La recherche qualitative est-elle nécessairement inductive ?», actes du colloque *Recherche qualitative : les questions de l'heure*, dans *Recherches qualitatives*, hors série, nᵒ 5 (2007), p. 26–35.

ARBORIO, Anne-Marie, et Pierre FOURNIER. *L'enquête et ses méthodes : l'observation directe*, Paris, Éditions Armand Colin, 2008, 128 p. (Coll. «128»)

AUTIN, Frédérique. «La théorie de l'identité sociale de Tajfel et Turner», *Préjugés et stéréotypes*, projet à l'initiative de l'AFPS et de www.psychologie-sociale.org, réalisé avec le concours du Ministère de la Recherche de la France, [En ligne], www.prejuges-stereotypes.net/main.htm (Page consultée le 10 juillet 2009)

BADIA, Gilbert. *Ces Allemands qui ont affronté Hitler*, Paris, De l'Atelier, 2000, 254 p.

BEAUD, Michel, et Gilles DOSTALER. *La pensée économique depuis Keynes*, Paris, Éditions du Seuil, 1996, 444 p. (Coll. «Édition abrégée. Économie»)

BEAUD, Stéphane. «L'usage de l'entretien en sciences sociales. Plaidoyer pour l'"entretien ethnographique"», *Polix*, vol. 9, nᵒ 35 (1996), p. 226–257.

BEAUD, Stéphane, et Florence WEBER. *Guide de l'enquête de terrain : produire et analyser des données ethnographiques*, Paris, Éditions La Découverte, 2003, 357 p. (Coll. «Guides Repères»)

BECKER, Howard S. *Outsiders : études de sociologie de la déviance*, Paris, A.-M. Métailié, 1985, 248 p. (Coll. «Leçons de choses»)

BECKER, Howard S. *Les ficelles du métier : comment conduire sa recherche en sciences sociales*, Paris, Éditions La Découverte, 2002, 354 p. (Coll. «Guides Repères»)

BÉLANGER, André-J. *Introduction à l'analyse politique*, Montréal, Les Presses de l'Université de Montréal, 1996, 326 p. (Coll. «Politique et économie. Série Corpus»)

BILODEAU, Denyse. *Les murs de la ville : les graffitis de Montréal*, Montréal, Éditions Liber, 1996, 202 p.

BOURDÉ, Guy, *et al. Les écoles historiques*, Paris, Éditions du Seuil, 1997, 416 p. (Coll. «Points. Histoire»)

BOURDIEU, Pierre. *La distinction : critique sociale du jugement*, Paris, Éditions de Minuit, 1979, 670 p. (Coll. «Le sens commun»)

BOURDIEU, Pierre, dir. *La misère du monde*, Paris, Éditions du Seuil, 1993, 461 p. (Coll. «Points»)

BOYER, Robert. *Théorie de la régulation, 1. Les fondamentaux*. Paris, Éditions La Découverte, 2004, 128 p. (Coll. «Guides Repères», nᵒ 395)

BÜHLMANN, François, et Manuel TETTAMANTI. «Le statut de l'approche qualitative dans des projets de recherche interdisciplinaires», actes du colloque *Bilan et prospectives de la recherche qualitative*, dans *Recherches qualitatives*, hors série, nᵒ 3 (2007), p. 191–209.

BUSHNIK, Tracey. «Les symptômes dépressifs chez les jeunes et les changements des relations avec les parents et amis», Statistique Canada, [En ligne], www.statcan.ca/francais/research/89-599-MIF/89-599-MIF2005002.htm (Page consultée le 5 juillet 2008)

CADIOU, François, *et al. Comment se fait l'histoire : pratiques et enjeux*, Paris, Éditions La Découverte, 2005, 384 p. (Coll. «Guides Repères»)

CHALMERS, Alan. *Qu'est-ce que la science ? Popper, Kuhn, Lakatos, Feyerabend*, Paris, Éditions La Découverte, 1987, 238 p.

CHARMILLOT, Maryvonne, et Caroline DAYER. «Démarche compréhensive et méthodes qualitatives : clarifications épistémologiques», actes du colloque *Bilan et prospectives de la recherche qualitative*, dans *Recherches qualitatives*, hors série, nᵒ 3 (2007), p. 126–137.

CHÂTON, Gwendal. «Aron, Raymond», *Dictionnaire de théorie politique*, [En ligne], www.dicopo.org/spip.php?article84 (Page consultée le 11 avril 2008)

CHEVRIER, Jacques. «La spécification de la problématique», dans Benoît GAUTHIER, dir., *Recherche sociale : de la problématique à la collecte des données*, 4ᵉ éd., Québec, Presses de l'Université du Québec, 2003, p. 49–78.

CINQ-MARS, Christiane, Mathieu GATTUSO et François PAQUET. *Évaluation quantitative de l'impact du tutorat maître-élève sur la réussite académique (validation du projet Odyssée)*, Montréal, Collège Jean-de-Brébeuf, 2007.

COLLIOT-THÉLÈNE, Catherine. *La sociologie de Max Weber*, Paris, Éditions La Découverte, 2006, 122 p. (Coll. «Guides Repères»)

COMBESSIE, Jean-Claude. *La méthode en sociologie*, Paris, Éditions La Découverte, 2007, 124 p. (Coll. «Guides Repères»)

COPANS, Jean. *L'enquête et ses méthodes : l'enquête ethnologique de terrain*, Paris, Éditions Armand Colin, 2008, 128 p. (Coll. «128», nᵒ 210)

CORNO, Christian. *Économie globale*, Laval, Éditions Études Vivantes, 1997, 314 p.

COULON, Alain. *L'ethnométhodologie*, Paris, Presses universitaires de France, 1987, 128 p. (Coll. « Que sais-je ? », n° 2393)

CUSSON, Maurice. *Criminologie actuelle*, Paris, Presses universitaires de France, 1998, 254 p.

DAUNAIS, Jean-Paul. « Chapitre 11 : L'entretien non-directif », dans Benoît GAUTHIER, dir., *Recherche sociale : de la problématique à la collecte des données*, 2ᵉ éd., Québec, Presses de l'Université du Québec, 1992, p. 273-293.

DEL BASO, Michael, et Alan D. LEWIS. *Recherches en sciences humaines : une initiation à la méthodologie*, Ville Mont-Royal (Québec), Groupe Modulo, 2007, 274 p.

DÉPELTEAU, François. *La démarche d'une recherche en sciences humaines : de la question de départ à la communication des résultats*, 2ᵉ éd., Québec et Bruxelles, Les Presses de l'Université Laval et De Boeck, 2000, 417 p. (Coll. « Méthodes des sciences humaines »)

DESLAURIERS, Jean-Pierre. « La recherche qualitative : le cadavre est-il sorti du placard ? », *Recherches qualitatives*, vol. 20 (1999), p. 3-9.

DEWEY, John. « L'enquête sociale », dans *Logique : la théorie de l'enquête*, Paris, Presses universitaires de France, 1993, p. 589-616. (Coll. « L'interrogation philosophique »)

DIONNE, Bernard. *Pour réussir. Guide méthodologique pour les études et la recherche*, 5ᵉ éd., Montréal, Beauchemin, 2008, 254 p.

DOLAN, Edwin G., et David E. LINDSAY. *Economics*, 7ᵉ éd., Hinsdale (Illinois), Dryden Press, 1994, 861 p.

DORTIER, Jean-François. *Les sciences humaines, panorama des connaissances*, Auxerre, Éditions Sciences humaines, 1998, 487 p.

DORTIER, Jean-François, dir. *Une histoire des sciences humaines*, Paris, Éditions Sciences humaines, 2005, 385 p.

DUBOIS, Laurent. « Les modèles de l'apprentissage et les mathématiques », [En ligne], http://home.adm.unige.ch/~duboisl/didact/theories.htm (Page consultée le 4 décembre 2009)

DUBUC, Carole. *Notes de cours*, Longueuil, Collège Édouard-Montpetit, 2008.

DUFOUR, Andrée. *Histoire de l'éducation au Québec*, Montréal, Boréal, 1997, 124 p. (Coll. « Boréal express »)

ETHIS, Emmanuel. *Sociologie du cinéma et des publics*, Paris, Éditions Armand Colin, 2007, 128 p. (Coll. « 128 »)

FERRO, Marc. *La Grande Guerre 1914-1918*, Paris, Gallimard, 1990, 412 p. (Coll. « Folio Histoire », n° 29)

FIEDLER, Jeannine, et Peter FEIERABEND. *Bauhaus*, Cologne, Könemann, 2000, 640 p.

FORTIER, Claire. *Les individus au cœur du social*, Québec, Les Presses de l'Université Laval, 1997, 467 p.

FOUCAULT, Michel. *Surveiller et punir : naissance de la prison*, Paris, Gallimard, 1975, 318 p. (Coll. « Bibliothèque des histoires »)

FRAISSE, Paul, Jean PIAGET et Maurice REUCHLIN. *Traité de psychologie expérimentale. Histoire et méthode*, Paris, Presses universitaires de France, 1970, 208 p.

FRIEDMAN, Milton. *Inflation et systèmes monétaires*, Paris, Calmann-Lévy, 1969, 310 p. (Coll. « Perspectives économiques »)

GARFINKEL, Harold. « "Passer" ou l'accomplissement du statut sexuel chez une personne "intersexuée" », dans *Recherches en ethnométhodologie*, Paris, Presses universitaires de France, 2007, p. 203-296. (Coll. « Quadrige »)

GATTUSO, Mathieu. *L'expertise psycholégale*, congrès de l'Ordre des psychologues du Québec, 1997.

GATTUSO, Mathieu. *Profil motivo-psychologique des étudiants à risque : une recherche exploratoire*, rapport interne de recherche pédagogique, Montréal, Collège Jean-de-Brébeuf, 2006.

GEOFFRION, Paul. « Chapitre 13 : Le groupe de discussion », dans Benoît GAUTHIER, dir., *Recherche sociale : de la problématique à la collecte des données*, 2ᵉ éd., Québec, Presses de l'Université du Québec, 1992, p. 311-335.

GERVEREAU, Laurent. *Voir, comprendre, analyser les images*, Paris, Éditions La Découverte, 2000, 192 p. (Coll. « Guides Repères »)

GILDERHUS, Mark. *History and Historians : A Historiographical Introduction*, 6ᵉ éd., Upper Saddle River (New Jersey), Pearson Prentice Hall, 2007, 156 p.

GINGRAS, François-Pierre. « Chapitre 5 : La théorie et le sens de la recherche », dans Benoît GAUTHIER, dir., *Recherche sociale : de la problématique à la collecte des données*, 2ᵉ éd., Québec, Presses de l'Université du Québec, 1992, p. 113-138.

GINGRAS, Michèle, et Ronald TERRILL. *Passage secondaire-collégial : caractéristiques étudiantes et rendement scolaire, dix ans plus tard*, Montréal, SRAM, Service de la recherche, 2006, 133 p.

GOFFMAN, Erving. *Gender Advertisements*, New York, Harper Torchbooks, 1987, 84 p.

GOFFMAN, Erving. « La ritualisation de la féminité », dans *Les moments et leurs hommes*, Paris, Éditions du Seuil et Éditions de Minuit, 1988, p. 150-185.

GOLEMAN, Daniel. « Psychotherapy and the Nazis », 3 juillet 1984, *The New York Times*, [En ligne], www.nytimes.com/1984/07/03/science/psychotherapy-and-the-nazis.html (Page consultée le 10 février 2010)

GRAWITZ, Madeleine. *Méthodes des sciences sociales*, 11ᵉ éd., Paris, Dalloz, 2001, 1019 p. (Coll. « Précis Dalloz. Droit public et science politique »)

GRAWITZ, Madeleine. *Lexique des sciences sociales*, 8ᵉ éd., Paris, Dalloz, 2004, 421 p.

GRENON, Gilles, et Suzanne VIAU. *Méthodes quantitatives en sciences humaines*. Volume 1 : *De l'échantillon vers la population*, 3ᵉ éd., Montréal, Gaëtan Morin Éditeur, 2007, 356 p.

HAMEL, Jacques. «Décrire, comprendre et expliquer», *SociologieS, Théories et recherches*, [En ligne], http://sociologies.revues.org/document132.html (Page consultée le 5 mars 2008)

HEERTJE, Arnold, *et al. Principes d'économie politique*, 3ᵉ éd., Bruxelles, De Boeck, 2000, 365 p. (Coll. «Ouvertures économiques. Prémisses»)

HERMET, Guy. *Histoire des nations et du nationalisme en Europe*, Paris, Éditions du Seuil, 1996, 309 p.

HERPIN, Nicolas. «Les amis de classe : du collège au lycée», *Économie et statistique*, nᵒ 293 (mars 1996), p. 128.

HOULE, Gilles. «L'histoire de vie ou le récit de pratique», dans Benoît GAUTHIER, dir., *Recherche sociale : de la problématique à la collecte des données*, 4ᵉ éd., Québec, Presses de l'Université du Québec, 2003, p. 317-335.

JONAS, Friedrich. *Histoire de la sociologie*, Paris, Larousse et Éditions du Seuil, 1991, 502 p.

KAUFMANN, Jean-Claude. *La femme seule et le prince charmant : enquête sur la vie en solo*, Paris, Éditions Nathan, 1999, 208 p. (Coll. «Essais & recherches»)

KAUFMANN, Jean-Claude. *Casseroles, amour et crises : ce que cuisiner veut dire*, Paris, Éditions Armand Colin, 2005, 342 p. (Coll. «Individu et société»)

KERSHAW, Ian. *Hitler : essai sur le charisme en politique*, Paris, Gallimard, 1995, 416 p. (Coll. «Folio Histoire», nᵒ 104)

KRACAUER, Siegfried. *De Caligari à Hitler : une histoire psychologique du cinéma allemand*, Lausanne, L'Âge d'homme, 1973, 412 p. (Coll. «Histoire et théorie du cinéma»)

KRACAUER, Siegfried. *Les employés : aperçus de l'Allemagne nouvelle*, Paris, Avinus, 2000, 183 p.

KUHN, Thomas. *La structure des révolutions scientifiques*, Paris, Flammarion, 1999, 284 p.

LABRIE, Yanick, et Marcel BOYER. «Le secteur privé dans un système de santé public : l'exemple français», *Les Notes économiques*, Institut économique de Montréal, avril 2008, 4 p. (Coll. «Santé»), [En ligne], www.iedm.org/main/show_publications_fr.php?publications_id=221 (Page consultée le 5 janvier 2010)

LACLOTTE, Michel, et Jean-Pierre CUZIN, dir. *Dictionnaire de la peinture*, Paris, Larousse, 1999, [En ligne], www.larousse.fr/encyclopedie/peinture/réalisme_socialiste/154038 (Page consultée le 9 juillet 2009)

LAMOUREUX, Andrée. *Recherche et méthodologie en sciences humaines*, 2ᵉ éd., Montréal, Beauchemin, 2000, 352 p.

LANDRY, Robert. «Chapitre 14 : L'analyse de contenu», dans Benoît GAUTHIER, dir., *Recherche sociale : de la problématique à la collecte des données*, 2ᵉ éd., Québec, Presses de l'Université du Québec, 1992, p. 337-359.

LAPLANTINE, François. *La description ethnographique*, Paris, Éditions Nathan, 1996, 128 p. (Coll. «Sciences sociales», nᵒ 128)

LEBEUF, Kathleen. *Guide pratique PowerPoint 2007*, Montréal, Gaëtan Morin Éditeur, 2009, 102 p.

LEBEUF, Kathleen. *Guide pratique Word 2007*, Montréal, Gaëtan Morin Éditeur, 2009, 148 p.

LEBEUF, Kathleen, et Philippe NASR, *Guide pratique Excel 2007*, Montréal, Gaëtan Morin Éditeur, 2009, 132 p.

LE GOFF, Jacques, dir. *La nouvelle histoire*, Paris, Éditions Complexe, 2006, 333 p. (Coll. «Historiques», nᵒ 47)

LEMAN-LANGLOIS, Stéphane. *La sociocriminologie*, Montréal, Les Presses de l'Université de Montréal, 2007, 229 p. (Coll. «Paramètres»)

LEPENIES, Wolf. *Les trois cultures : entre science et littérature, l'avènement de la sociologie*, Paris, Éditions de la Maison des sciences de l'homme, 1990, 409 p.

LÉTOURNEAU, Jocelyn. *Le coffre à outils du chercheur débutant : guide d'initiation au travail intellectuel*, nouv. éd. revue, augmentée et mise à jour, Montréal, Boréal, 2006, 259 p.

LEVER, Yves. *L'analyse filmique*, Montréal, Boréal, 1992, 166 p.

LÉVI-STRAUSS, Claude. «Le champ de l'anthropologie», dans *Anthropologie structurale deux*, Paris, Plon, 1973, p. 11-44.

LÉZÉ, Samuel, et Laurent MUCCHIELLI. *Mythes et histoire des sciences humaines*, Paris, Éditions La Découverte, 2004, 344 p.

MILGRAM, Stanley. *Soumission à l'autorité. Un point de vue expérimental*, Paris, Calmann-Lévy, 1974, 268 p.

MOUCHOT, Claude. *Introduction aux sciences sociales et à leurs méthodes*, Lyon, Presses universitaires de Lyon, 1986, 320 p.

MUCCHIELLI, Alex. *Les méthodes qualitatives*, Paris, Presses universitaires de France, 1991, 128 p. (Coll. «Que sais-je?», nᵒ 2591)

MUCCHIELLI, Alex, dir. *Dictionnaire des méthodes qualitatives en sciences humaines*, 2ᵉ éd., Paris, Éditions Armand Colin, 2004, 304 p.

MUCCHIELLI, Alex. «Le développement des méthodes qualitatives et l'approche constructiviste des phénomènes humains», actes du colloque *Recherche qualitative et production de savoirs*, dans *Recherches qualitatives*, hors série, nᵒ 1 (2005), p. 7-32.

MUCCHIELLI, Roger. *L'analyse de contenu : des documents et des communications*, 9ᵉ éd., Issy-les-Moulineaux (France), ESF, 2006, 223 p.

MYERS, Anne, et Christine HANSEN. *Psychologie expérimentale*, Bruxelles, De Boeck, 2007, 625 p.

NADEAU, Robert. *Vocabulaire technique et analytique de l'épistémologie*, Paris, Presses universitaires de France, 1999, 904 p. (Coll. «Premier cycle»)

OLIVIER, Lawrence, *et al. L'élaboration d'une problématique de recherche : sources, outils et méthode*, Paris, L'Harmattan, 2005, 94 p.

PAYNE, Geoff, et Judy PAYNE. *Key Concepts in Social Research*, Londres et Thousand Oaks (Californie), Sage, 2004, 242 p.

PENEFF, Jean. *Le goût de l'observation : comprendre et pratiquer l'observation participante en sciences sociales*, Paris, Éditions La Découverte, 2009, 254 p. (Coll. «Guides Repères»)

PERETZ, Henri. *Les méthodes en sociologie : l'observation*, Paris, Éditions La Découverte, 2004, 123 p. (Coll. «Guides Repères», n° 234)

POUPART, Jean, *et al. La recherche qualitative : enjeux épistémologiques et méthodologiques*, Montréal, Gaëtan Morin Éditeur, 1997, 405 p.

PRÉMONT, Karine. *La télévision mène-t-elle le monde?*, Québec, Presses de l'Université du Québec, 2006, 252 p. (Coll. «Enjeux contemporains»)

«Qui sommes-nous : portrait d'une société québécoise en plein bouleversement», *L'actualité*, vol. 32, n° 7 (1ᵉʳ mai 2007), p. 27–60.

RATHUS, Spencer A. *Initiation à la psychologie*, 5ᵉ éd., Montréal, Beauchemin, 2005, 339 p.

REUCHLIN, Maurice. *Les méthodes en psychologie*, Paris, Presses universitaires de France, 2002, 128 p. (Coll. «Que sais-je?», n° 1359)

ROBERT, Michèle. *Fondements de la recherche scientifique en psychologie*, Saint-Hyacinthe (Québec), Edisem, 1988, 420 p.

ROCQUIN, Baudry. *Expliquer et comprendre les faits sociaux*, leçon de sociologie, [En ligne], http://users.ox.ac.uk/~kebl2863/expliquer.pdf (Page consultée le 5 mars 2008)

ROSENTHAL, Robert, et Lenore JACOBSON. *Pygmalion in the Classroom,* New York, Holt, Rinehart and Winston, 1968, 240 p.

SAVARESE, Éric. *Méthodes des sciences sociales*, Paris, Ellipses, 2006, 186 p.

SAVOIE-ZAJC, Lorraine. «L'entrevue semi-dirigée», dans Benoît GAUTHIER, dir., *Recherche sociale : de la problématique à la collecte des données*, 4ᵉ éd., Québec, Presses de l'Université du Québec, 2003, p. 293–316.

SIMMEL, Georg. «Digressions sur l'étranger», dans Yves GRAFMEYER et Isaac JOSEPH, dir., *L'École de Chicago : naissance de l'écologie urbaine*, Paris, Aubier, 1990, p. 53–59 (Coll. «*Res* Champ urbain»)

SMITH, Denis. «Crise d'octobre», dans *L'Encyclopédie canadienne*, [En ligne], www.thecanadianencyclopedia.com/index.cfm?PgNm=TCE&Params=f1ARTf0005880 (Page consultée le 2 décembre 2008)

SMITH, Miriam. «L'héritage institutionnaliste de la science politique au Canada anglais», *Politique et Sociétés*, vol. 21, n° 3 (2002), p. 113–138.

SOMEKH, Bridget, et Cathy LEWIN. *Research Methods in the Social Sciences*, Londres et Thousand Oaks (Californie), Sage, 2005, 368 p.

STATISTIQUE CANADA. «Avis de confidentialité», [En ligne], www.statcan.ca/francais/reference/privacy_f.htm (Page consultée le 24 août 2008)

STATISTIQUE CANADA. «Effectifs universitaires selon le niveau d'études et le programme d'enseignement (premier cycle)», [En ligne], www40.statcan.gc.ca/l02/cst01/educ54c-fra.htm (Page consultée le 9 juillet 2009)

ST-ONGE, Sébastien. *L'industrie de la mort*, Montréal, Éditions Nota Bene, 2001, 177 p. (Coll. «Interventions»)

TÄGIL, Sven, dir. *Europe : The Return of History*, Lund (Suède), North Academic Press, 2001, 547 p.

TARDIF, Jacques. «La construction des connaissances. 1. Le consensus», *Pédagogie collégiale*, vol. 11, n° 2 (décembre 1997), p. 14–19.

TREMBLAY, Raymond Robert, et Yvan PERRIER. *Savoir plus : outils et méthodes de travail intellectuel*, 2ᵉ éd., Montréal, Chenelière Éducation, 2006, 248 p.

UNIVERSITÉ DE MONTRÉAL, UNIVERSITÉ LAVAL et UNIVERSITÉ DU QUÉBEC À MONTRÉAL. *Histoire Hypermédia*, [En ligne], www.hh.ca/navigation/index.php (Page consultée le 10 mars 2008)

UNIVERSITÉ DU QUÉBEC À CHICOUTIMI. *Les classiques des sciences sociales*, bibliothèque numérique fondée et dirigée par Jean-Marie Tremblay, [En ligne], http://classiques.uqac.ca (Page consultée le 11 mars 2008)

UNIVERSITÉ DU QUÉBEC À MONTRÉAL. *InfoSphère : sciences humaines et sciences de la gestion*, [En ligne], www.bibliotheques.uqam.ca/InfoSphere/sciences_humaines/index.html (Page consultée le 10 mars 2008)

VALLERAND, Robert J. *Les fondements de la psychologie sociale*, Montréal, Gaëtan Morin Éditeur, 2006, 741 p.

WAGNER, Pierre, dir. *Les philosophes et la science*, Paris, Gallimard, 2002, 1124 p. (Coll. «Folio Essais», n° 408)

WANLIN, Philippe. «L'analyse de contenu comme méthode d'analyse qualitative d'entretiens : une comparaison entre les traitements manuels et l'utilisation de logiciels», dans *Recherches qualitatives*, hors série, actes du colloque *Bilan et prospectives de la recherche qualitative*, n° 3 (2007), p. 243–269.

WEBER, Max. *Essais sur la théorie de la science*, Paris, Éditions Pocket, 1992, 480 p. (Coll. «Agora», n° 116)

Index